遍游中原

——河南省风景名胜集萃

李宪林 彭 磊 著

U0962306

中原出版传媒集团
中原传媒股份公司

大象出版社
·郑州·

图书在版编目(CIP)数据

遍游中原 : 河南省风景名胜集萃 / 李宪林, 彭磊著
. -- 郑州 : 大象出版社, 2024. 1
ISBN 978-7-5711-1938-6

Ⅰ. ①遍… Ⅱ. ①李… ②彭… Ⅲ. ①名胜古迹-介
绍-河南 Ⅳ. ①K928. 706. 1

中国国家版本馆 CIP 数据核字(2023)第 252356 号

BIAN YOU ZHONGYUAN

遍游中原

河南省风景名胜集萃

李宪林 彭 磊 著

出 版 人 汪林中
策 划 郭孟春
责任编辑 庞 博
责任校对 张绍纳 安德华
装帧设计 付锬锬

出版发行 大象出版社(郑州市郑东新区祥盛街 27 号 邮政编码 450016)
发行科 0371-63863551 总编室 0371-65597936
网 址 www.daxiang.cn
印 刷 郑州新海岸电脑彩色制印有限公司
经 销 各地新华书店经销
开 本 787 mm×1092 mm 1/16
印 张 26. 75
字 数 408 千字
版 次 2024 年 10 月第 1 版 2024 年 10 月第 1 次印刷
定 价 98. 00 元
若发现印、装质量问题,影响阅读,请与承印厂联系调换。
印厂地址 郑州市鼎尚街 15 号
邮政编码 450002 电话 0371-67358093

目 录

郑州市

博大精深豫文化

——河南博物院

河南博物院位于郑州市农业路中段，占地 10 余万平方米，建筑面积 7.8 万平方米，展厅面积 1 万余平方米，为中央和地方共建的国家级博物院，全国和河南省爱国主义教育示范基地。

河南博物院 1927 年创建于开封，曾先后易名河南省民族博物院、河南博物馆等，1961 年随省会迁至郑州。1997 年 7 月，河南省政府决定，将中原石刻艺术馆与河南省博物馆合并，成立河南博物院。1994 年新馆开工建设，1998 年 5 月 1 日正式对外开放，后三次对陈展进行全面提升。2020 年 12 月 26 日，主展馆又一次对基础设施、陈列展览、公共服务等方面进行提升后全面开放。

院区建筑群取“九鼎定中原”之寓意，体现中原文化源远流长、博大精深的特征。博物院包括广场、序幕大厅、基本陈列馆、专题陈列馆、临时陈列馆、文物库房、学术报告厅、电教楼、观众参与和娱乐厅、计算机中心、文物保护中心、图书资料馆和培训服务楼等部分。

博物院的主体建筑以我国现存最早的天文台遗址——登封元代观星台为原型，其底部为长 63 米的正方形，高 45.5 米，内部设计五层，其中地下一层。大楼的外观，最上部为倒覆斗顶，隐喻“聚天地之灵气，汇宇宙之精华”。它宛如一只展翅欲飞的大鹏，象征着河南经济文化的全面振兴和腾飞。

河南博物院是中原腹地最大的文物收藏、保护、研究、展示中心，现有藏品 17 万余件 / 套，大多数为珍贵文物，其中以青铜器、玉石器、陶瓷器、石刻造像等最具特色，是见证和展示华夏文明起源形成与发展脉络的文化艺术殿堂。河南博物院有19个不同规格的展厅，展出文物5000余件。主要有“泱泱华夏·择中建都”和几个专题陈列，从不同角度展现了中原文化的悠久与辉煌。

进入展览大楼的中央大厅，首先映入眼帘的是一座雕塑和巨型壁画，它们既是中央大厅的装饰物，同时也是河南古代文化的象征。常设展览为“泱泱华夏·择中建都”主题基本陈列，位于主展馆1、2、3层，共分10个展厅，由新石器时期、夏商、西周、东周、秦汉魏晋南北朝、隋唐、宋金元七部分组成，以中原的建都历史为主线，以中原文明发展历史为纲，以世界文明背景为参照，展示了华夏民族的文明发展轨迹与中原文化的悠久和辐射力，同时展现出中原文化与其他地区文化的异同，黄河文明与海洋文明、草原文明的对话。

河南处于中原腹地，古人“择中建都”，历史上曾先后有二十余个王朝在此建都，从最早的二里头夏都到金代末年定都开封，奠定了河南三千余年持续成为中国历史上政治、经济、文化中心的特殊地位。第一展厅：走向邦国——新石器时期（距今10000—4000年）。先民从裴李岗文化时期、仰韶文化时期

河南博物院

到中原龙山文化时期，经历了农业起源到确立以农为本、手工业独立并分化出专门的手工业作坊，由此带来了由平等社会逐渐向社会阶层分化的改变，成为最初文明产生的社会基础。距今五千多年的具有都邑性质的双槐树遗址，被称为“河洛古国”，实证了中华五千年文明史。第二展厅：中原立国——夏商时期（前 2070—前 1046）。以二里头遗址为代表的夏代都城，以郑州商城、安阳殷墟为代表的商代都城，从多个层面反映出夏商时期都邑的政治、经济、物质文化等，以及以中原为核心所形成的强有力的文化辐射。第三展厅：宅兹中国——西周时期（前 1046—前 771）。何尊中所铸的“宅兹中国”铭文，是古人择中建都实践的最好诠释，也产生了最早“中国”的概念。洛邑成周成为与宗周并立的统治中心。第四展厅：逐鹿中原——东周时期（前 770—前 221）。周王东迁，失去了天下共主的地位，于是列国纷争，霸主频出，都以逐鹿中原为目标。自禹铸九鼎象征九州以来，东周时期各诸侯国不同形制的鼎，不仅是诸侯国文化多元性的体现，也是列国对于霸权争夺的象征。诸子百家争鸣、元典创制，中国文化轴心时代形成。第五展厅：帝国霸业——秦汉魏晋南北朝时期（前 221—581）。公元前 3 世纪，秦统一六国后，推行郡县制，当时全国设 36 郡，河南独占 7 个，中原成为大秦帝国的辅弼之地。永城芒砀山不仅是汉高祖兴汉的策源地，也是西汉重要的诸侯国——梁国的所在地。刘秀建立东汉王朝后，定都洛阳，之后曹魏、西晋、北魏晚期均以此为国都。东汉末年汉献帝迁都于许（今许昌）。三国时期，魏主中原，许昌为魏五都之一。南阳为光武帝刘秀的家乡，后被定为南都。洛阳、南阳、许昌作为帝都与帝乡，见证了汉魏之际的风云变幻。第六展厅：帝国霸业——秦汉魏晋南北朝时期（前 221—581）。秦汉时期，国家统一，国力强盛。丝绸之路开通后，中原地区成为世界的商贸中心。北魏墓志反映了孝文帝南迁的史实，揭示了汉帝国形成以来的对外交流与民族融合的演进历程。第七展厅：盛世华章——隋唐时期（581—907）。隋代南北统一，社会富足，奠定了大唐盛世之基。洛阳作为隋唐王朝的东都，战略地位十分重要。武则天对洛阳进行了较多的经营，使洛阳成为国际化的大都市，地位与长安比肩，是隋唐时期政治、军事、经济、文化的另一中心。武则天金简及其他与武则天相关的遗迹，揭示了女皇与神都洛阳的密切关系。第八展厅：

盛世华章——隋唐时期（581—907）。唐人创造的众多艺术品，凝聚了大唐包容、开放的时代精神，是隋唐时期的社会风貌和人文精神的集中体现。巩义黄冶窑烧制的绚丽三彩器，是唐代的代表性器物，集中体现了唐代物质文化的辉煌灿烂。大量唐代的文官俑、武士俑、仕女俑等真实反映了气度雍容的唐人生活。不同材质的茶具，使我们看到唐代茶文化的盛行。大量的佛塔、石碑、石刻造像等遗迹遗物，反映了隋唐宗教文化的兼容并蓄。第九展厅：东京梦华——宋金元时期（960−1368）。“华夏民族之文化，历经千载之演进，造极于赵宋之世。”北宋东京城为千余年前的国际化大都市。《清明上河图》展现了东京城内的繁华场景。第十展厅：东京梦华——宋金元时期（960—1368）。中原地区官窑兴盛，以汝瓷、钧瓷为代表，体现了宋代“大道至简”的审美情趣。民窑遍布，临汝窑、鹤壁集窑、当阳峪窑等民间窑口烧造出品类丰富的瓷器，呈现了该时期陶瓷业异彩纷呈、争奇斗艳的景象。最后一个展示为尾厅。中原文化在中华文明体系中具有发端和母体地位；中原是中国古代历史上政治、军事、经济、文化的中心地带，对周边地区有极强的辐射性和影响力，中原历史是中国历史的缩影。

常设展览中还有楚国青铜艺术馆展览，截取春秋中晚期楚国青铜文化这一横断面，此展览曾获国家文物局 1998 年度“全国十大陈列展览精品奖”；中原古代石刻艺术展览分为世俗石刻艺术与佛教造像艺术两个展厅，体现中原先民刻在石头上的艺术、写在碑志上的历史以及对美的执着追求；巧工遗珍——院藏明清珍宝展，分为金银器、牙雕、漆器、珐琅器、织绣、瓷器六部分，展示明清时期各类工艺珍品。另外，曾经举办的中原丰碑展览以文物、文献资料为主，结合场景、油画、雕塑、浮雕、布景箱、图表等辅助展品，分峥嵘岁月、碧血英魂、丰碑永存三个部分，反映了 1840 年以来河南人民革命斗争过程中可歌可泣的典型事件与人物。河南博物院还先后到英国、丹麦、瑞士、日本、美国、新加坡、法国、澳大利亚等国家参加或举办了“中国艺术国际展览会”“中国珍宝展览”“中国历代陶俑艺术展”“黄河文明展”“大黄河文明展”，为走出河南、走向世界做出积极的努力和尝试。

工运怒潮惊天地

——郑州二七纪念馆（塔）

郑州市二七纪念馆（塔）位于郑州市中心的二七广场，是为了纪念京汉铁路大罢工和牺牲的先烈而修建的，为郑州市的重要城市标志，也是河南省的爱国主义教育基地。

自从20世纪初京汉铁路和陇海铁路通车以后，郑州逐渐成为全国重要的交通枢纽。但当时的交通命脉控制在比利时、法国等国的资本家手中，铁路工人受着外国资本家和封建军阀的双重压迫。中国共产党成立后，特别重视在工人中宣传自己的主张。作为交通枢纽的郑州已成为全国工人运动的中心之一。1923年2月1日，京汉铁路各站工人在郑州普乐园（今二七纪念堂）成立京汉铁路总工会。由于遭到军阀无理阻挠和破坏，大会决定在2月4日举行全路总罢工。当日上午9点，郑州铁路工人首先拉响了罢工的汽笛，揭开了罢工的序幕。郑州成为这次罢工的策源地。2月7日军阀吴佩孚在帝国主义指使下，对罢工工人进行残酷镇压，在这场斗争中，共产党员、工人领袖林祥谦、施洋以及高斌等40多人被杀，300多人负伤，造成震惊中外的“二七惨案”，激起了全国工人大罢工的革命怒潮。这就是有名的二七大罢工。惨案发生后，中国共产党立即发出《为吴佩孚惨杀京汉路工告工人阶级与国民书》，中国劳动组合书记部发表了《告全国工人书》《警告国民书》，揭露吴佩孚一伙的反动面目，号召全国工人和民众联合起来，打倒军阀。全国工人纷纷声援和物质支援京汉铁路工人的斗争。二七大罢工虽然失败了，但它作为中国工人阶级在共产党领

郑州二七纪念塔

导下进行的一次声势浩大的有组织的政治斗争，给帝国主义和封建军阀以沉重打击，充分显示了中国工人阶级最勇猛的奋斗精神和最伟大的牺牲精神。

1951 年 9 月，为了纪念京汉铁路大罢工和牺牲的革命先烈，继承和发扬二七光荣革命斗争传统，郑州市在普乐园会场旧址修建了二七纪念堂，在烈士牺牲的原长春桥旧址附近修建了二七广场，场内建起了一座 15 米高的木制纪念塔。该塔在 1971 年和 1999 年进行了大的改修，1990 年 5 月 23 日，在塔内设立郑州市二七纪念馆。2006 年 6 月，被国务院公布为第六批全国重点文物保护单位。

二七纪念馆（塔）占地 352 平方米，塔高 63 米，14 层（包括底座三层），平面为两个不等边的五角星形，是我国独特的连体双塔，每层均有飞檐挑角，绿色琉璃瓦盖顶；双塔的一侧为楼梯，可盘旋而上，登塔远眺；钟楼上高矗一枚红五角星。塔底层有地道穿广场与道口相通。整座塔造型新颖，雄伟壮观。馆内展室设在二七纪念塔二至六层，总面积250平方米。陈列有二七大罢工的各种历史文物、模型、图表、图片、文字资料。

郑州二七纪念馆的陈列、展览从内容上可分两大部分：

第一部分为基本陈列“京汉铁路工人大罢工陈列”，设在第四、五、六层展室中（每一层为一展室）。在第一展室中，介绍京汉铁路的修建，早期铁路工人的斗争，纵贯南北的铁路大动脉，铁路工人的苦难生活及京汉铁路工人运动的兴起。实物有京汉铁路落成典礼碑、机车配件扁担簧及郑州工人夜校模型。在第二展室中，介绍京汉铁路总工会的成立及二七大罢工。有在狂风暴雨中诞生的总工会，工人为争自由、争人权举行全体总罢工图文介绍；有描绘总工会成立时会场壮丽情景的大型油画，各界人士赠送的横匾，罢工用的三头汽笛等实物；还有总工会成立时会场“普乐园”的照片。在第三展室中，用文字和照片介绍了英勇悲壮的二七惨案，再现了林祥谦、施洋等宁死不屈、英勇就义的场面，表现了京汉铁路工人在血与火的搏斗中显示的团结奋斗精神和伟大的牺牲精神。

第二部分为临时展览，分别设在七、八、九、十、十一层及地下室展厅中。馆内共有展品88件，均为复制品，另有江泽民同志为该馆用繁体和简体两种字体题写的馆名“郑州二七纪念馆”。1986年年初，该馆的“二七革命斗争史陈列”参加了有全国18个革命纪念馆、博物馆参展的“中国革命之路”大型博览会，中央电视台作了报道。多年来，该馆还组织革命传统教育小分队深入企事业单位作革命传统报告数百场，产生了广泛的社会影响，成为激励后人的宝贵精神财富。

不到黄河心不死

——郑州市黄河风景名胜区

郑州市黄河风景名胜区位于河南省省会郑州市西北20公里处，北临滔滔黄河，南依岳山、广武山。占地面积20多平方公里，东西长约5公里左右，南北宽约5公里，是国家4A级旅游景区、国家水利风景区。

由于历史原因，过去这里曾是一片荒山秃岭。20世纪70年代，建设者们历时20多年，在6000多亩的荒山上种下几十万棵花木，实现了绿化美化，又兴建了一座邙山提灌站，为郑州市提供部分工业和生活、农业用水。昔日荒山变新颜，现已经建成并对外开放炎黄二帝、五龙峰、岳山寺、大禹山等景区，景区内有“炎黄二帝巨塑”“哺育像”“大禹”、黄河碑林、万里黄河第一桥、毛主席视察黄河处、浮天阁、极目阁、孔雀园等40余处景点，100多处亭、台、楼、阁。

炎黄二帝景区以目前国内最雄伟的雕塑之一“炎黄二帝巨塑”为主，吸引了许多海内外游客慕名前来瞻仰。石塑采用中国传统雕塑艺术和中国建筑艺术相结合的手法进行建造，构思新颖，独具匠心。以80多米高的整座向阳山体作为像身，再在山顶塑造18米高的头像，总高达到106米，属世界最高的雕塑之一。二帝坐南朝北，背依邙山，面对黄河。巨像前是一个开阔场地，周围遍植松柏，中间建筑祭坛。祭坛至塑像的轴线上建有长200米的神道，两侧各列四座铸铜大鼎，连同山前一座共九鼎，寓意九州四方江山永固。广场东西两端摆放大型编钟、铜鼓各一个。

郑州市黄河风景名胜区

五龙峰景区是游览区的中心景区，由五座连绵起伏的山峰而得名。这里苍松翠柏满山，各式各样的仿古亭阁点缀其间，五龙峰的最高处，建有清式重檐的“极目阁”。登临此处，凭栏远眺，可领略到“黄河之水天上来，奔流到海不复回”的壮阔景象。在景区中心的山间平地上，还有一座高 5 米的黄河母亲塑像——“哺育”。塑像造型是一位怀抱婴儿的古代妇女，神态和蔼慈祥，气质高贵素雅，象征着黄河在中华民族心目中的母亲河形象。

岳山寺景区位于五龙峰东部约 1.5 公里处，主要游览点有紫金阁、铁索桥、牡丹园、月季园、植物园等。紫金阁分三层，高 33 米，每逢节日，紫金阁顶的一口洪钟应和着黄河的波涛发出洪亮的声响，声闻数里。在岳山寺的悬崖峭壁之间架有一座铁索桥，桥长 40 米，极为险峻。

骆驼岭景区位于岳山寺西 2 公里。主要景点是建在骆驼岭主峰上的大禹塑像。大禹既是中华五千年科学文明进步的象征，也是中华民族不畏艰险英雄主义精神的体现。传说当年大禹凿龙门、劈砥柱之后，三过家门而不入，曾在这一带治水。大禹像高 10 米，重达 150 吨，头戴斗笠，粗衣布履，右手握耒，左手指向黄河入海处，风尘仆仆，气宇轩昂。塑像轮廓清晰，面部表情生动，栩栩如生，生动地再现了大禹治水时的英姿。

毛主席视察黄河处这一景点是许多游览者的必去之处。1952 年 10 月 31 日，伟大领袖毛主席视察黄河，信步登上小顶山，向治黄专家详细询问黄河水涨水落的规律，提出了能不能引水上山的问题。他坐在土坎上凝神良久，发出了“要把黄河的事情办好”的伟大号召。现在，在毛主席登山途经的一所农家小院，建起了“光荣洞”，小顶山上也建起了毛主席视察黄河的大型纪念铜像供人们观瞻缅怀。

另外，景区内和周围还建有周恩来总理亲临指挥黄河防汛抢险的纪念亭，为纪念抗日阵亡将士建的“报国亭”，“引黄入郑”水利工程，新旧黄河铁路大桥，歌颂灿烂黄河文化的黄河碑林，汉霸二王城遗址等名胜古迹纪念建筑，现在这里已被命名为河南省爱国主义教育基地。

园林艺术看不完

——郑州园博园

郑州园博园位于郑州航空港经济综合实验区苑陵路以北、滨河东路以东，占地面积 1785 亩，是第十一届中国（郑州）国际园林博览会展后为郑州市留下的一处融生态、景观、休闲、文化、艺术、旅游为一体，荟萃国内外园林风格的永久性大观园，是城市绿地中的园林精品，为国家 4A 级旅游景区。

中国国际园林博览会（简称园博会）创办于 1997 年，是由国家住建部和地方政府共同举办的园林花卉行业层次最高、规模最大的国际性盛会，目前已经成功举办过十二届，分别在大连、南京、上海、广州、深圳、厦门、济南、重庆、北京、武汉、郑州、南宁等城市举办。

2017 年 8 月 29 日，第十一届中国（郑州）国际园林博览会在北京举行新闻发布会，9 月 29 日正式开园纳客。这届园博会以“传承华夏文明、引领绿色发展”为主题，着力打造“百姓园博”“文化园博”“海绵园博”“智慧园博”等四大特色。园博园在建设中，深度挖掘了中原地区的轩辕文化、禅宗文化、北宋文化、秦汉文化等，通过一座座风格鲜明的建筑展示给世人，使整个展园体现了浓郁的文化气息。有 74 个国内城市（含港澳台地区）、18 个国外城市、2 个国际风景园林设计大师参建的 94 个展园，为之前历届参展城市最多的一届，集中展示了国内外风景园林设计艺术。8 个月的展会结束后，继续进行园林建设并长年向社会游人开放。

第十一届中国（郑州）国际园林博览会开展时包含“一园三区”，包括园

郑州园博园

博园（园博园 A 区）、双鹤湖中央公园（园博园 B 区）、苑陵故城遗址公园（园博园 C 区）。园博园国内展园重点突出以北京为代表的皇家园林，以苏州为代表的私家园林，以广州、厦门为代表的岭南园林。国际展园汇聚了欧洲、北美洲、大洋洲、亚洲、非洲等五大洲具有代表性的园林艺术文化，形成了各具特色、丰富多彩的园林风格。

郑州园博园主要分为公共景区和室外展园区。公共景区主要景点有浓郁中原传统文化特色的南大门、轩辕阁、华夏馆、同心湖和七孔豫州桥、豫园、郑州园、北京园、儿童馆、民俗文化园等一系列园林山水景观。

南大门为主入口。大门建筑设计灵感来自世界文化遗产中岳（嵩山）汉三阙。阙是中国现存最古老的国家级礼制建筑遗存，是建筑在城门、墓门、宫门、庙门前两个相对峙的建筑物，两阙之间没有横额，作为道路使用。据《诗经》记载，阙最早出现在周朝。阙是象征性的大门，城阙可以登高瞭望观察敌情。宫阙和城阙因建造在重要通道上，还可以悬挂布告、法令以昭示国人。园博园的两阙精美典雅，有迎宾之势。

轩辕阁为园博园最高的建筑，高 39.19 米，耸立在同心湖畔的主山山巅，明三（层）暗四（层）。突出黄帝文化主题，以宋式风格建筑为特色，与主山的寻根文化相结合，表达华夏同宗同源、一脉同心的文化内涵。登上轩辕阁可一览园博园全貌，园内四季有花，处处有景，亭台楼阁蔽于绿树之中，小桥流水映在花丛之下，步移景异，四时美景各不同。

华夏馆是园博园的主展馆，选取中国传统大屋顶建筑最典型的造型元素——宇，通过对传统中国“宇”的组合重构，凸显中国建筑如翚斯飞的传统文化精神。建筑面积 8600 平方米，有 5 个展厅，其中一个为可容纳 300 人具有同声传译设备的多功能厅，游客可在这里欣赏到数字圆明园、中国园林河南篇章、中国插花协会的插花展等。

“同心湖”名字寓意“华夏一脉，九州同心”。这里的风景可从多个角度欣赏，也是游人摄影留念最多的地方。

豫园在园博园中规模最大，位置较高，为传统仿宋式建筑风格，荟萃了河南 18 个地市的造园手法，结合优美的山水园林环境塑造，营造了诗经园、李诚堂、百姓书院等多个景点，园内 200 多幅彩绘栩栩如生。是一处集书院、奇石园、盆景园、山水长廊等山水名胜精粹于一体的园林建筑院落群。

郑州园以家庭院落为载体，通过郑州民居宅园的院落式空间布局、建筑特征和传统特色的园林景致，营造了“郑风家和”“礼乐人和”“家源亲和”“天地大和”四个主题院落，多层面地展示了中原“家和”文化，打造出极具中原文化特征和郑州地域家园文化底蕴的精致展园。

北京园是第十一届园博园三大控制性景观点之一，规划建设面积 5206 平方米，园内主要建筑有湖光山色楼、轩辕台、邵窝静思、乾隆访嵩山诗卧碑。整个展园布局恢宏大气，建筑雕梁画栋，寓意仁智山水、安乐生活，尽显皇家园林风范。

儿童馆为历届展会首次设置，是儿童参与式活动与科普体验馆。环形曲面将各个功能空间有机地结合在一起，空间交错富有动感，集参与性、互动性、趣味性于一体，非常受少年儿童的欢迎。与园博园相邻的双鹤湖中央公园以生态景观为主，苑陵故城遗址公园则以遗址景观为主。

郑州园博园是郑州市目前最大的公园。景区里面还有各种中原特色的美食，来此的游客，无不尽享眼福口福，个个笑逐颜开。

北宋皇帝今何在

——巩义北宋皇陵

巩义北宋皇陵，又称宋陵，是北宋（960—1127）皇帝及其陪葬宗室的陵寝，位于河南省郑州市所属的巩义市（原巩县）境内，南有嵩山，北有黄河，占地约150多平方公里，陵区南北长约15公里，东西宽约12公里。为全国重点文物保护单位。

北宋是中国历史上继五代十国之后的朝代，传九位皇帝，享国167年，与南宋合称宋朝。北宋由于疆域相对于后来的南宋而言位置靠北，故称为北宋。显德七年（960），后周诸将发动陈桥兵变，拥立赵匡胤为帝，建立宋朝，定都东京开封府（河南开封），改元建隆。靖康元年（1126）发生靖康之难，次年被金国灭亡。北宋是中国古代历史上经济文化最繁荣的朝代之一，咸平三年（1000）GDP为265.5亿美元，占据世界比重的22.7%，人均GDP为450美元，超过当时西欧的400美元，人口盛时达一亿两千多万。

北宋皇陵共有300余座陵墓，9个皇帝，除徽宗赵佶、钦宗赵桓被金兵掳去死在漠北之外，其余7个皇帝都葬在这里。这7位皇帝是宋太祖赵匡胤、太宗赵炅、真宗赵恒、仁宗赵祯、英宗赵曙、神宗赵顼、哲宗赵煦。因赵匡胤的父亲高祖赵弘殷也葬于此，共有八陵，素称“七帝八陵”，围绕八座帝陵有皇后陵21座，亲王墓15座，寇準、包拯等大臣墓7座，加上公主、皇子、皇孙、诸王夫人墓共144座，形成一处庞大的陵墓群。所存700多件石刻，具有重要的文物价值和艺术价值。

巩义北宋皇陵

根据史书记载，北宋皇陵的营建始于建朝的第三年，即乾德元年（963），前后有160多年。现有西村、蔡庄、城关镇、八陵四个陵区，陵区的建筑布局大致相同，陵园都是坐北面南，由上宫、宫城、地宫、下宫四部分组成。

上宫由鹊台、乳门、神道及石刻群等部分组成。鹊台是上宫的第一道门，亦称阙台，台上建有楼阁。阙台北是第二道门，叫乳门，乳门两边筑有10米多高的高台，四周砌以砖石，上盖楼阁。乳门北是神道，也称御道，是进入宫城的道路。神道两侧是对称排列的石刻造像，神门下还立有两个太监，又叫宫人。宫城的建制和北京的故宫相似。四周筑有10多米高的神墙，设东、西、南、北四神门，门外各有石狮一对，四角有角楼。进南神门迎面是献殿，献殿是皇帝、王室、陵使祭祀的地方。献殿北、宫城正中是“陵台”，就是墓冢，分两层呈覆斗梯形，底边长度都在60米左右。陵台前置内侍一对，四周松柏成林，故有“柏城”之称，象征着帝王的“丰业”和尊严。地宫是停放皇帝灵柩的地下宫殿，位于陵台下面，规模尤为宏大，深为30多米。出北神门，有后陵和下宫。下宫包括正殿、影殿和斋殿。正殿是临时停放皇帝灵柩的地方，皇帝棺材运到陵园后，暂时停放在正殿，等待举行葬礼仪式后再入地宫；影殿在正殿北面，内挂皇帝画像和睡像；斋殿在最后，是祭祀的殿堂。东西庑殿和院落是守陵官员、卫兵和宫人的住房。宋陵采用祔葬制，后妃均埋在皇帝陵外，不与皇帝同穴。

西村陵区。在巩义市东北 15 公里处的锦屏山、白云山、黑砚山脚下，四周地势较高，形成盆地状，宋时称“老龙窝”，民间称为“龙洼”。宋王朝的开国皇帝太祖赵匡胤的永昌陵就在这里。另外有高祖赵弘殷和夫人杜氏合葬的永安陵，有太宗赵炅的永熙陵。另外，还祔葬后妃陵 10 座及宗室亲王子孙墓 140 多座。

蔡庄陵区。位于西村陵区东、巩义市北 9 公里处的蔡庄附近。因为是岗地，宋时又称“卧龙岗”，有真宗赵恒的永定陵，陪葬真宗的大臣有高怀德、蔡齐、寇準、包拯。

城关镇陵区位于巩义市北部，有仁宗赵祯的永昭陵，还有英宗赵曙的永厚陵，陪葬有 2 后及一些亲王、公主、大臣等。

八陵陵区在巩义市西南约 15 公里处的八陵村。村东南是神宗赵顼的永裕陵，村西南是哲宗赵煦的永泰陵，两陵相距 400 多米。陪葬有 7 后及诸王、大臣等。

北宋皇陵的石刻仪仗非常庞大，构成了雄伟壮观的石刻群。原有石刻 1600 多件，自宋、金以来，虽被破坏散失，至今尚有 941 件。这些石刻群，诸如傲然挺立、气势雄伟的望柱，温文尔雅的文臣，威风凛凛的武臣，威猛的狮子，凶暴狰狞的獬豸等，都刻画得极富艺术效果。它是我国现存独一无二、规模最大的宋代造像群。从诸陵客使雕像中可以看出，北宋时中国就与日本、朝鲜、印度、伊朗等国家有着友好往来。

河洛神迹石上刻

——巩义石窟寺

巩义石窟寺是一处中国北魏至宋代的佛教石窟寺，位于巩义市孝义镇东北9公里的寺湾村东，为全国重点文物保护单位，国家3A级旅游景区。

巩义石窟创自北魏孝文帝时（471—499），至宣武帝景明年间已形成规模。据唐龙朔二年（662）《后魏孝文帝故希玄寺之碑》记载，北魏孝文帝在此创建伽蓝。后经东西魏、北齐、北周、唐等各代，相继凿窟造像，连续400多年。现存石窟前的木构建筑为清同治年间所修。

石窟寺原名希玄寺，宋称十方净土禅寺，清朝改称石窟寺至今。寺南临洛水，背依大力山。山的上部为厚4.5米的黄土层，下为岩石层，露出地面的部分厚20米，石窟层就开凿在岩石层上。现存5个洞窟，1个千佛龛，摩崖大像3尊。摩崖造像龛328个，佛像7743尊，碑刻题记186则。这个石窟的规模虽然比不上云冈和龙门石窟那样雄伟庞大，但其小巧玲珑、惟妙惟肖，是中国现存石窟艺术中不多见的。据说这里还是唐玄奘出家之地，唐太宗李世民等不少皇帝曾在此礼佛。

人们来到石窟寺，首先会看到石窟寺峭壁立有一块题有“河洛神迹”的石碑，感受到古人所称这里“邙山峙后，洛水萦前，溪雾若云，晨昏变现，波光树色，递绿呈青，依然幽胜地”的景色。五个洞窟皆南向平列，分为东、西、中三个区，第一、二窟为西区，第三、四、五窟为东区，在第二窟至第三窟之间长约27米的崖壁中段，1977年清除积土发现40个小龛，划为中区。窟的外壁均有摩崖造像。

巩义石窟寺

第一窟的高和阔均为 6 米，是正方空间。门外东西两侧的石壁上各雕力士一尊。西侧力士高 3.43 米，东侧力士高 3.36 米。好似守门将军，挺胸鼓目，形象森严。西侧力士像的上方刻罗汉两排，神态、相貌各异，与旁边的一尊菩萨像相呼应。东侧力士像上部残存一佛、一菩萨。洞窟内，有一个顶天立地的中心方柱，中心方柱四面都凿有佛龛。龛内雕有一佛、二弟子、二菩萨。佛座下面两侧雕一对狮子，两侧刻有对称的飞天、化生和莲花，弹琵琶、吹横笛的伎乐飞天，方柱的基座每一面都雕有力士，力士下面雕千奇百怪的神王。方柱上端每一面都有由化生莲花和重鳞纹、彩铃、飘带组成的垂幔。

洞窟门内壁两侧各有一幅绝美的画分三层的“礼佛图”浮雕，它们是巩义石窟中最优秀的作品，左侧一幅三层是以皇帝为主，右侧一幅三层是以皇后为主，他们乘车辇，顶罩黄落伞，前有僧人引导，后边跟着文武大臣和成群的嫔妃，两旁有侍女搀扶着，有的拽着衣带，阵容十分壮观。与其说是礼佛，倒不如说是象征着对佛教的加冕。在礼佛图的下方左右各一排伎乐人物，左侧五人所奏乐器有琵琶、箜篌、横笛、法螺、排箫等，右侧由于风化较甚，仅可看出有一击鼓者，其他四人已看不清楚。“礼佛图”浮雕充分表现了北魏皇室前往寺院礼佛的宏大场面，体现了佛教在当时的社会文化地位以及巩义石窟与皇室的联系，为研究北魏时期的礼佛仪式、服饰、仪仗制度等提供了难得的实物资料。整幅画面采用夸张的艺术手法，从皇帝及王公大臣的体型高大到侍从的瘦小低矮，从身材比例和动作表情上刻画出他们不同的身份和地位，为我国石窟浮雕艺术中罕见的杰作。

东、西、北三个壁面都凿有排列整齐的四个大龛，每个龛内均雕有佛和菩萨像，两侧雕有立柱，龛楣用浅浮雕刻有飞天、忍冬纹和帷幔等装饰，安详的佛陀端坐在帷幔之中。唯独东侧壁面第一龛内刻的是“维摩经变”事，维摩诘居士和文殊菩萨相对而坐说话。东、西两壁分别刻有两组伎乐人物，乐人手操乐器在演奏。后壁刻有 12 个神王，牛头马面，披发剑齿，视之可畏。

出第一窟向东依次排列共有四座石窟，二、三、四窟其设计和雕刻与第一窟基本相似，只是大小和雕凿年代不同，大都是东魏到唐代的作品。位于最东边向南突出的第五窟，没有中心方柱。周围环绕 6 个凌空飞翔的飞天，整个藻井以莲花为主题。过第五窟再向东几步远，是千佛龛。龛高 1.5 米，宽 2.12 米，龛楣为圆拱形，系唐乾封年间（666—668）所凿。后壁上除刻一个较大的坐佛外，满壁均刻有排列整齐的小佛龛，一共有 999 尊，加上中间的坐佛刚好是 1000 尊，所以人们管它叫千佛龛。龛外两侧有不少摩崖造像，有佛、菩萨、天王等，刀法多变，形象生动。

巩义石窟寺的主要洞窟是继洛阳龙门石窟之后开凿的，上承龙门石窟的雕造遗风，成为北魏晚期风格的典型，而且还孕育着北齐隋代雕刻艺术的萌芽，在中国古代雕刻史上占有重要地位。

天然宫殿“雪”铸成

——浮戏山雪花洞风景名胜区

浮戏山雪花洞风景名胜区位于郑州市西南 58 公里处的巩义市新中镇境内，游览面积 125 平方公里，为河南省级风景名胜区。

据《山海经》载，浮戏山一带“泉水欹危，映带左右，晨起伏而凭之，烟霞弥漫，万顷茫然，峰峦尽露其巅，烟移峰动，如众岛浮水而戏……”浮戏山即因此而得名。浮戏山地层完整，是中国主要的标准地层出露区域，由 108 座峻峭山峰、590 种植物、72 处水体、68 种野生花卉、千余种怪石、200 多间庙宇组成了一座大型的山水图案，专家称浮戏山是“中国地质博物馆”“中原洞穴之乡”。浮戏山历史悠久，春秋战国时期即为我国闻名的“九州之险”“九寨之一”及洛阳的“东方屏障”。抗日战争时期这里是中国共产党豫西根据地的中心，现遗存完整的 9 座古山寨，有革命遗址 17 处，是进行爱国主义教育的理想基地。隋唐以来修建于景区诸峰的 30 余座古寨堡，被后人称为“天下第一城堡群”。景区内峰险泉碧、幽静深邃、寨古洞奇，有“中原小桂林”之称。

浮戏山雪花洞风景名胜区内有自然与人文景观 126 处，分为 7 个景区，即雪花洞景区、灵官殿景区、小龙池景区、老庙景区、凉水泉景区、石门寨景区和紫龙峡景区。

雪花洞景区是 7 个景区中最奇特最主要的景区。雪花洞由石葡萄、石珊瑚、石花（即雪花）等自然组成了长长的“雪花长廊”，宛如一座地下水晶宫。20 世纪 60 年代初，当地农民放羊时常有羊丢失，初疑是狼作祟，后发现牧草丰盛

巩义浮戏山雪花洞

的地方有一个洞，老农民先用绳子系着一只鸡下去，确认安全后就下去探查，结果发现了一座“雪”铸成的天然宫殿。自此，一传十，十传百，争相下去探奇，至1984年开通了人工引洞，不断完善设施，对外开放。雪花洞全长1110米，面积约4000平方米。洞里是一个奇妙的地下世界，寂静、幽雅、深邃，洞内终年恒温保持在15℃左右，由石笋、石柱、石花、石塔、石幔组成，按其自然景观分为三厅一廊。

它的第一个自然洞厅叫迎宾大厅。顺梯向下走过50余米的人工引洞，就到了大厅里面。北部及洞口都是由钟乳石构成的石笋、石柱，大厅正中间是一个直达洞顶的“擎天石柱”，因其下粗上细，酷似塔形，给人以“迎宾佛塔接宾朋”的印象，故又被称为“迎宾塔”。游客站在适当的位置可观赏到“大肚能容容天下难容之事，慈颜常笑笑世间可笑之人”的大肚弥勒那生动逼真的面部。

穿过一段窄道，再上几步台阶，就来到了雪花洞的第二个自然大厅——通天大厅，这是目前雪花洞最为宽敞的一个大厅，长50米，宽35米，最高处有45米，可容千人左右。向上望去，穹形的洞顶上有一狭小的洞口与外界相连，强烈的光线从洞口射进来，犹如挂着一盏刺眼的探照灯，人们称之为“一线天际”。这也就是当初人们发现雪花洞的原始洞口。

借着自然光和辅助彩灯，人们仿佛来到了五彩斑斓的神仙世界。洞顶东部是一幅雄伟壮观的石瀑布，下方有一石笋形似美丽的海螺姑娘，再往下就是一位慈眉善目的老寿星，老仙翁的身边还簇拥着一些神仙，好似“群仙拜寿”。再往下面，是一种罕见的肉色钟乳石，手电光照射在上面通体透亮，人们称它们为“宝莲灯”或“倒扣金钟”。通天大厅的北部是一组钟乳石构成的“雄狮登塔”。另有各种各样的钟乳石构成端坐的佛祖、姿态各异的罗汉和踏波而来的观音菩萨……据地质专家介绍，这些钟乳石要形成这样的景观，需要一万年左右的时间。

长达 173 米的雪花区是雪花洞中最为精彩的部分。这里宛如“银装素裹”的北国世界，各种白的石花、珊瑚、“葡萄”“动物”晶莹如玉，娇美多姿，使人感到真的置身于地下水晶宫了。洞中部玉柱、玉塔林立，最高的一座玉塔高 2 米，共分 13 层，仿佛耸立在冰川之上。更令人惊奇的是还有一只庞大的白色骆驼正在卧着饮水，和真的一模一样。据专家测定，这处“玉驼卧饮”已有 3500 万年的历史。

灵官殿景区面积 2 平方公里，海拔 300 米。主要景观有灵官殿、万年檀、百米飞瀑、观瀑亭等。小龙池景区面积 5.72 平方公里，主要景观有小龙池、度假村、耍峪、醋峪、峡峪等。老庙景区主要景点有玉仙圣母庙、将军寨、桃花峪、纳水洞、紫岩瀑布、一线天等。凉水泉景区面积 3.14 平方公里，主要景观有听涛亭、二花亭、黑风洞等。石门寨景区面积 1.7 平方公里，主要景观有花果山、水帘洞、穆桂英上马台、棋盘山、八戒望猴哥及隋末以来修建的古寨堡、峰火台、寨墙等。紫龙峡景区面积 1.5 平方公里，主要景观是各种奇石，如老君观天、飞龙台、虎头崖、寿星石、石将军、天狗望月、鱼跃龙门等。

诗圣故里吟诗行

——杜甫故里、杜甫陵园

杜甫故里位于巩义市站街镇南瑶湾村，背依三座紧密相连的山峰（当地称“笔架山”），这里是诗圣杜甫出生和少年时期生活的地方，占地 372 亩，为国家 4A 级旅游景区，河南省重点文物保护单位。

杜甫（712—770），字子美，曾自称少陵野老。祖籍襄阳（今属湖北），生于洛州巩县（今河南巩义市）。在成都被严武荐为节度使参谋被授予检校工部员外郎，后世称之为杜少陵、杜工部。杜甫生在“奉儒守官”并有文学传统的家庭中，是著名诗人杜审言之孙。他从小就聪颖过人，7 岁学诗，十四五岁时便以诗扬名。自 20 岁起，他开始了二十年之久的漫游生活。其间曾两次考进士不第。“安史之乱”爆发后，他颠沛流离，历尽了苦难，产生了强烈的忧国忧民的思想感情，十年追求功名之心终告结束，写下了“朱门酒肉臭，路有冻死骨”的著名诗句，留下了《兵车行》《丽人行》《前出塞》《后出塞》《自京赴奉先县咏怀五百字》《悲陈陶》《春望》《北征》《羌村》以及“三吏”“三别”等不朽名篇。他生命的最后两年，居无定所，漂泊于岳阳、长沙、衡阳、耒阳之间，多在船上度过。公元 770 年冬，杜甫死于长沙到岳阳的船上，年 59 岁。逝世前作三十六韵长诗《风疾舟中伏枕书怀》，有“战血流依旧，军声动至今”之句，仍以国家灾难为念。杜诗现存 1400 多首。他的诗真实地反映了唐代由盛转衰的历史过程，揭示了封建社会里的贫富悬殊与阶级对立，因此他的诗被后世誉为“诗史”，艺术风格多样，感染力极强。他是中国文学史上最伟大的现实主义诗人，

杜甫陵园

是唐诗集大成者，被后世尊为“诗圣”。1961 年，在斯德哥尔摩世界和平理事会上，他被定为世界文化名人。

杜甫曾祖杜依艺任巩县县令时，举家由襄阳迁居巩县笔架山脚下的南瑶湾村，唐睿宗太极元年（712）元旦，杜甫就诞生在这里的一孔窑洞里，并在此度过少年时代。进入杜甫故里，正对着大门的，是一尊大大的杜甫塑像，景区内的建筑均以木质结构为主题，以红色为基调，再配以灰色顶瓦的唐代风格，整体样式古色古香，颇具韵味。杜甫故里由诗歌展区和诗人展区两部分组成。主要景点包括杜甫纪念馆、杜甫陵园、杜甫墓等。诗歌展区依托高科技手段，系统介绍了杜甫的诗歌成就以及在中国诗歌史上的卓越地位，并生动地展现了一代诗圣的心路历程。

诗人展区由杜公祠开始，途经瞻雪阁—诞生窑—上院—壮游园—三友堂—怀乡苑—万汇园。由杜公祠解读杜甫的祖先、家庭；由瞻雪阁的杜甫故里模型了解巩义南瑶湾村的笔架山下杜甫出生和儿时生活的地方；由上院了解杜甫少年时期的生活场景；由壮游园解读杜甫三次壮游，了解唐朝人如何读万卷书，行万里路；由三友堂了解杜甫贫困落魄的时期；由怀乡苑回忆杜甫最后的岁月。

原有杜甫祠堂始建年代不详，现有宅院长约20米，宽约10米，小青瓦门楼，黑漆大门。院内有东西厢房3间，门上悬挂竖匾一块，上书“杜甫故里纪念馆”大字，郭沫若亲笔。纪念馆陈列有历代各种版本的杜诗、杜甫论文集等597册，有张大千、齐白石、曾竹韶的诗意画以及杜甫铜像1尊，还有杜甫世系表、行迹图、遗迹照片等。从家世表里，我们得知杜甫是晋朝名将杜预的第13代孙。杜预平定东吴有功，又曾注解过《左传》，极负盛名。杜甫的祖父杜审言是初唐著名诗人，做过武则天的膳部员外郎，是五言律诗的奠基人之一。每当提及祖父，杜甫总以“吾祖诗冠古”而自傲。

院东侧有一窑洞，门额上书“杜甫诞生窑”，郭沫若亲笔。窑洞深20米，宽2米余，高约3米。院内西墙上嵌碑1通，高1.75米，宽0.75米，正面楷书“唐杜工部立”。该碑是1963年由杜甫祠迁此。门外墙上嵌石碑1通，高1.1米，宽0.56米，系清雍正五年（1727）洛阳府张汉草书“诗圣故里”。

杜甫陵园位于河南巩义市老城西北约6公里康店乡康店村西的邙岭上，占地34亩，坐北向南，主体建筑有大门楼、杜甫大型雕像、双层亭、诗圣碑林、杜甫墓、吟诗亭、望乡亭、草亭、献殿等。面向大门的大型花岗岩杜甫雕像，高4.7米，座高3米，坐落在万花丛中，十分醒目耀眼。今日的杜甫墓是用坚厚石块砌成，面积约11平方米、高5尺，墓碑是高3.3米、宽0.6米有余的青石，墓的旁边附有石板，并镶以石柱，显得非常庄重。杜甫的儿子宗文、宗武也分别葬在杜甫墓东约20米和30米的地方。墓地坐北朝南，地势开阔，南观中岳嵩山，北凭滔滔黄河，伊洛河从山下蜿蜒东流，环境十分优美。

杜甫虽然在故乡的时间不长，但是一生中始终怀念着家乡，给我们留下了不少怀乡的著名诗句，如“露从今夜白，月是故乡明”，“秋风楚竹冷，夜雪巩梅春”，表达了诗人对家乡的无比眷恋。

传统建筑之瑰宝

——康百万庄园

康百万庄园又名河洛康家，位于河南省巩义市康店镇，是17、18世纪华北封建堡垒式建筑的代表，占地240余亩，被称为中国第一庄园，是全国重点文物保护单位，国家4A级旅游景区。

“康百万”是明清以来对以康应魁为代表的整个康氏家族的统称。其中，有创业之初的六世祖康绍敬，有开辟大河行船、奠定百万基业的十二代庄园主康大勇，有富跨三省、两次悬挂“千顷”牌的十四代庄园主康应魁，有官居三品、大兴土木的十五代庄园主康道顺，有接驾慈禧太后和光绪皇帝两宫回銮的十七代庄园主康建德……一直富裕了十二代，民间称其“头枕泾阳、西安，脚踏临沂、济南；马跑千里不吃别家草，人行千里尽是康家田！”康氏家族多次得到朝廷赏赐，最高时官至三品，数次钦加知府衔。1901年慈禧太后逃难西安，回銮北京路过康店时，康氏家族花巨资建行宫、架浮桥、修御道，迎接两宫并贡献大量白银，慈禧说不知此地还有一个康百万富翁。“康百万”从此得以名扬天下。

康百万庄园始建于明末清初，从最初的山腰后建至山顶。当时是全国三大庄园之一，比山西乔家大院大14倍。由于它背依黄河和邙山，面临洛水，所以被称为“河洛康家”，又有“金龟探水”的美称。康百万庄园建筑有十九种不同风格形式，以寨上主宅区为核心，向寨下其他区域以扇面形式展开，建成功能不同、形式各异的群体院落。深宅大院，重脊高檐，垂花门楼，间或以假山、曲廊的“障景”法作点缀，达到移步换景的艺术效果，是一座中原民居代表性的集“古、大、雅、美”于一体的恢宏建筑群。庄园里，住宅、商栈、作坊、学馆、祠堂、寨堡、花园、亭台以及关押犯人和豢养兵丁等建筑设计巧妙，砖雕、石雕、木雕都有极高的水准。庄园内还有砖厂、木材厂、造船厂等。此外，庄园里还保存有碑刻、牌匾、家具、古玩、书画、器皿、衣帽等历史文物 3000 余件，康家主人足不出户便可满足一切生活所需。康氏家族前后十二代人在这个庄园生活，跨越了明、清和民国三个时期，共计 400 余年。诸多专家称康百万庄园为“传统建筑之瑰宝，民间艺术之典范”，对于研究明清文化、民间风俗、古代建筑等都具有极高的价值。

新中国成立初期，康百万庄园被充公，部分用作政府办公、学校和邮局，部分给了当地贫农。为了传承古代文化，发展旅游产业，当地政府后多次对庄

康百万庄园

园实施了改造维修，开辟展室36个，力图展现康百万庄园当年“明时楼院清时廊”的原貌。庄园现有33个院落、53座楼房、1300多间房舍和73孔窑洞，分为栈房区、中心区、寨上主宅区、寨下住宅区、南大院、祠堂区、作坊区、菜园区、龙窝沟、金谷寨、花园等十余部分。

康百万庄园庞大的建筑群仅有一个入口，两侧均有主墙相依，园中宛如迷宫，门里还有一个仿照北京长城的瞭望台而建的居高临下的观景台，可以与古代的城门媲美。

栈房区等于是康家的商务总部，它靠近主宅区和码头，是康家数百年来经济发展的重要核心部分。区里有许多匾额楹联，教育康家子孙们要注意自己的品德和言行。

中心区。热闹嘈杂的厨房和安详静宜的书房互为惠邻。康家是个大家族，所以厨房很大，能解决众多人口的吃饭问题。画室在书房旁边。所有的家具上都镶嵌有闪闪发光的宝石。东墙上镶挂着明、清著名书法家的作品；西墙上则挂着一件清朝官服和一把康英奎平时练功习武时用的宝剑。书房西边是放置祖先牌位的灵堂。这里有许多精美的神龛和有关祖先生卒的碑刻。生活区有一处书法雕刻集中的窑洞，在院子的最西头，洞内两侧共有16块与成人一般高大的石碑，上面雕刻着赞扬庄园主人的诗篇，风格迥异的中国书法在此各显风采。

主宅区是康家生活起居的主要地方。这里既有黄土高坡窑洞建筑与华北平原方四合院的形式，又具有官府、园林和军事堡垒建筑的特点。有的看似楼房，内里却是窑洞式构造；有的从外看是窑洞，而里面又建有楼层，美其名曰“窑楼”。有的窑楼上下一共有三层，而且外面全部由青砖砌成，可见当时康家雄厚的财力。主人的卧室房间的天花板上涂刷得七彩斑斓，门窗的木雕也各具特色。主人的楠木床则是万里挑一的精美绝伦的珍品，是由当年最著名的五位木雕工匠费时三年雕刻而成。床的对面是一个高1米、长1.5米的木车，它用来接送庄园里因为古时缠足行动不便的女眷们去厕所。饭厅右侧放着一张供八人进膳的方桌，所有盘、碟、碗等餐具都是八角形的。他们相信这样做会给全家带来好运和财富。如有贵宾造访，康家主人则会依照满、汉传统举行大型的宴请，这种场合常常要用餐具108件。

南大院是当年康家接待达官贵人的场所，也是康家发展鼎盛时期的象征。

庄园里随处可见的石柱子的底座由多年形成的水晶石建造，每个面上都刻有花卉和人物图案，在大院里随处可见不少有关民间传说故事的石雕、木雕、砖雕，多以人物、花草、鸟兽为主，有“冠上加冠（官）”、半夜拜师等雕刻图案，具有深刻的寓意和浓郁的生活气息。代表性的文物有：一是国家石刻定级标准为一级石刻的门枕石。用整块青石上下分三层雕刻而成，人物、动物形象生动逼真，被定为国家一级文物。二是金丝楠木木雕顶子床，用金丝楠木雕刻，采用透雕、镂空雕的雕刻手法，由十个能工巧匠，耗工1700多个工时，做了五年时间才做成。床由37个部分组成，通体没有用一颗钉子，完全是铆上去的，可以自由拆卸，是木雕的杰出代表。三是汪氏石雕牌坊。墩、石柱、石匾各部位均精雕着《二十四孝图》、《渔樵耕读》、龙凤、珍禽异兽等图案，这些艺术精品都展现了明清民间工匠们高超的技术。

庄园里不少展区及展室还悬挂、摆放有楹联、匾额和许多名人字画以及古玩珍宝，内容包含修身、治家、孝悌、教子、经商、为官等多个方面，其中悬挂于康百万庄园主宅一座院子里的主客厅内的“留余”匾，意为“上留余于天，对得起朝廷；下留余于地，对得起百姓与子孙”，是康家教育子弟的家训匾，也是儒家中庸思想“财不可露尽，势不可使尽”的集中体现，被选为“中国名匾”之一。另外如主宅区一院过厅的“耜耕三省当思创业维艰，船行六河须防不世风浪”、栈房区一院分部厅的“商道无形商道即人道，商品有形商品即人品”等对联，蕴含着中华传统文化的哲理和精华，与康百万庄园的传统建筑相得益彰，让游客深受启迪。

乡村振兴看这里

——巩义市竹林镇

巩义市竹林镇位于河南省巩义市东部浅山丘陵区，下辖竹林街、顺河街、镇西街、镇北街、镇东街、石鼓街、长寿山7个居委会，人口近2万，总面积30平方公里。是全国特色小镇、国家可持续发展实验区、全国文明城镇示范点，荣获首届中国人居环境范例奖、联合国改善人居环境最佳范例奖，为河南省爱国主义教育示范基地，国家4A级旅游景区。

竹林原是一个水缺如油、土地贫瘠、自然经济条件较为恶劣的“穷山村”。为了建设社会主义新农村，竹林镇坚持“工业强镇、旅游兴镇、文明塑镇、党建领镇”发展战略，以建设“特色小镇”“美丽乡村”作为推进新型城镇化建设的工作抓手和谋划思路，先后投资近6亿元，大力推进城镇化，完善基础设施建设，提高城镇服务功能。投资9000多万元，从32公里外经四级提灌引来了黄河水，彻底解决了竹林千百年来严重缺水的问题；建起了具有现代都市气息和格局的竹林宾馆、竹林会堂、竹林中学、万吨水厂、邮电金融大楼、环保大楼、11万伏变电站和高标准的竹林幼儿园，建成了集文化、娱乐、环保为一体的竹林绿苑文化发展中心，还建成6个密集型的居民小区以及南山、北山两座公园。镇区绿化面积6平方公里，绿化荒山600亩。目前全镇有上市企业3家，支柱产业为制药、耐材、铁路配件、石油压裂支撑剂、电子等，全镇工商企业近千家，跨制药、耐火材料、建材、电子、医药、印刷、商贸服务等14个行业。科技、文化、教育、卫生、社会保障等各项社会事业也都取得长足进步。

巩义市竹林镇长寿山景区

精神文明建设是竹林的传家宝。镇党委、政府多年来坚持用竹林“十八字”精神（爱竹林、比贡献、谋发展、勇创业、讲文明、共富裕）教育人，用“三评”（群众评党员、党员评支部、支部评党委）活动规范人，用评选“十好”（好党员、好干部、好职工、好民兵、好团员、好公婆、好夫妻、好妯娌、好媳妇、好少年）活动鼓舞人，用健康向上的文化活动陶冶人，用先进的理论武装人，大大提高了竹林居民的整体素质，形成了良好的村风民风，连续五届的“孝老敬亲”活动被中央电视台进行现场报道。

竹林镇的巨大变化得力于其带头人赵明恩，他担任竹林村党支部书记、竹林镇党委书记几十年来，坚持党建引领乡村建设。1983 年，竹林党支部召开的“七天会议”，定下了“以集体经济为主，以工业经济为主，以商品经济为主”的方针。到 1986 年，竹林经过近五年的经济发展，基本摆脱了多年的贫困生活，解决了温饱问题，开始向致富迈开步子。1987 年，召开“竹林林场”会议，提出了集体经济大发展的目标要求，五年里实现了第二次腾飞。1992 年，召开“翱翔会议”，力主破除小富即安的思想束缚，提出要向高科技、高精尖产业发展，让产品冲出国门与国际市场接轨。竹林安特制药有限公司、竹林赛杰制药有限公司、众生制药厂、庆州耐火材料厂、金属精工厂等一批企业脱颖而出。1983年以来，他创新以“群众评党员、党员评支部、支部评党委”为主要内容的“三评”活动，走出了一条忠实践行党的群众路线、建设社会主义新农村的科学发展之路，800多件向群众承诺的实事全部办结到位。他本人先后被授予全国劳动模范、中国农村十大新闻人物、全国优秀党务工作者、全省优秀党务工作者、省优秀共产党员、省农村思想政治工作先进个人、全省乡镇企业思想政治工作先进个人、河南省劳动模范等荣誉称号。现任郑州市人大常委会副主任、全国八、九、十、十一届人大代表。

目前，竹林镇正在通过长寿山地热温泉小镇、风情古镇、国际汽车营地旅游项目等三大旅游项目对当地的经济结构进行调整，以“旅游突破”实现产业转型升级的可持续发展之路。竹林镇投资2亿元开发和建成的长寿山生态景区，景色怡人。多年举办长寿山红叶节，每至春秋季节，山花芬芳，如霞似锦，游人众多。长寿山风情古镇，集民俗演艺、手工作坊、特色小吃、非遗展示、民宿客栈、酒吧慢生活等为一体，发展农家乐上百家，单日游客量达十多万人次，三产从业人员达3000人。竹林镇，展示了中国农村改革开放的巨大发展变化！

寻根拜祖这里来

——黄帝故里、始祖山风景区

黄帝是中国古代传说中最早的宗祖神，华夏族形成后被公认为全族的始祖。司马迁《史记》中记述："黄帝者，少典之子，姓公孙，名曰轩辕。"黄帝居轩辕之丘。据考证，黄帝降于轩辕之丘，定都于有熊。而河南新郑市古为有熊氏之国，轩辕之丘就在新郑市。也就是说，5000年前，中华人文始祖——轩辕黄帝在这里出生、建都，他定天文、创文字、造舟车、养蚕丝、建宫室、播五谷，创造了中华灿烂辉煌的古代文明，揭开了中华民族史的第一篇章，至今在该市境内仍保留有黄帝饮马泉、拜将台、驯兽场、屯兵洞、嫘祖洞等大量的黄帝活动遗址、遗迹。近年来，新郑市重修了黄帝故里和始祖山风景区，以纪念中华民族的祖先。

黄帝故里景区

黄帝故里景区位于河南省新郑市轩辕路，是国家4A级旅游景区、国家非物质文化遗产"黄帝故里拜祖大典"的举办地，全国重点文物保护单位，也是河南省的爱国主义教育基地。

黄帝故里是中华人文始祖轩辕黄帝的出生、创业、建都之地，《竹书纪年》和《史记》等史书均有记载。汉代建轩辕庙，历代迭修。明隆庆四年（1570）于庙前建轩辕桥。清康熙五十四年（1715），新郑县令许朝柱于庙前立"轩辕故里"碑。20世纪90年代以来黄帝故里多次进行扩建，景区面积已达7万平方米，整体布局突出了"中华民族之根"的主题，分五个区域：中华姓氏广场、轩辕

新郑市黄帝故里景区

庙前区、轩辕庙、拜祖广场、轩辕丘与黄帝纪念馆区。

中华姓氏广场即景区门前广场，从原名轩辕广场更名而来，面积约 1.5 万平方米。位于广场中心的鼎坛高 9 米，底座为 35 米 ×35 米，坛面为 21 米 ×21 米，共分三层 15 级台阶，鼎坛周围广场地板上刻满中华 4600 多个姓氏，并有抽象的祥云纹路散布广场之中，意喻“踩祥云之上，观百家姓，唱和谐歌，畅想民族腾飞之未来”。鼎坛上放置的是中华第一鼎——黄帝宝鼎。高 6.99 米，鼎口直径 4.7 米，腹深 2.8 米，耳高 1.5 米，足高 2.8 米，重 24 吨，鼎足为熊足，取意轩辕黄帝系有熊氏；鼎腹饰九龙，首顶艳阳火球，口倾水纹，祈风调雨顺，象征祖国统一安定。广场周围种植了 960 棵水杉，正好象征了中国 960 万平方公里的土地。中华姓氏广场被授予“全国特色文化广场”荣誉称号。

位于轩辕丘前的轩辕庙是整个黄帝故里景区中最古老的建筑，也是最核心的部分。汉代建祠，明清重修，有正殿、东西配殿和祠前庭。轩辕庙正殿五间，中央供奉轩辕黄帝中年金身塑像，上面有题写“人文初祖”的匾额，殿内四周的壁画生动形象地展现了黄帝一生的丰功伟绩。东西配殿各三间，东配殿塑黄帝元妃嫘祖——“先蚕娘”像，西配殿塑黄帝次妃嫫母——“先织娘”像。祠前庭三间，以图照展示新郑的裴李岗、仰韶和龙山文化时期文物。祠庭院内，树“林则徐拜祖碑”和世界客属总会拜祖碑等。

拜祖广场（原为黄帝宝鼎坛区），中间由南向北为一条36米宽深红色花岗岩石通道，至黄帝像。拜祖台位于黄帝像前，台东西长27米，南北宽20米，台前设0.9米高汉白玉栏杆。颂歌台位于拜祖台左右两侧，每侧各长20米，五级青石面层，每侧可立250名颂歌者。中华人文始祖轩辕黄帝的塑像于2005年4月10日落成，这尊汉白玉塑像为黄帝手执宝剑的正面坐像。像高5.19米，以示“九五之尊”。轩辕丘与黄帝纪念馆区位于黄帝宝鼎坛之北，占地约1万平方米。黄帝纪念馆位于轩辕丘下，共两层，建筑面积30018平方米。历年大型祭拜活动在黄帝纪念馆前黄帝宝鼎坛区举行。

始祖山风景区

始祖山又名具茨山（因具茨是传说中黄帝的一员大臣，故名），位于新郑市区西南15公里处。主峰风后顶自古便有“险如华山，秀如黄山，神如泰山”之誉，享有“中天一柱”之称，这里是中华文明始祖轩辕黄帝出生、创业、建都之圣地，是华夏儿女寻根拜祖的一座圣山。

历代文献记载，黄帝曾在此访贤问道、结公拜将、屯兵驯兽、出兵战蚩尤、统一万氏部落，实现了中华首次大统一。后又“地划九州，分封诸侯”，其中中原分为六大州，分别让风后、力牧、大鸿、具茨、大隗、武定掌管。后人将新郑、新密、禹州交界处的几座险要山峰，以黄帝的四位大臣的名字封了号。如今的大鸿寨、具茨山、大隗山、风后岭，就是以大鸿、具茨、大隗、风后的名字命名的。

始祖山景区总面积13平方公里。由东侧中轴线拜祖区、南侧会展游乐区、北侧休闲度假区三大部分组成。其中拜祖区主要有九州广场、始祖圣地大门、黄帝子孙英豪馆、万姓宗祠、黄帝大宗祠、寻根查源厅、始祖业绩厅、黄帝屯兵洞、嫘祖殿、中天阁等。会展游乐区由黄帝艺术宫、世界华人会场、叶落归根墓地、南崖三宫（三老宫、医圣宫、六将宫）、黄帝女儿梳妆台、观星台等组成。休闲度假区由风后城、大鸿屯兵处、讲武门、八阵迷宫、射箭场、黄帝御花苑、度假村、黑龙潭、避暑宫、幽胜宫、避暑山庄、游乐场等组成。有些

始祖山风景区

地方正在开发。

到始祖山上游览，可乘车直到山顶上的黄帝祠中天门外。向上走，有一块天心石，寓为这里是九州之中、中州之中和五行之中。再往上有中天轩辕阁，这是主峰上规模最大的建筑。中天阁下是黄帝迎日推策峰，峰上有四台：黄帝推策台、群臣盟誓台、智慧台、鸳鸯台。传说这里是黄帝获宝鼎，迎日推策，“举风后、力牧、常先、大鸿以治民”的遗址。推策台上，至今还有黄帝的脚印与嫘祖的坐印。站在此地拍手，可听到弹琴似的回音。

进中天门，迎面石碑上刻有李德生将军题写的“巍巍具茨山，文明八千年”的碑文。始祖山轩辕阁里展有黄帝的族谱和黄帝坐像。登上始祖山轩辕阁极目四望，峰峰岭岭起波澜，九曲黄河入青天。由中天轩辕阁往西走，山顶是轩辕庙，这是几千年保存下来的古建筑。大殿全由青石板砌成，石墙，石架，石顶，石门，石窗，内供轩辕黄帝之妃嫘祖坐像。门上方悬挂“人文初祖”匾额，门外立一石碑，刻有贺敬之题写的“中华文明始祖”碑文。轩辕庙北边有历代名人登山拜祖颂黄帝的石刻碑群。

史料记载，早在春秋战国时，新郑就有三月三风后顶拜轩辕的习俗，唐代以后渐成规制，绵延至今，届时黄帝故里和始祖山都热闹非凡，迎接海内外华夏儿女前来寻根拜祖。黄帝拜祖大典仪程共九项，分别为盛世礼炮、敬献花篮、净手上香、行施拜礼、恭读拜文、高唱颂歌、乐舞敬拜、祈福中华、天地人和，充分体现了“同根同祖同源、和平和谐和睦”的主题。

名山横卧存古韵

——中岳嵩山

中岳嵩山位于河南省腹地的登封市境内，西望九朝古都洛阳，东接河南的省会郑州，北依黄河，南括颍水之源。嵩山主要由太室山、少室山组成，蜿蜒70公里，面积为3000多平方公里，共有72峰，山峰海拔1440米。2004年被联合国教科文组织命名为世界地质公园。

嵩山在春秋前称为太室山，战国时称“嵩高山”。西汉时确定五岳之称呼，嵩山因横卧五岳之中，故称“中岳”。嵩山属褶曲作用形成的块状山。据史书记载，5亿年前，经燕山、喜马拉雅山等造山运动作用，嵩山从海底露出水面，形成北坡倾斜平缓，南坡悬崖峭壁的山势。它经历了太古、元古、古生、中生、新生五代，这在国内乃至世界上都属罕见，被誉为“五世同堂”“天然的地质博物馆”，每年都吸引众多的中外地质学家、考古学家来这里考察、研究。

嵩山兼具东岳之雄伟，西岳之险峻，南岳之秀丽，北岳之奇崛，不仅是人文景观的宝库，而且是自然景观荟萃之地。这里翠峰挺拔，气势磅礴，景象万千。由峰、谷、洞、瀑、泉、林等自然景色构成的中岳二十景，如嵩门待月、箕阴避暑、石淙会饮等，秀逸诱人，多彩多姿。嵩山林木葱郁，少室红叶更是迷人。金秋季节，群峰盈金，树叶流丹，峡谷山峰，丛丛、簇簇，似火、似霞，娇艳夺目。少室山是嵩山的重点区域，山势陡峭险峻，奇峰异观比比皆是。登少室须沿着绝壁上一米多宽的石缝，攀铁环、拽钢丝上下，断崖悬古道，人在空中行，其险峻使游人赞叹称绝。登上山顶环顾四周，群山碧绿，林海荡漾，云雾

中岳嵩山

缥缈如临仙景。灵霄峡、大仙峡、响潭沟、持冰崖、水帘洞、回音楼，景物天成，引人入胜。

嵩山寺庙林立，古迹繁多，山上有古建筑群 18 处，属全国文物之最的就有 8 处：中国现存最早的庙阙（太室阙、少室阙、启母阙）、中国现存最早的砖塔嵩岳寺塔、中国最早的禅宗寺院少林寺、中国最大的僧墓塔林少林寺塔林、中国现存最早的天文台观星台、中国五岳中现存最大的山庙中岳庙等。

嵩山风景名胜区主要由少林寺、中岳庙、嵩阳书院、观星台、三皇寨等景区组成。

少林寺景区——突出“佛”和“武”，为中国佛教禅宗祖庭和少林武术的发祥地。被誉为天下第一名刹的少林寺就坐落在嵩山少室山阴的五乳峰下。中国有许多名山，要么是道教圣地，要么是佛教圣地，只有嵩山，儒、道、佛三教荟萃一地，互相渗透又互相竞争，共同发展，弘扬着华夏文化。本来印度佛教的教义和中国儒、道两家是大相径庭的，早在公元 496 年，印度僧人跋陀来

嵩山传教，没有获得成功，公元 527 年又来了一名印度高僧达摩，他总结了前人的经验，改革了佛学教义，吸收了儒、道两家被人们接受的部分内容，实行三教合流，使其适合中原文化的需要，才站稳了脚跟，在嵩山少林寺首开中国禅宗第一祖庭。如今，少林寺存有唐朝李世民所赐并草签有“世民”二字的开元碑，背面刻有孔子、老子、释迦牟尼三人一面的画像，赞语是：“三教一体，九流一源。百家争理，万法一统。”强调三教合流的法统原则。这三种学派在同一山头且和睦相处的现象确实是很奇特的。少林寺不仅是佛教传入我国的禅宗第一祖庭，也是少林武术之源，有“天下功夫出少林，少林功夫盖天下”之说。为了弘扬中华武术，传播少林功夫，现在少林寺周围建有武术学校多所，还修建了全国最大的少林武术馆。

山脚下的少林寺塔林是我国现存最大的墓塔群。这里树木茂密，自然景色秀丽幽静，是为少林寺历代住持（全寺事务主管，也称方丈）、和尚和久负盛名的高僧圆寂后而建的，也是研究少林寺历史和古建筑、绘画、书法、雕刻艺术的宝库。

中岳庙景区——突出“道”和“水”，为我国道教第六洞天，北天师道发祥地。据史书记载，嵩山是道教最早的活动地域之一。在古代，大小道观数以百计。中岳庙素有“小故宫”之称，它占地面积13万平方米，红墙黄瓦，金碧辉煌，青松翠柏掩映其中，是历代帝王祭祀的场所。庙内建有东、西、南、北四岳台。传说唐代时武则天把山封为“神岳”，把岳神尊为“天中王”。从此以后，历代帝王要祭祀五岳，只要登了中岳，拜了四岳台就算完成了五岳之祭。由此可见中岳在五岳中的至尊地位。

嵩阳书院景区——突出“山”和“儒”，这里有“五世同堂”的地质构造，堪称“天然地质博物馆”，还有宋代时著名的嵩阳书院。这个书院至今已有1000余年的历史，与湖南的岳麓书院、江西的白鹿洞书院、河南的应天府书院并称为中国古代“四大书院”。宋代著名的学者程颢、程颐、司马光、范仲淹等人都曾先后在这里讲过学。史书《资治通鉴》的部分书稿就是司马光等人在这座书院里完成的。

观星台景区——突出“古”和“文”，古天文遗址。有现存世界上最古老的天文台——周公测影台。测影台一侧是观星台，元朝时的天文学家郭守敬用它推算出一个回归年的时间为365.2425日，制定的《授时历》比现在世界通用的《格里高利历》不但分秒不差，还早了300年的历史。

三皇寨景区——突出“奇”和“险”，集奇、怪、秀、雄、险于一身。

2010年8月1日，第34届世界遗产大会上，嵩山天地之中历史建筑群，包括少林寺（常住院、初祖庵、塔林）、东汉三阙（太室阙、少室阙、启母阙）、中岳庙、嵩岳寺塔、会善寺、嵩阳书院、观星台，被联合国教科文组织列为世界文化遗产。古老神奇的嵩山既是中原历史上的战略要地，又是历代封建帝王游览的场所。佛、道、儒三教在这里汇集争誉，名胜古迹遍布整个嵩山。历史学家称它为“文物之乡”，建筑学家称它为“建筑艺术宫”，书画艺术家称它为“书画艺术珍藏馆”，地质学家称它为“五世同堂”，旅游家誉它为“五岳之尊”。景区各具特色，各藏奥妙。正如清乾隆皇帝赋诗所云：“嵩山好景几千秋，太少奇险奥九州。美景一时观不尽，天生有份再来游。”

名刹名拳名天下

——少林寺

少林寺位于河南省登封市中岳少室山北的五乳峰下。因寺建于少室山的丛林茂密之处，故名“少林寺”。少林寺是中国佛教禅宗第一祖庭，在嵩山为 72 寺之首，为世界文化遗产，国家 5A 级旅游景区、全国重点文物保护单位。

少林寺始建于北魏太和十九年（495），是魏孝文帝为安顿印度僧人跋陀落迹传教而建造的，但跋陀没能在少林寺继续发展。到公元 527 年，又一位印度僧人菩提达摩从海道泛舟三年来到中国，自广州登陆，到金陵受到武帝接见，交谈中不相投机，遂北上来到少林，于寺内面壁 9 年，而后广集信徒，首传禅宗，被佛教界尊为中国佛教禅宗初祖，少林寺也从此被称为中国佛教禅宗祖庭，在中国佛教史上占有重要地位，被誉为“天下第一名刹”。北周建德三年（574），武帝禁佛，寺庙被毁，大象年间重建，改名叫陟山古寺。隋代大兴佛教，敕令复少林寺之名，少林寺成为北方一大禅寺。唐初秦王李世民消灭割据势力时，少林寺的僧众援助有功，少林功夫自此名扬天下。高宗及武则天多次驾临该寺，封赏优厚。后又兴衰交替，元末先后有八位皇子到寺内出家，清康熙、雍正、乾隆诸帝或亲书匾额，或巡游寺宇。现存建筑经过多次整修，千年古刹更为壮观。

少林寺常住院建筑在登封少溪河北岸，占地面积约 57600 平方米，从山门到千佛殿，共七进院落，主要包括常住院、塔林和初祖庵等。常住院的建筑沿中轴线自南向北依次是山门、天王殿、大雄宝殿、藏经阁（法堂）、方丈院、立雪亭、千佛殿。另外，寺西有塔林，北有初祖庵、达摩洞、甘露台，西南有

少林寺

二祖庵，东北有广慧庵等。

少林寺的山门面南而开，坐落在两米高的砖台上，是红墙绿瓦、朱门雕梁的单檐歇山建筑。门额上方，悬挂着黑漆匾额，上有清代康熙御笔“少林寺”金字。

步入山门后，一条高台甬道，通向天王殿。甬道两边排列着数十通古碑，人们称之为“碑林”。其中有唐太宗赐少林主教碑、武则天诗书碑、宋代书法家米芾的“第一山”刻石、明代书法家董其昌书写的无言道公碑、清乾隆的御书碑等。其中唐朝画圣吴道子的观音画像碑，是众碑刻之珍品。有趣的是与唐太宗李世民赐少林主教碑相并列的释迦牟尼、孔子和老子三教圣像碑，这座石碑的画像正面看为释迦，遮左看右为老子，遮右看左是孔子。从这一石碑可以看到，嵩山是三教合流共同弘扬中华文化的场所。

穿过天王殿，便是大雄宝殿，释迦像前香火缭绕。殿后边是藏经阁高台旧址。藏经阁的后面是方丈室，为寺内住持居住和处理日常事务的地方。向后穿过一座月亮门，就到了“达摩亭”，达摩亭又称立雪亭，是一座小巧玲珑的单檐庑殿式建筑。亭内神龛中供奉铜质达摩坐像一尊。龛上悬有清乾隆皇帝所题“雪印心珠”的匾额。据说少林寺二祖慧可，跟达摩学法十分心诚，为得真传向达摩求法。当时大雪纷飞，慧可久立雪地，雪至没膝。达摩说：“你去吧，啥时候天降红雪，我就传法于你。”这时慧可取腰间戒刀将左臂砍去，血洒雪地，遍染而红。达摩见其学法心诚，便衣钵相传，慧可后来成为禅宗二祖。因为慧可只有右臂，只能单手合十。后来僧人为纪念他使用单手合十，这也是少林僧人单手合十的出处。慧可断臂求法的传说垂于佛教史志。

过达摩亭就是少林寺内最大的殿宇千佛殿。千佛殿又名毗卢阁、西方圣人殿。大殿正中供奉着毗卢铜像。两边的神龛里，一尊是玉雕的南无阿弥陀佛像，一尊是达摩像。最惹人注意的是殿内北、东、西约320平方米粉墙上绘着的“五百罗汉朝毗卢”彩色壁画。画面以山水云气作底衬，并将五百罗汉区别为上、中、下三层，画中罗汉，有的降龙伏虎，有的持钵显法，有的高谈阔论，有的朝觐上尊。罗汉相貌各异，姿态传神，栩栩如生，罗汉面部的颜色浓淡不一，却时时都发生着变化，每十二年总有一些面色转淡而另一些淡色变浓，这一奇妙现象在中国绘画史上可称是一绝。大殿神龛前的地面上有48个大约20厘米深的凹坑，俗称“脚窝”。据说这是历代和尚们在殿中演武练功的足迹。殿内山墙上还绘有清朝官员看寺僧操练拳棒的壁画，生动再现了古代少林拳的风姿。其中东壁的北端壁画，描绘的则是唐初少林寺十三棍僧救唐王李世民的故事。

从少林寺沿小路向西北再走两里，山腰处坐落着有名的为纪念达摩而建造的“初祖庵”。在少林寺南4公里处，少室山阴的半山腰处，建有二祖庵。庵内现存佛殿一座，明清碑刻数通。传说二祖慧可立雪断臂后，就在此处静养。庵院四角，有水井四眼，井水清澈，水味分别为苦、辣、酸、甜四种，象征修行要经历苦、辣、酸、甜四个阶段。

游览少林寺的人，还能听到有关达摩的许多传说。据说达摩初来少林寺途经南京长江边时，顺手折下一根芦苇，放在江面，跃身而上，飘然而过。这就是达摩“一苇渡江”的故事。达摩来到少林寺后，并不急于传播佛法，却在少林寺后五乳峰的一座天然石洞内面壁修行九年，他的影子印入了石中，如今影石也保存在寺内供游人瞻仰。北魏太和年间十二月，达摩佛法传于慧可后，他在洛阳龙门的千圣寺坐逝。僧人将他葬于熊耳山，并在郑县为他造了墓塔。

一般来说，寺以山名，而少林寺还应加上“寺以拳名”，“天下功夫出少林，少林武功盖天下”，这是人们自古以来对少林武功的高度赞扬。到少林寺的人，都有机会一睹少林功夫。少林武术历史悠久，源远流长。据史书记载，北魏太和年间，印度僧人跋陀住持少林寺时，弟子中有个身体瘦弱名叫僧稠的，经常被一些会武的小和尚戏弄，于是他发愤苦练，练得筋骨强劲，拳捷骁武，成了少林拳的创始人之一。到了北魏孝昌三年（527），达摩来到少林寺后，将中原民间武术进行收集、整理、吸收，编成了“活身法”传授僧人。这便是“少林拳”的雏形。后经过嵩山僧众和民间武术艺人长期吸收中国各种传统武术流派的技艺，进行不断综合整理和演练提高，产生了独具特色的少林功夫。

隋朝末年，少林寺十三棍僧救唐王李世民。唐朝建立后李世民登基，封寺僧昙宗为大将军，特许少林寺养僧兵 500 名，后寺内僧众最多时有 5000 多人。到了明朝中期，部分少林武僧曾参加东南沿海抗倭爱国斗争，以鲜血谱写了光辉的篇章，抗倭名将戚继光在他的《纪效新书》中，将少林棍法列入全国棍法。嘉靖四十年（1561），另一抗倭名将俞大猷曾亲临少林寺，选拔武功高强者投入抗倭战场。俞大猷同戚继光，都是当时威震四海的武术大师，他们的做法对少林武术的影响可见一斑。明万历四十四年（1616），程宗猷著《少林棍法阐宗》一书，把少林棍法列为棍家“正传”之一。明末茅元仪在《武备志》中进一步提出“诸艺宗千棍，棍宗于少林”之说。可见当时少林棍法已取得武术正宗的崇高地位。

少林武术是我国北派武术的总称，内容极其丰富繁杂。经过千百年的发展衍变，形成了风格、技法各异的许多门派。少林武术早在元朝时就传入日本。随着对外开放的发展，每年都有美国、新加坡等国的海外少林弟子前来朝祖拜山。同时，少林武僧们多次应邀走出国门，到日本、韩国、美国等国家和地区，将少林武术向世界各地传播。多年来，国内每年的春节晚会少不了少林拳术的表演，一些国外政要来少林寺参观也都要看看少林功夫。另外，加上许多武侠小说的推崇，更使得少林武术名誉天下。如今登封市内建有少林武术学校几十所，每年上万名国内外武术爱好者前来投师学艺。

鸾鹤传韵列仙迎

——中岳庙

中岳庙位于嵩山南麓的太室山脚下，距登封市区 4 公里。现占地面积 13 万平方米，庙中有殿、宫、楼、阁等建筑 39 座，为世界文化遗产，全国重点文物保护单位，世界道教主流全真道的圣地。

中岳庙为中州祠宇之冠，原名太室祠。最早为秦代（前 221—前 206）祭祀太室山神建造的场所。在古代，大小道观数以千计。据史书记载，嵩山是道教最早的活动地域之一，是历代帝王祭祀的场所，素有“小故宫”之称。庙内建有东、西、南、北四岳台。传说唐代时武则天把嵩山封为“神岳”，把岳神尊为“天中王”。从此以后，历代帝王要祭祀五岳，只要登了中岳，拜了四岳台就算完成了五岳之祭。西汉武帝元封元年游嵩岳时令祠官加增扩建，北魏时定名为中岳庙。清乾隆十五年（1750）十月初一，清高宗（即乾隆）至中岳庙致祭，当夜御制《谒岳庙》诗二首，其一为：“正正堂堂地，巍巍焕焕京。到来瞻气象，果足庆平生。惬我长年愿，陈兹祈岁情。忽闻鸾鹤韵，疑有列仙迎。”中岳庙“得宠”于历代帝王，由此可见一斑。

中岳庙主要建筑从南向北，由低至高，以黄盖亭为终端，站在亭内可俯瞰中岳庙全景。远处群山苍翠，近处古柏参天，碑碣林立，瑰宝无数。

在中岳庙前方约 300 米处，有一座太室阙，是中岳庙的象征性大门。东汉元初五年（118）建，是汉代太室山庙前的神道阙，与少室阙、启母阙并称中岳汉三阙。阙是一种装饰建筑，表示尊严，一般立于城、宫、门前的甬道两旁。

中岳庙

太室阙高3.92米，东西两阙相距6.75米。阙身南面刻有“中岳太室阳城”六篆字，四面用减地平雕的技法，雕刻有人物、动物等画像50余幅，是研究汉代风俗习惯和社会生活的珍贵资料。

中岳庙的大门称中华门。沿庙宇中轴线依次而上，有遥参亭、天中阁、配天作镇坊、崇圣门、化三门、嵩高峻极坊、峻极殿、寝殿、御书楼等建筑，共11进院落。

走进中华门，经过一座造型秀丽的遥参亭，就到了高大巍峨的天中阁。阁房是精致秀丽的重檐歇山式建筑，门口月台两侧蹲立着一对清代大石狮。过天中阁是配天作镇坊，坊后为崇圣门，再后为化三门。嵩圣门后东侧有宋英宗治平元年铸造的四尊铁人，分别立于神库四周，为镇库铁人，周身由60多块铁块组成，自上而下层层排列，为研究北宋时期的冶铁工艺提供了实物资料。

距铁人东20米处为东华门，门内立有宋代王曾撰写的《中岳中天崇圣帝庙碑铭》和金代黄久约撰写的《重修中岳庙碑》，与西华门内卢多逊、陈知微撰写的《重修岳庙碑》，两两相对，龟座雄健，碑制丰崇相等，因碑的撰文人皆为当朝状元，故称宋金四状元碑。

化三门后为峻极门，面阔五间，单檐歇山顶，覆以绿色琉璃瓦，是典型的清代宫式建筑。峻极门前两厢有互相对称的四座砖结构的石阶。峻极门后迎面的一座四柱三楼式建筑为嵩高峻极坊，因坊后即是中岳嵩山供奉岳神的中岳大殿，故又称迎神门，此坊为四柱三楼式建筑，黄瓦盖顶，系清代建筑之精品。额上题“嵩高峻极”四字，传说为康熙帝御书。

再北为拜台，亦称填台，台左右是八角重檐攒尖顶的乾隆御碑亭，两亭内分别立有乾隆十五年（1750）和乾隆四十八年（1783）高宗弘历自制的诗碑。填台北面，有一条雕有“独龙盘踞”“二龙戏珠”“群鹤闹莲”的垂带式踏道，登上一座高约 3 米、周围有石雕栏杆的石砌大月台，便是中岳大殿。此殿名为峻极殿，为重檐庑殿式建筑，黄琉璃瓦覆盖，形制和北京故宫内的大殿相似。殿宇面阔九间，进深五间，面积约 920 平方米，上下檐分别施七斗和九斗拱，气魄雄伟，为中州祠宇之冠。大殿中间有一座雕刻华丽，占有七间房面积的大神龛，内供嵩岳神天中王神像，像高 5 米余，旁有侍臣、仙童等塑像分立左右。龛外两侧，有身穿盔甲，手执金瓜锁斧，高约 6 米的“镇殿将军”。这些塑像有的庄重威严，有的恭顺温雅，反映了我国雕塑的艺术成就。大殿内东侧的木架上有明万历元年（1573）铸造的大铁钟，重千斤。

中岳大殿两侧的东西廊房，与峻极门构成一座长方形的庭院，其面积约有 5000 平方米，是嵩山地区仅有的一处回廊式古典建筑。廊内供奉七十二司、八大朝臣、十殿阎君塑像。

寝殿位于中岳大殿之后，是天中王及天灵妃的寝宫，雕刻精致的龙凤榻上，天中王睡着，天灵妃陪坐榻旁，人称“睡爷爷，坐奶奶”。寝殿后为御书楼，是贮放道藏经书的地方，清代重建后，易名“御书楼”。登庙后石阶而上，约一公里可达黄盖峰。黄盖峰原名神盖山，后因汉武帝刘彻游嵩岳时，曾登此峰，武帝当时身穿大红袍，撑起黄罗伞，如天上黄云盖顶，故改名为黄盖峰。峰顶建八角重檐攒尖顶小亭一座，名为“黄盖亭”。三重石栏环抱亭脚，两株古柏左右映衬，是夏日登山避暑的好地方。

中岳庙既是祭祀岳神的场所，又是重要的道教宫观。道家尊中岳庙为“第六小洞天”，因他们认为这里是周朝的神仙王子晋的升仙之处。据《道学传》载，道教创始人之一张道陵曾在嵩山修道九年。南北朝时，又有著名道士寇谦之在此改革“五斗米道”，创立“新天师道”。峻极门东侧的《中岳嵩高灵庙碑》就是当年刻立的，碑文记载寇谦之修中岳庙和传道的事迹，是关于这位名道最早的记录。此后，历代还有不少知名道士在这里住持过道场。如今河南道教协会就设在中岳庙。中岳庙有传统的古庙会，每年农历三月初十和十月初是庙会会期，热闹非凡，会期长达 10 天，这一习俗至今不衰。

周公测影几春秋

——登封古观星台

登封市古观星台位于河南省登封市东南 13 公里的告成镇（古称阳城），距河南省会郑州市区 80 公里，是世界文化遗产，国家 5A 级旅游景区，全国重点文物保护单位。

登封市古观星台不仅是中国现存最早的天文台建筑，也是世界上重要的天文古迹之一。其所在地是我国历史上禹的儿子启建立的第一座奴隶制王朝都城，北望中岳嵩山，南依箕山。告成镇的东北隅有一所周公庙，庙内大殿前有一尊青石柱，柱上刻有“周公测景台”五个朱红大字，殿后就是砖石砌筑的观星台。

观星台前后院落共分照壁、山门、垂花门、周公测影台、大殿、观星台、蠡斯殿等七进，院内复制安装各种天文仪器十多种。测景台的“景”字古时与“影”字通假，实为周公测影台。李城《通志》记载，台“在登封县东南古阳城县内。周公定此地为土中，立圭测日以验四时之气”。可见，早在 3000 多年前的西周时期，周公姬旦就在这里立柱为圭测日影，制定古老的节气历法。周公测影台原为土圭，唐玄宗开元十一年（723）换以石圭。表上刻“周公测景台”五字。石圭通高 3.91 米，分上下两部分。下部是方形的石座，上小下大呈梯形，名曰“圭”，高 1.95 米。上部为长方形石柱，名曰“表”，高约 1.965 米，合唐开元尺 8 尺。石表北面距石座上面北边沿 37 厘米左右，约合唐开元尺 1.5 尺。8 尺之表，夏至之日，影长是 1.5 尺，从而推算出当时测影所在地的纬度为北纬 34.3 度。这一天中午太阳的影长正好与石座北上沿的长度吻合，石座四周都看不到影子，故又称此台为“没影台”。

用周公测影台观测日影必须在每天的日中。日复一日，天天测影，把每天测量的影长数据一一记录下来，根据每天日中日影的变化，从而找出季节的变化规律。周公把表影最长的那一天定为“冬至”，这一天中午，太阳直射南回归线，北半球的白天最短。把表影最短的一天定为“夏至”，这一天日中太阳直射北回归线，北半球的白天最长。把这一年中日中日影最长的一天，到下一年日中日影最长的一天的周期，即地球绕太阳一周，定为一个“回归年”。在一年中把两个日中影长相等、昼夜时刻相同的日子，分别定为“春分”与“秋分”，加上上述冬至、夏至，就是一年中的“二分”“二至”。后逐步总结出二十四节气，服务于人类的生产活动。

由于器械粗糙，测影毕竟不是那么准确。到了元代，著名天文学家郭守敬（1231—1316）在总结前人经验的基础上，对古老的测量方法进行了改革。元世祖忽必烈统一中国后，任用郭守敬和王恂进行历法改革。郭守敬是一个不法古重实践的人，他首先提出“历之本在于测验，而测验之器莫先仪表”的正确主张。在历法改革中经他创造的天文仪器有简仪、高表、候极仪、浑天象、玲

登封古观星台

珑仪、仰仪、立运仪、证理仪、景符、窥几、日月食仪、星晷和定时仪等多种，其中最重要的是简仪和高表。当时他在全国从北纬 15 度到北纬 65 度这一广大地区设立了 27 座天文观测站。观星台就是当时全国的中心观测站。现存观星台创建于元朝初年，距今约 700 年，通高 12.62 米，台顶各边长 8 米，台基各边长 16.7 米，上小下大，形似覆斗。台顶有一处安放各种仪器便于进行操作的小室。台北正中上下垂直的凹槽前 36 厘米处，自南至北有 36 块方青石接连铺设在地面上，形成长 31.196 米、宽 0.53 米的石圭，石圭中部刻有两条平行水槽，来测水平和日影，此圭俗称“量天尺”。为了测量者的方便，在石圭两边，设有对称的红条石阶梯踏道，直达台顶，台顶平坦，四周有女儿墙护围。

古人是怎样用观星台观测日影的呢？清乾隆年间的《登封县志》记载：“相传旧有挈壶在屋，测漏于石，求刻以符日景。”可见室内原有铜壶滴漏等多种仪器设备。测影时，将高表表槽上沿、小室窗口下沿处置一根“横梁”，石圭上加置一个“景符”（“横梁”与“景符”均为其辅助仪器），南北移动景符，寻找从表端投下的梁影、日影，移动景符，使梁影平分日影，即可求出当天的晷长度。因梁影细实，日象清晰明亮，所测量误差极小。郭守敬通过实地测验，掌握了日月、星辰和地球的运转规律，测定出二十四节气，特别是夏至和冬至、春分和秋分的精确时刻。推算出一个回归年的长度为 365.2425 日，并制定出《授时历》颁布全国执行。郭守敬在 700 年前测定一个回归年的时间和现代科学测定的一个回归年时间只差 26 秒，与现在世界上通用的公历《格里高利历》分秒不差。罗马教皇格里高利十三世在 1582 年颁布的《格里高利历》，比中国的《授时历》晚了 300 年。由此可见中国元朝历法的精确与先进程度。除测量日影的功能之外，当年的观星台可能还有观测星象等设施。元初进行“四海测验”时，在此地观测北极星的记录已载入《元史 · 天文志》中：“河南府阳城，北极出地三十四度太弱。”（“太弱”为古代一度的十二分之八）。

古老的观星台，从建造到今天历经沧桑，不仅是我国天文科学发展史上的宝贵遗产和重要实物资料，也是天文科学知识教育的阵地和国内外旅游者的参观场所。

开封市

八朝华章传四方

——开封博物馆

开封博物馆位于河南省开封市郑开大道六大街北邻，占地面积 76 亩，建筑面积 5.42 万平方米，属综合性历史艺术类博物馆，是国家一级博物馆，河南省爱国主义教育示范基地。

开封迄今已有 4100 余年的建城史和建都史，先后有夏、战国时期的魏，五代时期的后梁、后晋、后汉、后周，北宋和金相继在此定都，素有“八朝古都”之称，特别是北宋时期，开封是当时世界第一大都会，孕育了上承汉唐、下启明清、影响深远的“宋文化”，为国家历史文化名城，具有“文物遗存丰富、城市格局悠久、古城风貌浓郁、北方水城独特”四大特色。开封博物馆馆藏文物 8 万余件，包括陶器、瓷器、铜器、书画、雕刻、石刻、货币、玉器、漆器、服饰及杂项等十八类，有“国宝”级文物数件，一级文物数十件，二级文物 1000 余件。

开封博物馆始建于 1962 年 3 月，其前身为开封市展览馆。原址位于三胜街，是在河南省博物馆迁往郑州后的原址上筹建起来的。1986 年在开封市包府坑中路进行扩建，于 1988 年 9 月建成开放。2018 年 3 月 5 日，在郑开大道六大街北邻建成并开放了新馆，新馆总体平面设计突出北宋开封城三重城格局特点，由外围、环形内院和中心主体三部分组成，造型遵循开封城市建设“外在古典，内在时尚”原则，四周以较低建筑拥簇中央高耸的殿阁，体现宋代建筑组群的特征。

新博物馆共分 16 个展厅，其中 12 个为基本陈列，系统讲述开封 4000 多年

开封博物馆

的悠久历史文明。主要有“八朝华章——开封古代文明陈列”和“东京梦华——北宋东京城历史文化陈列”。另外 4 个为专题展厅，分别为明清皇家用品、朱仙镇木版年画、石刻、佛像专题展厅。

博物馆一楼由公共服务区、陈展区、文物修复区组成。其中公共服务区包括游客服务中心、学术报告厅、教育体验区、文创展示中心、4D 影院等。陈展区包括开封朱仙镇木版年画展、馆藏书画精品展、石刻精品展、明清佛像展、明清皇家用品展和宋代科技展 6 个专题展厅以及两个临展厅，总面积为 5000 平方米。二楼由基本陈列区、会议室、办公区组成。二楼陈展区共有 7 个展厅，包括 5 个开封古代历史文明展厅（常规陈列展）、近现代开封史展厅以及大晟乐舞演出厅。其中开封古代历史文明展面积为 4840 平方米，突出展示北宋 168 年的建都历史，在其范围内辟出约 700 平方米的《清明上河图》专题展厅，展示各时期不同版本、不同创作形式、不同材质的有关《清明上河图》的文物及史料。

开封博物馆曾举办过数百次各类展览，取得了大批科研成果，先后出版了《古都开封》《开封战役资料汇编》《解放开封》《汴京八景》《包公正传》《宋都御街春秋》和《开封犹太春秋》等著作，后又创办了专业性刊物《开封文博》，在文博界和社会学术界产生了广泛影响。同时，开封博物馆还根据当前形势和社会热点推出紧扣时代主题的展览和一些科普展览，深受社会各界及参观者的注目，为开封的文明建设做出了贡献。

登亭俯览汴京美

——开封龙亭公园

龙亭公园位于开封市中山路北端，是五代时的梁、晋、汉、周在此定都建宫的地方，占地面积 1038 亩，其中水域面积（包括杨、潘二湖）710 亩，为国家 4A 级旅游风景区。

宋太祖赵匡胤黄袍加身取代后周皇帝即位后，建立了统一的大宋帝国，他在旧宫的基础上又扩建皇城，建筑气势恢宏，极为豪华。后来随着朝代的更迭，战火和洪水的侵袭，这里成了一片废墟。清初，在废墟上建立贡院（清代举行乡试的场所），并在院内小煤山上建一座小亭，内置皇帝牌位，每逢节日大典，省城官员到这里进香祭祀。后来人们把这个亭子叫作龙亭。雍正十二年（1734），开封官员又把煤山上的龙亭改建成一座宏伟宫殿，名“万寿宫”，今天，龙亭由原来平民百姓不敢涉足的禁地成了开封最大的旅游名胜景区。

龙亭公园的建筑除龙亭大殿为清朝遗留建筑之外，都是1986年按照清代“万寿宫”建筑格局重新修复的。自南向北由午门（景区南大门）、玉带桥、嵩呼、朝门、东西朝房、照壁、龙亭大殿、宋代蜡像馆、东西垂花门和东西跨院、北宋东京城和皇城模型、北宋皇城拱宸门遗址、《五岳真形碑》方亭、北门、东便门等组成，龙亭大殿两边和后面另有植物造型园、盆景园、梅园、园林景观等。

到龙亭公园游览，首先看到的是午门，即龙亭公园的南大门，五间三开，古色古香。门上方悬挂着竖匾“午门”两字，两侧朱桩上写有楹联，上联为“亭阁留胜意，观两湖映照甄鉴。清浊善否应畏哉，自古众民知忠”，下联为“苑阙锁幽思，万千载沧桑沉浮。梁晋宋金皆往矣，迄今华夏尽舜尧”。午门外有一对高约 3 米的巨型石狮，一雌一雄昂首虎坐。

由午门到龙亭大殿是一条笔直的砖石御道，长 480 米，将玉带桥、嵩呼、朝门贯穿其中。御道两侧为著名的杨家湖和潘家湖。当地人称东面的湖为“潘家湖”，西面的湖为“杨家湖”。早在宋太宗年间，北辽经常兴兵攻打中原，宋名将杨业率领杨家军英勇善战，而主帅潘仁美嫉贤妒能。在一次边关战斗中潘按兵不动，造成杨业孤军无援，兵败二郎山。传说杨业死后，京城下了一场大雨，仅一路之隔的潘、杨两府变成了二湖。奇怪的是东边潘家湖水混浊不堪，西边杨家湖水清澈见底。人们说，这是老天对忠臣和奸臣的褒贬所致。沟通潘、杨二湖的是弯曲似玉带的“玉带桥”，桥南北长 40 米，东西宽 18 米，高 7 米，桥下有涵洞 5 孔，每逢节假日，湖上游船点点，东来西往，从桥下划过，别有一番情趣。在午门和朝门之间，有一座小巧玲珑、造型优美、装饰华丽的建筑，这便是“嵩呼”。嵩呼又称山呼，系清代开封地方官员至“万寿宫”给皇帝进行遥拜、山呼万岁之处。过嵩呼殿就是龙亭的正门，叫作朝门，三开间，进深两间，中门上悬挂竖匾一方，书“朝门”两个大字，朱柱上悬挂一副楹联，其联书曰：五位延福八仙聚处，三呼大庆四季同春。

龙亭大殿就是当年的万寿宫，它坐北向南，清式重檐歇山高台建筑，殿基高 13 米，大殿高 26.7 米，远望犹如天上宫阙。殿面阔 5 间，进深 4 间，宫式菱花门窗，上有藻井天花，四周设檐廊，檐下有一斗三拱麻叶头，角梁套兽下均悬铁马，因风作响，其上为黄色琉璃瓦顶。登龙亭大殿正面有蟠龙盘绕的御道，两侧有迂回的 72 级台阶便道。沿御道上龙亭时，只要留心观察就会发现在蟠龙青石饰面中间有一行清晰可辨的马蹄印，传说是宋太祖赵匡胤骑马上金殿留下的。赵匡胤做了北宋的开国皇帝后，规定文武百官上朝行至午门，文官下轿，武官下马，徒步上金殿，他自己则金盔铁甲、跑马登殿，天长日久，龙亭台阶中的蟠龙石雕上，被踏出一行清晰可辨的马蹄印来。

在龙亭大殿和朝房内有反映龙亭历史的图片和文字，并展有 1984 年塑造的反映北宋 9 帝统治长达 168 年（960—1127）间政治、经济、文化、外交、科技等方面重大事件的九组蜡像，内容包括“宋朝开基”“杨业归宋”“澶渊之盟”“包

开封龙亭公园

拯上任”“召见外使”“安石变法”“水运仪象”“徽宗作画”“李纲复职”。蜡像由63个人物组成，每组蜡像都是根据史实精心设计的，神态表情非常逼真。

龙亭公园是开封市每年秋季举办一次的菊花节主会场。站在龙亭大殿远望，开封古城尽收眼底。近看龙亭公园，园内菊花飘香，御道上松柏翠绿。难怪游过龙亭的人都说：“中原美景数汴京，汴京美景在龙亭。”

仰观“天下第一塔”

——开封铁塔

开封铁塔位于开封市东北隅，高 55 米，八角 13 层，因人们远远望去它酷似铁铸，就给它起名铁塔，这是我国目前最高、层数最多、历史最悠久、保存最完整的一座琉璃砖塔，1961 年就被国务院公布为第一批全国重点文物保护单位。围绕铁塔建立的铁塔景区是一处集文物保护、文化体验、园林景观、美食休闲于一体的国家 4A 级旅游景区。

开封铁塔因所在地曾为开宝寺，又称“开宝寺塔”，始建于北宋皇祐元年，因塔内供奉着佛祖释迦牟尼的顶骨舍利而闻名于世，被誉为“天下第一塔”。

铁塔的前身是一座木塔，始建于公元 982 年，名曰“福胜塔”。宋庆历四年（1044），木塔发生了火灾被烧毁。五年之后，宋仁宗下诏按照原塔样式重新建塔，工匠们针对防火、防雨的要求，改用琉璃砖材料建成这座塔。

铁塔建筑艺术精湛，由塔基、塔身、塔刹三部分组成，底层每面阔为 4.16 米，因黄河多次泛滥，泥沙已将塔基淤没于 4 米深的地下，今登塔所入的北门为原塔的第一层门。铁塔通体的琉璃砖有 80 余种砖型，如瓦形、柱子形、椽子形等，所有塔砖个个有样有眼，有沟有槽，相互嵌接，垒砌起来后缝与缝的结合十分严密，这种采用仿木结构建成的砖塔在我国佛塔建筑上被称为“一绝”。铁塔在建造中，为了调节、缓和大风对塔身的影响和登塔采光的方便，每层有一个明窗和三个暗窗，明窗方位为一层北、二层南、三层西、四层东、五层又为北……依此类推。支撑铁塔的力量核心是粗壮的塔心柱，各种不同用途的外壁砖瓦构件通过蹬道与塔心柱紧密衔接，形成了一个坚固的整体。据不完全统计，近千年来，铁塔共经历了 43 次地震，6 次黄河水患，10 次冰雹，17 次暴雨，19 次大风侵袭，100 余发日军炮弹的轰击，仍傲然屹立。虽遭多次灾害，但大修仅 2 次，小修 4 次。两次大修相距都在数百年，小修则纯属装饰性质而已。

铁塔的外壁花砖由模制花砖和造型砖两大类组成。模制花砖多达 50 余种，主要是用来装饰塔壁壁面，浮雕式图案造型丰富多彩。就图案内容而言，大体可分四类：第一类是人物，有佛龛、菩萨、飞天、五僧、坐佛、立僧、供养人、吹箫人、吹笛人、五人伎乐、胡人等。第二类是花卉，如宝相花、海石榴花、牡丹花、芍药花、莲荷花等。第三类是动物造型，有狮子、云龙、降龙、双龙、麒麟等。第四类是其他图案，有璎珞、流苏、水纹等。这些砖造型优美，精妙生动，集北宋佛砖工艺之大成，具有鲜明的宋代艺术风格，是研究北宋雕刻艺术和雕塑艺术的精品。

铁塔

游人登上铁塔眺望，不但可以饱览开封古城的风光，还可以看到远方玉带似的黄河。遇有低云天气，浮云从塔边飘过，好似铁塔在移动，此景被誉为“铁塔行云”。元代诗人冯子振曾写诗赞道：“擎天一柱碍云低，破暗功同日月齐。半夜火龙翻地轴，八方星象下天梯。光摇潋滟沿珠蚌，影落沧溟照水犀。文焰逼人高万丈，倒提铁笔向空题。”

围绕铁塔建的铁塔景区内，主要景点还有铁塔博物馆，以中国传统四合院的建筑方式，通过蜡像和书画等艺术形式向游客讲述千年铁塔相关的名人逸事和其历史嬗变过程。另外还有“天下第一塔”石碑、艮岳遗址、福胜院、灵感院、极乐世界牌坊、接引殿、接引佛、水榭、何公轩及铁塔湖等，园内展现出结合江南园林和北方园林、中国古典园林和现代园林的造园风格，亭台楼阁、小桥流水、花草树木相映成趣，一步一景，步移景变，景色秀丽，美不胜收，成为人们游览的绝好去处。

佛教名刹香火盛

——大相国寺

大相国寺位于开封市自由路西段北侧，是我国著名的佛教寺院，在中国佛教史上占有重要地位，为国家 4A 级旅游景区，全国优秀宗教活动场所。

大相国寺始建于北齐文宣帝天保六年（555），最初叫建国寺。唐延和元年（712），唐睿宗为纪念他由相王当上皇帝而亲笔题写了“大相国寺”匾额。自此，相国寺又称大相国寺。北宋时期，大相国寺尤得皇帝尊崇，多次扩建，占地达 500 余亩，辖 64 个禅、律院，僧众数千人，住持由皇帝赐封，是全国佛教中心。皇帝平日游幸、祈祷和庆祝生日，多在这里举行。因此，它又是“皇家寺院”。寺院正殿高大，庭院宽敞，遍植花木，人们形容为“金碧辉映，云霞失容”。另外，相国寺内还珍藏了许多无与伦比的艺术瑰宝，有画圣吴道子的文殊维摩画像石刻，杨惠之雕塑的净土院大殿神佛，王惟一制作的针灸铜人等。大相国寺还是当时国外友人佛事活动必到之地。日本空海法师于唐贞元年间来中国学习汉文化和佛教，曾在大相国寺居住。印度王子曼殊宝利出家为僧到中国后，也长期住在大相国寺。日本著名僧人成寻长达数年在此地研讨经法。朝鲜还派来使者，回去时带走了在这里临摹的壁画和赠送给他的“大相国寺”匾额。这些活动既增进了中外人民的了解和友谊，又使大相国寺名扬海内外。后因战乱水患而损毁，清康熙十年（1671）重修。

新中国成立后对大相国寺又进行了增建和修葺。整座寺院布局严谨，巍峨壮观。它和众多的寺院一样，有牌坊、天王殿、大雄宝殿、八角琉璃殿、藏经楼及观音阁、地藏殿等。

走进开封相国寺前街，相国寺牌坊引人注目。牌坊高约 8 米，宽 10 多米，下开三门，桩基前后均用风车图案抱鼓石砌成，门柱子用兽面花纹琉璃砖砌成，上覆金黄琉璃瓦，牌坊两旁花墙下部排列有棕褐色佛面、莲花、兽头琉璃砖，看上去既美观大方，又具有民族特色。

跨进相国寺牌坊，迎面是天王殿，内有四大天王和弥勒佛像，在天王殿外西北角，新建有一个根据中国古代小说《水浒传》中的人物鲁智深倒拔垂杨柳的情节制作的声像电动模型。经过天王殿便到了相国寺正殿大雄宝殿，这是一座七间宽的庞大建筑，殿高四丈，重檐复宇，斗拱飞翘。屋顶上覆盖着黄绿两色琉璃瓦，大殿周围月台边沿，立着汉白玉栏杆，栏杆立柱上饰有姿态各异的石刻小狮子。殿内供奉着铜质释迦牟尼佛像，每逢佛事，香火缭绕，木鱼声、诵经声不绝于耳，似乐非乐，听起来实在悠哉乐哉。大雄宝殿北面是八角琉璃殿，也叫罗汉殿。它由内、外两部分构成，其内为八角形天井院，院内有一座八角形亭子，围绕亭子外部是八角形回廊，亭和廊互不相连，又似一体，从外面看，亭顶像是殿顶，廊脊像是殿脊，二者高低相映。据建筑专家讲，八角琉璃殿融合了我国南北建筑的特点，独特的造型在我国佛殿建筑上称为一绝。从前由于黄河水淹，泥沙淤垫，八角琉璃殿有一部分埋在了地下，开封的古建筑工程技术人员经过周密设计，在不拆原有建筑的情况下，用现代技术将它从地下提高了 1.7 米，重现了宝殿的雄伟高大。像这样不拆原物，整体提升全部设施的做法在我国建筑保护史上还是不多见的。在八角琉璃殿的八角形回廊中，有 500 罗汉组成的“释迦牟尼讲经会”大型彩塑群，只见这些罗汉形象各异，生动逼真。在八角形亭子中间有一尊四面相同的千手千眼观音木雕像，它是清代乾隆年间用一棵银杏树雕刻而成的。

从八角琉璃殿向北望去，便是藏经楼、观音阁及地藏殿，殿内存有佛经，和尚抄写经文的书法也很值得一观。地藏殿内还塑有地狱内对人世间善恶报应的群像，吸引着不少游客。还值得一提的是相国寺东南角，有一座悬钟楼，这里挂了一口高 2 米多、重 5000 公斤的铜钟，是清代乾隆三十三年（1768）铸造的，环钟铸有“皇图巩固，帝道遐昌，佛日增辉，法轮常转”十六个大字。据

大相国寺

当地人讲，此钟在霜天声音最响，全城人都能听到，故有“相国霜钟”的美称，被列为开封八大奇观之一。

2019 年 8 月，开封市有关部门开始对大相国寺片区进行改造提升，一期工程占地约 45 亩，建筑总面积约 3.5 万平方米，计划还要进行二期工程，拟把大相国寺打造成集文化展示、佛禅体验、休闲娱乐文化为一体的旅游综合体。

步入画卷梦千年

——清明上河园

清明上河园位于开封城西北隅，东与龙亭风景区毗邻，是以北宋宫廷画师张择端的传世之作《清明上河图》为蓝本复原，集中再现了原图风物景观的大型历史文化主题公园，占地600余亩，为国家黄河旅游专线重点配套工程，国家5A级旅游景区，国家文化产业示范基地，中国旅游知名品牌。

北宋宣和年间翰林画家张择端绘制的巨幅画卷《清明上河图》，长525厘米，宽25.5厘米，是中国古代一幅弥足珍贵的社会民俗生活长卷，它真实而清晰地反映了北宋京都的社会风貌和城建格局，描绘了汴河漕运的繁华景象，被举世公认为中国古典现实绘画的杰作。为了再现当年景象，开发旅游资源，开封市以《清明上河图》为蓝本，于1992年开始策划建设清明上河园，总投资1.1亿元人民币，1998年10月建成并对外开放。

清明上河园总建筑面积10000余平方米，房屋400余间，其中有水面8公顷，大小船只50多艘。园区按《清明上河图》的原始布局，主要建筑有城门楼、虹桥、街景、店铺、河道、码头、船坊等。设综合服务、休闲购物、驿栈、民俗风情、特色食街、宋文化展示、花鸟虫鱼、繁华京城八个功能区，并设有校场、虹桥、民俗、宋都四个文化广场，集中展现宋代诸如酒楼、茶肆、当铺、汴绣、官瓷、年画等现场制作，汇集民间游艺、杂耍、盘鼓表演、神课算命、博彩、斗鸡、斗狗等京都风情，并根据宋代历史故事表演“文包武杨”、梁山好汉、七侠五义等脍炙人口的历史故事。晚间的大型实景演出《东京梦华》展现出宋代的音乐、

清明上河园景区

茶

舞蹈、服饰等艺术风采及宋代婚礼习俗等节目。游人亦可换着宋装，尽情感受古人生活习俗。

每天上午 9 点，清明上河园都要在大门前悬起“大宋清园”黄底黑字的大旗，举行蔚为壮观的开园仪式。先出场的是马队。骑手们个个身着宋式短装，手擎彩旗，在一片喧天锣鼓声中呼啸而来，分列广场两旁。紧接着奔腾而出的是欢迎盘鼓，盘鼓手也是宋装打扮，大鼓悬在腰间，动作整齐划一，鼓声震天。最后出场的是在张龙、赵虎、王朝、马汉簇拥下上场的一代名相包拯包青天，只见他铁面黝黑，双目有神，欢迎游客到清明上河园游览。至此，马队骑手们手中旌旗挥舞，盘鼓手们手中大鼓齐震，游客们在“包青天”的带领下，共同走进清明上河园游览。

走进清明上河园，迎面可以看到一幅长 16 米、高 3 米的大型浮雕，浮雕前是汉白玉巨石人像雕塑《情系东京》，一代名师张择端手捧恢宏历史长卷《清明上河图》欢迎游客的到来。走到前面戏台，还可看到高跷戏等表演。再往前走就是著名的虹桥。看过《清明上河图》的人都会对图上的虹桥留下深刻的印象。据专家研究，《清明上河图》上的虹桥是一座造型优美的木顶拱桥，为中国十大古桥之一，始建于 1050 年，为当时北宋京城的水陆交通运转畅通发挥出了巨大的作用，后毁于战火。清明上河园里的这座拱桥，是仿照原图建造的。桥跨径 25 米，高 5 米，跨度比为 1 ∶ 5，桥的两边设有四根望柱和四根 9 米高的立柱，顶部有一圆盘，上面泊立白鹤鸟，随风转动，对照下面的十字交叉仪木就知道白鹤所指的方向，这就是古代的风向标。虹桥飞架在汴河之上。据史书记载，汴河始于战国的魏，通于隋，畅于宋，上起河洛，下至淮泗，直通长江，为北宋南北贯通的大动脉。各地所产的粮食，所收的赋税，各种奇珍异果都是沿着这条河运到京城来的。由于舟船往来，客商众多，于是在河的两边就出现了许多店铺。今天的虹桥下面，是东京码头，游客可以在此荡起宋式木船，饱览北国水城的万顷碧波。穿过人工的汴河，河上有包公巡河遇漕船表演，河边则表演杨志卖刀的故事，宋朝的韵味非常浓郁。

坐落于虹桥南侧的仿古建筑是“十千脚店”。在我国古代，所谓脚店，就是指无能力造酒，仅靠从其他地方批发零售的二流酒店。“十千”则为店名。

三国时期曹植曾有这样的诗句："我归宴平乐，美酒斗十千。"店主正是用文雅意深的店名，招徕更多的文人雅客的光顾。这说明虽是一座二流酒店，但气宇处处不凡。如今这里是宋文化展示区，开封的汴绣、官瓷、木版年画、古代纺织等都有现场制作表演，游客可以选购自己喜爱的工艺美术品。

园里还营造出"赵太丞家""王员外家""孙羊正店"等仿古建筑，宋朝的标志建筑上善门的城楼群内还有仿古编钟。作为一所集民俗展示和历史风情为一体的主题公园，清明上河园里饮食店铺可提供饮食。还有许多杂耍艺人，吹糖人、剪纸、做风筝等民间工艺表演展示遍布各处。园内一些表演节目有固定时间，如王员外招婿、梁山好汉劫法场等，游人可以跨虹桥，登上善门，游鸿福寺、文绣院，下榻古驿站，就餐孙羊正店，还可以尽情观赏民间杂耍、木兰织房、年思社等。

清明上河园，千年前张择端把它从现实搬到了画卷，千年后开封人又把它从画卷上搬到了现实，许多游客看过后都有"一朝步入画卷，一日梦回千年"的时光倒流之感。开园以来清明上河园接待了包括多位国家领导人的中外宾客几百万人次，接待游客数量雄居全省旅游景区的前列。

漫步御街思东京

——宋都御街

宋都御街位于开封市中山路北段、龙亭的南端，是一条长 400 米、宽 40 米的模仿宋朝风格的街市。因这条街正对着龙亭，历史上是皇宫里的人经常出入的地方，所以叫“御街”。

在宋都御街两侧保留和新建了一大批仿古建筑。街南端高大的过街牌坊，斗拱彩绘，红柱绿瓦，颇为壮观，牌坊两侧两座用青石雕刻的巨型武士，手持长矛，跨着猛兽，气势威严。御道两侧的店堂楼阁，全是青砖砌墙，绿色筒瓦封顶，错落有致，雕栏画柱，透花彩窗，古色古香，美不胜收。在传统的汴绣工艺店堂里，游人们往往被精细的绣品吸引，驻足不前。北宋时期这里就建立了我国第一座宫办绣院，叫“文绣院”。院内从全国各地选来三百多名绣女，专为帝王嫔妃及达官显贵绣制衣服及其他装饰品，主要绣品有绣画、绣额、珠帘、绣伞、绣毯以及皇室用的龙袍、御旗等。一座“文绣院”吹起了汴京民间的绣风。据《东京梦华录》记载，当时“相国寺内万姓交易”，“占定两廊，皆诸师姑卖绣作”。明代董其昌曾在《筠清轩秘录》中称赞道：“宋人之绣，针线细密。用绒止一二丝，用针如发细者，为之设色精妙光彩夺目。山水分远近之趣，楼阁得深邃之体，人物具瞻眺生动之情，花鸟极绰约谗唼之态，佳者较画更盛，望之三趣悉备。十指春风，盖至此乎？”汴绣这一民族传统工艺在改革开放后得到了恢复和发展。今天的汴绣针法已发展到了 29 种，品种上由日用服饰品发展到工艺美术品，如仿古图画、人物、山水、花鸟等，其中《猫》

宋都御街

《金鱼》双面异色绣，从动物的姿态、眼神、毛色上无不以假乱真。最为精良的作品是《清明上河图》。《清明上河图》原是宋代著名画家张择端的著名国画，这幅长卷，描绘了当时京城太平盛世的繁华景象。汴绣按照原画复制，长525厘米，宽25.5厘米，图中有770多个人物，100多座楼台殿阁，24艘船艇，90多头牲畜，还有众多的车辆及花草树木。如今《清明上河图》汴绣已挂在了首都人民大会堂、中国历史博物馆，还有的被法国、日本、瑞士、香港等国家和地区收藏。

御街的宿所、饭店、酒肆、茶馆迎送着往来客商。自古以来，古都开封的小吃就是一绝，据史书记载，宋徽宗时，御街面食糕点、小吃小菜色香味俱佳，经营者通宵达旦。最为著名的桶子鸡、鲤鱼焙面，称为宫廷宴双奇。宋都御街还有一大文化特色，街道上所有店铺除了精美的店牌、字号之外，店门两侧都有反映它所经营行当的楹联，譬如，药铺门前的“深山足灵药，盛世多诗人”，客店门前的“未晚先投宿，鸡鸣早看天”，酒店门前的“瓮畔春风眠吏部，楼头春色醉神仙”等。在御街上行走，如同进入了诗的世界、字的长廊。每逢节假日，宽阔的御街两侧，赤、橙、黄、绿、青、蓝、紫，各色龙旗、彩旗随风飘舞，人群摩肩接踵，熙熙攘攘，更显出一派繁荣盛世。

御街的樊楼是游人必到之处，它是一座外观三层、内为五层的奇特楼阁，四合庭院，东、西、南、北、中五座楼，幢幢相对独立，层层相互贯通。据当地人说，这是我国古代比较独特的建筑。樊楼不仅建筑独特，宋徽宗皇帝和京都名妓李师师的风流韵事更为它增添了传奇色彩。宋徽宗赵佶是一位诗、乐、书、画造诣颇高的风流皇帝，相传一日，他在宫中闲坐，听到外面传来悠扬的琴声，便问近侍宦官张迪，琴声是从何处传来。张迪告知徽宗皇帝琴声是名妓李师师所奏。第二天，宋徽宗挑选十几颗珍珠宝玩，与张迪扮作商人前去樊楼，谁知李师师很久不与“商人”见面，见面后仅抚琴短奏一曲，便飘然而去。宋徽宗被李师师的气质所征服，恨不得接入宫中封妃，此事很快传到街巷。第二次宋徽宗临幸樊楼，便受到李师师拜崇，从此两人经常在樊楼赋诗弹琴，作画欢饮。为了与李师师私会，又不失朝廷声誉，他的近臣想出了掘地道的办法。皇帝的出没使樊楼名声大震。现在，樊楼的中心楼三楼还置有李师师的蜡像、书斋、琴房和卧室，西楼三楼设置着宋徽宗的御座、蜡像。樊楼的经营者别具匠心，还开设了御膳房、摄影室、展览厅、歌舞厅等场所，供游人赏玩。如果你对当皇帝有兴趣，还可以租上一套龙袍，登上御座拍照留念，领略一下当皇帝的滋味。樊楼的男女服务人员，均着宋时服饰，笑迎游客。难怪到此游览过的人都说，宋都御街走一走，恍如东京城里头。

黑面清官人人敬

——包公祠

包公祠位于开封城内西南隅的包公湖西畔，占地约 3 公顷，建筑面积 1800 平方米，它是人们为纪念北宋时期的著名清官包拯而修建的纪念场馆。

包公，名包拯，字希仁，庐州合肥（今安徽合肥）人，生于 999 年，卒于 1062 年，北宋时曾任监察御史、御史中丞、开封府尹等职，官至枢密副使。因其居官公正廉明，执法如山，尤其在任开封知府期间，勇斗贪官污吏，为人民做了许多好事，被老百姓誉称为“包青天”。据史书记载，开封从金、元时就修建有包公祠，明代重修过一次，后为水淹。现在的包公祠是 1984 年重建的。

包公祠的主要建筑有门楼、大殿、二殿、东西配殿、半壁廊、碑亭等，布局规整，均系宋代风格。大门楼门朝西开，气势雄壮，门上金匾书写着“包公祠”三个大字，给人以庄严肃穆之感。大殿为正史部分，山墙上镶嵌有反映包公政绩的彩陶壁画，赞扬了包公惩治贪官、保护百姓的可贵精神，壁画边缘的龙凤图案，则显示了包公的气魄和威严。殿中央塑着一尊包公坐像，高 3 米多，身着蟒袍冠带，端坐靠背椅上，身正如松，神态威严，具有凛凛不可予夺的气质。坐像两旁陈列着包公墓出土的碗、盏、木桶和普通砚台等历史文物，映衬着主人清正廉洁的性格。

二殿为正史之补充，内有包公石刻像拓片一幅，线条清晰，生动传神。展柜内张挂有一首包公书仕明志诗：“清心为治本，直道是身谋。……”更令人感动的是那则包公晚年在石碑上刻的家训：“后世子孙仕宦有犯赃者，不得放归本家，亡殁之后，不得葬于大营之中。不从吾志，非吾子孙。”史载，在此“家训”诫勉下，包公的儿子包绶虽一生为官，死时也是两袖清风，只留了几部著述；孙子包永年死后也是“了无遗蓄”。二殿中央还竖立着北宋遗留下来的一通高 2 米多的《开封府题名记》石碑（原石碑现存开封博物馆新馆），楷书刻着北宋 183 位开封府尹的姓名和上任时间，但细心的游人会发现上面找不到包公的名字，却有一处黑油发亮的指坑。原来，这是因为历代游人出于仰慕之情，多用手指点着包拯的名字，以至于包拯的名字被指痕磨去了。元代文学家王恽见到此碑，感触颇深，赋诗赞曰：“拂拭残碑览德辉，千年包范见留题；惊乌绕匝中庭柏，犹畏霜威不敢栖。”这首诗赞扬了包公的德威历久不灭，讽刺那些贪官污吏见到此碑仿佛看到了包公，吓得不敢在碑前停留。

东西配殿集中展出了包公的一系列历史故事和精彩传说。包公出任开封府第 93 任知府后，兴利除弊，除暴安良，为群众做了不少好事。如按开封府旧制，老百姓告状，不能直接进衙门，必须先把诉状经衙役送上公堂，客观上为衙役敲诈勒索制造了机会，以至于老百姓哭诉：“衙门口朝南开，有理无钱莫进来。”包公上任后即命人将开封府衙朝北开了一个大门，规定凡告状者直接上堂陈述冤屈，此举深得百姓称颂：“老包倒坐南衙，我们有讲理的地方了。”横贯京师的惠民河两岸禁区，原不准私人占用，但以皇亲张尧佐为首的一伙权贵伪造地契，私建花园亭榭，造成河道狭窄，每遇暴雨两岸成灾。包公依法惩处了张尧佐，拆除了违法建筑，疏浚了河道。开封人民拍手称快，说：“关节不到，有阎罗者包。”包公这种当官不谋私利和特权的行为，对于生活在贪官污吏横行的封建社会的老百姓来说，犹如阴天现明月，故为人们津津乐道。民间艺人们对之进行渲染加工，人们为他设计的“脸谱”奇特而又形象：刚强的体魄，铁黑的面孔，脑门上长着一弯月亮，以示其铁面无私，刚正廉明。及至后来，又出现了《龙图公案》《三侠五义》等描述包公破案的著作。从包公祠展出的绘画故事内容来看，有的是反映包公清正廉明的，如“三掷端砚”，说包公到端州任职期间，拒不接受别人赠送的极其名贵的端砚（文房四宝名品之一）；“包家大门朝北开”，叙述了包公家乡房塌屋倒，朝廷赏他千两银子让其回去修房，他却把大部分银子救济了穷苦乡亲；更多的故事是反映包公刚正不阿执法如山

包公祠

的。“陈州放粮”讲的是宋时陈州（今周口市淮阳区）有一年大旱，田地颗粒不收，刘衙内的儿子和女婿趁开仓粜米机会，大肆搜刮，农民张撇古与之辩理，竟被打死，张子小撇古上告，经包拯到陈州私访，探明真相，处决了贪官。“怒打銮驾”则说的是发生在“陈州放粮”前的一段故事。包拯起驾到陈州主持救灾，西宫娘娘骗来正宫銮驾拦道为其弟说情，包公怒令手下将銮驾连打带砸，推到一旁。“巧计铡赵王”反映了包公断案的机智。皇帝御弟赵王为夺一民女，滥杀数人。包公觅得人证物证后诈死，骗得赵王进到开封府，用御赐刑具将其铡死，为百姓除了一大害。当代艺人据此故事塑造了“包公铡赵王”的群体塑像，形象地体现了包公不畏权贵的精神，现也置放在东西配殿。包公故事中最著名的当推戏曲故事《秦香莲》了。写的是宋代士人陈世美娶妻秦香莲，生有子女各一。陈后来进京应试中了状元，贪图富贵，休妻再娶，被皇帝招为驸马。三年后秦香莲携子女进京寻夫，陈非但不认，反命家将韩琪杀害秦香莲母子灭口，韩琪激于义愤，将母子三人放走后自刎。秦香莲痛恨陈世美，至包公处告状。包公不顾皇姑与皇太后的反对，将陈世美铡死。今天游人进入包公祠东配殿，可看到三口威风凛凛的铜铡刀，即龙头铡、虎头铡和狗头铡，形象生动，张口怒目，显示了包公除暴安良的雄威。

包公祠的精美建筑使人留恋，包公祠里的精彩传说和故事更使人入迷，令人深思。

道教祖庭神气存

——延庆观

延庆观是道教祖庭，位于开封市包公湖东北部观前街53号，占地面积1500平方米，与北京的白云观、四川的常道观并称为中国的三大名观，为全国重点文物保护单位，国家3A级旅游景区。

延庆观原名重阳观，始建于元太宗五年（1233），明洪武六年（1373）改名延庆观，是为纪念道教中全真教创始人王嚞在此传教并逝世于此而修建的道观。延庆观之所以说是道教祖庭，是由于金统治时期，宋朝遗民创立了三个道教新派，即全真教、太道教和太乙教，以全真教最为兴盛。全真教创始人王嚞（1112—1170），字知明，号重阳子。王重阳去世后，金章宗赐庵名为灵虚观，后元太宗加封为重阳万寿宫（即重阳宫），全真教尊为祖庵或祖庭。

全真教是道教的一个分支，王重阳主张儒、释、道三教平等，三教合一，提出“三教从来一祖风”的融合学说。全真道内以《道德经》《孝经》《般若波罗蜜多心经》为必修经典，认为修道即修心，除情去欲、存思静定、心地清静便是修行的真捷径。所以，全真教不崇尚符箓，不事黄白炼丹之术。其死后三年间，全真教传教范围达关中、河南、河北、山东大部分地区，遍于社会上下各阶层。后他的弟子丘处机（又名丘长春），恪守全真教的教义，宣扬敬天爱民思想。元世祖成吉思汗闻知丘处机有治国之道、养生之术，便邀请丘处机一见。据有关资料介绍，1222年4月，丘处机应邀行程万余里，历时三载，在大雪山（今阿富汗兴都库什山）与成吉思汗见面。成吉思汗问以治国之道，丘

延庆观

曰“欲一天下者，必在乎不嗜杀人”，并且要以“敬天爱民为本”；问养生之术，丘曰“清心寡欲为要”。成吉思汗与丘处机相谈投机，称丘为“神仙”，封为国师，赐号长春真人，并授金虎符牌一块，宣布“真人到处，如朕亲临”。丘处机返回燕京后，让他的弟子持金虎符做了不少有益百姓之事。丘处机后住燕京太极宫（今北京白云观），受命总领全国道教，使全真教广为传播。丘处机死后，元太宗五年（1233）全真教徒遵照丘的遗命，到开封兴工扩建重阳观，工程用时达 30 年之久，元末毁于兵火。明朝洪武六年（1373）重建道观，更名为延庆观，沿袭至今。

延庆观因历经兵火水患，到 1949 年仅存玉皇阁建筑一座。从 1957 年到 1973 年，文物部门对延庆观进行了两次维修，恢复建成了三清殿、配殿等主要殿堂，并将其列为省级和国家级文物保护单位。道观坐北朝南，院内建筑分中、左、右三路格局，中路为二进院落，从南至北依次为穿心殿、玉皇阁、三清殿，左路有六十甲子殿、八仙醉酒殿廊等，右路是重阳殿。

玉皇阁是开封保存最完好的元代建筑，更是中原地区现存的唯一一座汉蒙文化相融合的道教建筑，也正因为它的存在，使开封自宋朝以来的古建筑保持了宋、元、明、清的完整序列。玉皇阁坐北朝南，高 13 米左右，分为三层，下层外形正方，琉璃砖嵌砌壁面，南部正中开有内正外券拱门，门上悬琉璃砖雕盘龙匾，上书“玉皇阁”三个大字。门两侧各有一圆窗，圆窗的铁棂上铸有“嘉靖二十八年九月吉日”等文字。由于黄河水淹淤，阁的下层有近两米在地平面以下。1973 年当地群众在阁周围清淤，开挖了阶梯通道，玉皇阁的全貌才得以重现。阁内穹窿顶，周壁均为青砖砌筑，不见梁柱，阁中供一尊高 2 米、重约 1 吨的真武铜像。中层为八角形，上层比中层收缩，为八角形亭子，亭外楼二层处有平道可绕亭行人。亭内供有汉白玉雕成的玉皇大帝坐像一尊，左右各一侍者。建筑飞檐斗拱，檐枋都为仿木砖雕。八角攒尖的阁顶上，覆盖着琉璃碧瓦。顶脊上除饰有鲫鱼、海兽外，还有一名骑狮的蒙古武士和一名西域人物。阁的顶部有铜质宝珠饰物，珠下锁链与飞翘的八个挑角相连，角下风铎下垂，远远望去像是一件造型精美的艺术品，古朴雅致。

作为道教祖庭，延庆观在中国历史上有着深远的影响；作为旅游景点，它建筑优美，别具特色，值得人们游览。

塔如云笔抒胸臆

——繁塔

繁塔位于开封市繁塔西街30号，禹王台公园正西方向179米处，是一座造型别致的古老砖塔，也是开封地区现存最古老的建筑之一，为国家级文物保护单位。

繁塔建于北宋开宝七年（974），原名兴慈塔，距今已有1000多年的历史。因其建于北宋皇家寺院天清寺内，又名天清寺塔。北宋时期，天清寺的名声很大，与当时的相国寺、开宝寺、太平兴国寺并称为京都四大名寺。又因其兴建于繁台之上，俗称繁塔。繁台相传是春秋时期音乐家师旷吹奏乐器的地方，当时叫“吹台”，后因不少姓繁的人在吹台附近居住，才改叫“繁台”。因繁塔与开封铁塔同属北宋建造，人们也称它们为姊妹塔。

繁塔的建筑风格非常独特。繁塔原高70多米，共有九层。当地流传着“铁塔高，铁塔高，铁塔只达繁塔腰”的民谣。繁塔在宋朝年间上三层遭雷电击毁，只剩下七层。明朝初年，皇帝命人拆毁繁塔上部，只剩下三层。清朝初期，人们填堵了繁塔中空部分，又在残塔上增筑了一个六级尖顶小塔，形成了它现今奇怪的外型。三层“六棱台”的塔身加上六级“六棱锥”的塔盖结构是中国唯一的结构方式。繁塔基层塔壁每面宽13米，占地600平方米，下部三层高31.67米，六层尖顶小塔高约5米。近处观看，甚似一个断塔，远远望去，犹如一个巨大的编钟。这种怪异的造型，在中国古塔中堪称举世无双。

繁塔外壁每层檐下均有仿木结构的砖雕斗拱，自栌斗伸出华拱二跳，除泥

繁塔

道拱外，无横拱，以卧砖四层砌成阑额，凸出墙面少许，上承栌斗。二跳直接承托砖檐，上无覆瓦。一至三层的南北塔门均为圆券门，二层的东南、西南为长方形门，东北、西北亦为圆券门，三层东壁又开长方形门。每一门都能出入，但互不相通。圆券和长方形两种门共存在同一塔中在我国古塔造型中非常少见。

繁塔的佛像砖造像更具特色。繁塔全身镶嵌有6910块画像砖，塔内外一砖一像，有菩萨、罗汉、乐伎等108种图案，其雕工之精美与数量之多，均居中原佛塔之冠。二层塔心室南壁上方，镶嵌乐伎画像砖20块，这些乐伎皆着璎珞花纹的菩萨装，所持乐器有曲颈琵琶、拍板、笙、钹、羯鼓、法螺、鸡篓鼓或细腰鼓等13种。这些乐伎组成了一支完整的乐队，对于研究北宋时期乐器、音乐的发展等极具参考价值。

繁塔除砖刻艺术外，碑刻也是一项宝贵的遗产。塔内壁嵌有宋、明、清三代碑刻题记178处。其中《大方广圆觉修多罗了义经》经书已佚失，唯此经石完好无损，为世存之珍本。佛经书法均出于北宋书法家赵安仁的手笔，他的字体秀丽端庄，浑厚有力，是我国保存完好的、难得的北宋书法大家作品。

新中国成立后，国家对繁塔进行了全面维修，使这座古老的繁塔焕发出新的光彩，其美景如同一位旅游者的赋诗所说："繁台春晓碧，似锦花十里。塔如白云笔，对天抒胸臆。"近年来，当地管理部门拟对其进行扩展和深挖，形成古迹繁塔与数字繁塔的多层次体验，并利用高科技手段，带给游客深度体验。

江淮河汉思明德

——禹王台公园

禹王台公园位于开封市繁塔东街38号，即开封市城东南1.5公里处，原为纪念家喻户晓的中国古代治水英雄大禹而建立的一个庙宇，被誉为汴梁八景之一。现辟为禹王台公园，占地面积400余亩，为国家2A级旅游景区，河南省文物保护单位。

禹王台最早叫吹台，到了明朝还有10米高，周长百米，后来由于黄河泛滥，泥沙淤积，仅高出地面约7米。相传春秋时期晋国著名盲人大音乐家师旷常在此吹奏乐曲。西汉初年，汉文帝封其次子刘武于大梁，为梁孝王，封疆初都于大梁，后迁睢阳（今商丘）。梁孝王喜好同墨客吟诗吹弹游乐，为此又增筑吹台，并在吹台兴建殿宇亭楼，种植名贵花木，修建成一座豪华的园林，称为梁园，又称兔园。入冬，梁园万树银花，玉宇辉映，风景如画，故“梁园雪霁”成为汴京八景之一，后因战乱而荒落。明成化十八年（1482），在台上建碧霞元君祠。后来，因开封屡遭水患，人们怀念大禹治水之功，于明嘉靖二年（1523）在吹台上修建了一座禹王庙，自此吹台又叫禹王台。古吹台的建筑，在明清时期曾进行过多次修葺。今天，禹王台已被开封市辟为禹王台公园，主要景点有古吹台、乾隆御碑亭、三贤祠、禹王殿、水德祠、御书楼等。除文物古迹外，公园内还有辛亥革命烈士纪念园、牡丹园、中日友好樱花园、芳春园等游览景区。

古吹台现高4米，占地面积约4500平方米，前立有“古吹台”牌坊一座，台中有御书楼三间，清康熙帝曾于 1694 年亲书“功存河洛”，匾额悬挂于此。台后为禹王庙，是座精巧的二进庭院，庙内正殿阔五间，单檐山顶，与两配殿回廊相连，形成一个幽静的小庭院。禹王殿中有一尊 1982 年重塑的大禹立像，像高 1.6 米，两侧有两副对联，一副是“江淮河汉思明德，精一危微见道心”，另一副是“而耕而粒去巢就庐万代永颂王功德，斯世斯民饮水知源高台重铸禹金容”。西边是大禹行赏和乐耕图，反映了大禹治水的功绩。殿内的东西墙壁上是表现大禹治水的两幅砖雕故事，一幅为《治水图》，反映了在远古时代，中原大地洪水滔滔，浊浪排空，禹的父亲鲧受舜的指命治水，他采用堵流的办法，结果水没被治服。舜便将鲧处死，让鲧的儿子禹接替他父亲继续治水。禹采用疏导的办法，治水 11 年，“三过家门而不入”，终于使洪水汇入江河，流进东海。另一幅是《庆功图》，描绘的是大禹治服洪水后，舜帝举行大型活动为禹庆功，后又把帝位禅让给禹，从此人民脱离了水害，得以安居乐业。

禹王殿东西两侧是三贤祠和水德祠两个小院。三贤祠位于殿东边，建于明

禹王台公园

正德十二年（1517），是为纪念唐天宝三载（744）李白、杜甫、高适三位大诗人在此台相会，饮酒赋诗，留下了《梁园吟》《古大梁行》《遣怀》三首名诗而建。如今，三贤祠内建有三位大诗人的塑像。明代著名诗人李梦阳和何景明在开封活动时间较长。明嘉靖四年（1525），为了增祀明代李梦阳和何景明两位诗人，曾将三贤祠改称五贤祠。清道光十年(1830)重修祠堂时,其匾额上仍题“三贤祠”。水德祠位于大殿西边，是明朝为纪念中国历代治水有功的人而建。祠建初期原祀有 29 人，以后逐渐增加到 37 人，里面塑有于谦、贾鲁、林则徐等自秦到清代对治理黄河兴修水利有贡献的知名人物。

御书楼位于禹王庙南面，是单层歇山式大殿，前檐下有两根朱红的大木柱，门窗均为木质透花雕刻。大殿里正面墙上悬挂着清康熙皇帝当年为禹王庙亲题的“功存河洛”匾额。东墙上嵌有十块康有为游禹王台时手书《游禹王台诗》的石刻，诗中写道：“短槐高柳绿皆新，长沼园亭泽似春。碑前拓影留后因，鹦鹉解语花馥芬。”生动地表现了禹王台的秀丽景色。

辛亥革命烈士纪念园在禹王台公园北面的苹果园西南角，占地面积约 3654 平方米，其中有孙中山铜像和辛亥革命烈士墓。武昌起义胜利后，河南人民以开封为中心积极响应，同盟会成员张钟端为首准备武装起义，由于机密泄漏，张钟端等 11 人遭清廷镇压而壮烈牺牲，因禹王台是当时盟员的活动中心，所以 1981 年当地政府将烈士遗骸迁葬于此。

禹王台公园内回廊环绕，壁上镶嵌有大量的石刻题记。古吹台下有环水河，名为莲花池，是清道光十八年（1838）开凿的。周围新修建的亭、榭为古吹台增色加辉。古代曾有人留下“一湾绿树禹王台，时节清明花正开。相约邻家诸姐妹，明朝城外踏青来”的诗篇。千古名园今日美景犹盛，期待着后人继承大禹治水和辛亥革命的精神，为中华民族再赋新诗！

书画碑刻筑名园

——中国翰园碑林

中国翰园碑林位于开封市龙亭北路 15 号（开封龙亭湖风景区西北隅），是一座融山水艺术景观和古典园林建筑艺术为一体，集古今中外诗词、书画、碑刻艺术之大成的中国最大的当代民办碑林。园区占地 120 亩，展出书画碑刻 3800 余块，碑廊达 6 里长，内容以朝代为序，镶嵌了历代书法名家的代表碑帖，与古老的曲阜、西安碑林并称为中国三大碑林。为河南省爱国主义教育示范基地，国家 4A 级旅游景点。

中国翰园碑林是李公涛先生为弘扬民族文化艺术，从 1985 年开始带领全家自筹资金发起创建的，并得到当地政府和社会各界的大力支持和鼎力相助。李公涛（1927—2016）是河南巩义人。他退休后立志为建设开封历史文化名城作贡献，广收天下墨宝镌刻于石，经过二十多年的努力，建起了这座宏伟的碑林，被开封市人大常委会授予“当代文化愚公”称号。古朴典雅、雄伟壮观的碑廊以书法艺术为主，从殷商甲骨文开始，汇集历代名碑名帖和著名书法家的代表作，集诗、书、画、印精华之大成，系列表现了中国文字发展史和书法史。当代名家作品之丰富，尤为碑林一大特色。这里不定期举办各类书画展览、书画大赛、笔会交流、书画教学、藏品交易等各类艺术活动。并先后出版了《中国翰园碑林》《中国翰园碑林诗词集粹》《翰园魂》《中国翰园碑林碑帖集之一》《中国翰园碑林碑帖集之二》《翰园之父》等书，系统记录了翰园发展历程，展示了翰园艺术精神。每月一期的《翰园书画报》更为全国乃至世界各地的书画艺术爱

中国翰园碑林

好者提供了艺术交流、欣赏学习的理想园地。中国翰园近年还新建了开封名人翰园碑林馆、中国古代教育、中国科举制度、二十四孝、状元榜等文化展厅，通过文字介绍、图片展示及动漫效果，发挥了园区的教育功能。

景区分为碑廊、园林两大景观。

北部以碑廊建筑为主，这里设立有历代书法碑廊、中山碑廊、现代书法碑廊、国际友人碑廊、绘画碑廊、篆刻碑廊、少数民族书法碑廊等十大碑廊，主要以书法为主，加之诗、书、画、印之精华，如同一部刻在石碑上的中华文化发展史和书法艺术进化史，展现了中国书画艺术的源远流长和博大精深。

由楷书名家写的翰园碑林前言，主要介绍了翰园碑林的创建过程。由南向北依次建有碑坛、无字碑、榕树亭、义虹桥、翰园艺术馆、创业史展厅、文昌阁、碑廊等。

碑坛是参照北京天坛而设计的一座圆形古典建筑，其外部全部采用白色大理石建成，四面均有 31 级台阶，分上、中、下三层。其中一层为一穹顶形大型展厅，面积 260 平方米，常年不间断举办书画、摄影等艺术品展览。上层为 8 根蟠龙石柱撑起的重檐圆顶碑亭，并设有观光平台。平台中间竖有一通高达 3.5

米的石碑，名曰“无字碑”。碑坛是中国翰园文化交流活动的基地，也是中国翰园的标志性建筑之一。中国翰园碑林表演节目有“山西老腔”“舞狮”“大鼓”“移动人体雕塑展”“大型水上舞蹈”等大型节目，每天不间断循环演出。现代书法碑廊，按照篆、隶、楷、行、草书体排列，反映了自新中国成立以来现代书法的发展史，这里刻有毛泽东、郭沫若、王学仲等书法名家的墨宝。

南部以园林风景为主，由南向北依次建有南牌楼、玉带桥、轩辕黄帝塑像、家训碑、盘龙岭、高风亭、文萃山、翰园湖、赛诗台、仰圣山、九曲桥、孔子像、金石岛等。

中国翰园碑林根据自己的文化特色，每年还举办有春夏之交的花鸟鱼虫博览会、10 月份的翰园金秋文化旅游艺术节和春节期间的大型祭祖庙会。

用当代书画铸就的中国翰园碑林现已名扬海内外，有 1000 多家媒体报道了 6000 多次，拍摄专题片 20 多部，已成为国内外有影响的书画传播交流基地、精神文明基地和文艺演出活动基地。

巾帼英雄“北青霞”

——刘青霞故居纪念馆

刘青霞故居纪念馆位于开封市顺河回族区北土街刘家胡同，这里曾是我国近代教育家、社会活动家、辛亥革命志士刘青霞女士当年居住和从事革命活动的重要场所，是目前河南省保存最为完整的中原古典建筑风格四合院之一，为全国重点文物保护单位，河南省爱国主义教育示范基地。

在辛亥革命波澜壮阔的历史上，有两位女性声望极高，一位是秋瑾，另一位就是刘青霞，时称“南秋瑾，北青霞”。刘青霞（1877—1922），河南安阳蒋村人，出身官宦门第，原姓马。其父马丕瑶曾任“帝王之师”，教授过光绪皇帝，后外任两广总督，次兄为晚清翰林。马家富冠中原，外号马半县，田产、银庄、当铺无数。刘青霞18岁嫁于河南尉氏刘耀德为妻，人们因此称其为刘青霞。她25岁开始步入社会，追求变革，投身革命，全身心地倾注在推翻清王朝和建立民国的事业上，并捐出大量财产支持革命事业。她作为同盟会成员，创办了河南的第一所女校华英女校，另创办《中国新女界》，捐资办《河南》杂志，修建桥梁，开办“孤贫院”“平民工厂”。回国后，被选为北京女子参政同盟会会长。1923年刘青霞病逝于娘家安阳蒋村，享年45岁。孙中山曾亲笔题写“巾帼英雄；天下为公”盛赞刘青霞。

刘青霞故居坐北朝南，建于清光绪六年（1880），距今已130余年，是典型的并排两座三进四合院，左右对称，6个小院构成一个整体，共有房70余间。东西两宅各有大门，互不统属，仅有一耳室相连。院后是一座花园，将东西两

刘青霞故居纪念馆

宅连为一体。建筑布局以上房中轴为主线，左右对称，层次分明，布局严谨，是一座封闭式的四合院建筑。整个建筑从南向北，房屋檐口与屋脊逐步升高，中厅脊高于配房脊，主次十分明显。最后的第三进院为正宅，正厅五大间（前两进为三间），东西厢房虽然也是三间但面阔均较一、二进院稍宽，同样可以让人感到主次的不同。整个院落除了沿这条中轴线可直至上房外，院东侧还有一条贯通南北的通道直达后花园。西院里有一棵树龄135年的海棠树，树干粗壮，苍劲有力，据说是当年刘青霞亲手栽种。刘青霞故居建筑雕饰素雅，门敞窗明，虽无雕梁画栋之华美，却也碧玉素装，雅而不俗。它作为刘青霞生活及奋斗的实物载体，让人们能够更加了解她传奇的一生。2009年，开封市有关部门对刘青霞故居本体进行了保护维修，使这座百年建筑得以保留，2011年正式对外开放。

目前，河南现存的刘青霞故居还有两处，一处是安阳的马氏庄园，也就是刘青霞的娘家；另一处是尉氏县的师古堂，也就是刘青霞的婆家，都已成为爱国主义教育基地。

泡桐树下祭英魂

——焦裕禄纪念园

焦裕禄纪念园（原焦裕禄烈士陵园）位于河南省兰考县裕禄大道 88 号（原明末清初黄河故堤的沙丘上），占地 600 多亩，是为纪念县委书记的好榜样——焦裕禄同志而建立的纪念性园林，为全国和河南省爱国主义教育基地，全国廉政教育基地、全国红色旅游景区和国家 4A 级旅游景区。其中的焦裕禄烈士墓是全国重点文物保护单位。

焦裕禄（1922—1964）是山东淄博市博山区人，贫农出身。青少年时期，当过矿工，做过长工。1946 年 1 月加入中国共产党。解放战争时期，在山东、河南农村参加武装斗争。1953 年 6 月，响应国家加强工业建设号召，调洛阳矿山机器制造厂工作。1962 年 6 月，调任中共尉氏县委书记处书记。1962 年 12 月调任中共兰考县委书记。为改变兰考贫穷落后的面貌，他时刻牢记党的宗旨，始终坚持群众路线，奋力改变贫困面貌。他不畏艰险，强忍病痛，亲自率调查队迎沙尘、查风口，冒风雨、看水流，尝土壤、辨盐碱，带领全县人民与风沙、盐碱、内涝“三害”顽强斗争。他一心为民，务实苦干，清正廉洁，后因积劳成疾，于 1964 年 5 月 14 日病逝，终年 42 岁。他用自己的实际行动塑造了一个优秀共产党员和县委书记的光辉形象，铸就了“亲民爱民、艰苦奋斗、科学求实、迎难而上、无私奉献”的焦裕禄精神，成为亿万人民心中一座永不磨灭的丰碑！1965 年 2 月 7 日《人民日报》以《县委书记的好榜样》为题，宣传他的事迹。党中央向全国人民发出了向他学习的号召。

焦裕禄

焦裕禄烈士陵园1966年建成，1982年、1983年、1994年进行了扩建和增建。1994年5月13日，在焦裕禄烈士逝世30周年纪念日前夕，中共中央政治局常委、书记处书记胡锦涛受江泽民总书记委托参加了纪念馆落成暨焦裕禄铜像揭幕仪式。2007年7月，焦裕禄烈士陵园更名为焦裕禄纪念园。近年又进行了局部改扩建。主要建有焦裕禄纪念碑、焦裕禄烈士墓、焦裕禄同志纪念馆等。

焦裕禄纪念碑位于纪念园南部的中心，1993年5月建成。碑高19.64米（寓意纪念焦裕禄同志1964年逝世），纪念碑由碑体和碑座两部分组成，碑正面镌刻毛泽东主席手写体“革命烈士永垂不朽”8个大字，正面三块浮雕分别刻有“解放兰考”“访贫问苦”和“查三害”画面，背面为碑记。

焦裕禄烈士墓区广场平整开阔，烈士墓坐落在堤顶中间，用汉白玉长条石砌成，长4.9米，宽2.3米，高1米。墓碑由大理石雕砌而成，高2.75米，正面镌刻“焦裕禄烈士之墓”，碑阴为烈士生平简介。墓北面为高7米的屏风墙，上面镶有毛泽东主席题写的“为人民而死，虽死犹荣”的金字。墓区和广场周围广植松柏花草，外面是当年焦裕禄大力提倡种植的泡桐林。

焦裕禄同志纪念馆位于墓区西侧，建筑面积2100平方米。馆正面三层，大门正上方镶嵌的是江泽民同志亲笔题写的“焦裕禄同志纪念馆”馆名。纪念馆正门前的群雕为焦裕禄事迹群雕。该群雕重达4吨，净高3.6米，加上基座近4.2米，2010年8月16日落成。群雕反映了焦裕禄同志在兰考心系百姓、根治“三害”的革命精神。馆内分序厅、展览厅、贵宾室和放映厅等主要组成部分。序厅正面立焦裕禄半身铜像一尊，两侧分别有焦裕禄当年带领广大人民战天斗地

焦裕禄同志纪念馆

的劳动情景画面。展厅 1300 平方米，展室内容分前言和序篇：第一部分，神州赤子，民族英才；第二部分，人民公仆，干部楷模；第三部分，人逝苍穹，精神永恒；第四部分，今日兰考等。陈列有焦裕禄同志生前办公室两间及遗物 89 件，展出画面、照片 300 余幅，生动地展示了焦裕禄同志全心全意为人民服务、鞠躬尽瘁、死而后已的光辉一生。为了使更多的参观者学习焦裕禄同志的事迹，后来又在兰考展览馆设立了与此处展览馆内容大致相同的焦裕禄同志事迹展览，并增加了声光电和实景效果。

2009 年 4 月 1 日，2014 年 3 月 17 日至 18 日，2014 年 5 月 9 日，习近平总书记 5 年 3 次赴兰考，赴焦裕禄纪念园瞻仰、参观，调研指导党的群众路线教育实践活动，与兰考县的干部群众进行座谈，并亲手种下一棵泡桐，号召党员干部学习焦裕禄精神，在全国掀起了学习焦裕禄新热潮。

洛阳市

河洛文明立天下

——洛阳博物馆

洛阳博物馆位于洛阳市洛龙区聂泰路，北临洛浦公园，南接隋唐城遗址植物园，占地300亩，是一座集文物收藏、科学研究、陈列展览、社会教育与文化交流诸功能为一体的综合性博物馆，为国家一级博物馆，河南省爱国主义教育示范基地。

洛阳博物馆始建于1958年，2009年3月博物馆新馆竣工并正式对外开放，建筑面积6.2万平方米，其中地上面积4.2万平方米，由主楼和附楼两部分组成，地下2万平方米。建筑外形如方鼎屹立，寓意“定鼎洛邑”“鼎立天下”。

洛阳博物馆新馆藏品数量达40余万件，可供陈列展览文物约3.5万件，展览面积1.7万平方米。基本陈列陈展主题为“河洛文明”，通过史前时期、夏商周时期、汉魏时期、隋唐时期、五代北宋时期五大篇章，全方位、多角度展示了河洛文化的形成与演进轨迹，展出文物2000多件；专题展览分为“洛阳珍宝馆”“汉唐陶俑馆”“唐三彩馆”“宫廷文物馆”“古代石刻馆”和“书画馆”六大专题。主楼一层、二层还设有壁画展临时展览和多种类型的机动展览。

“河洛文明”专题展览，是该馆最具代表性的陈列，展出面积5000多平方米，藏品涵盖石器、玉器、陶器、铜器、铁器、瓷器、骨角牙器等诸多门类。从时期上，分为史前时期、夏商周时期、汉魏时期、隋唐时期和五代北宋时期五大部分。陈列以洛阳夏代都城、商代都城、东周王城、汉魏故城、隋唐洛阳城五大都城为主线，全面展示洛阳作为十三朝古都的辉煌历史，突出了“河洛文明”

洛阳博物馆

是中国文明象征的特殊历史地位。此专题展览曾被评为2011年度全国十大陈列精品。

珍宝馆展出的是从馆藏的数十万件文物中撷取的一批珍品。洛阳博物馆镇馆之宝有五个，第一件国宝是夏代乳钉纹青铜爵，饮酒器；第二件国宝是东汉石辟邪，高1.9米、长2.9米，重达8吨；第三件国宝是曹魏白玉杯，采用名贵的和田美玉琢制而成；第四件国宝是唐代三彩黑釉马；第五件国宝是清代三层金丝楠木塔，位于洛阳博物馆宫廷文物展馆内。

宫廷文物馆集中展示清代宫廷收藏的明清皇家生活用器和宫廷佛教法物。佛教法物有各类质地的佛造像、佛龛、法器、供器和礼佛用具等，是清代皇室礼佛的御用之物。宫廷生活用具有家具、插屏、挂屏、书画、瓷器等，多为皇太后、皇后、嫔妃所用，家具多采用檀木、楠木、黄杨木、海南黄花梨等珍贵木材，造型优美，制作精良，纹饰繁缛富丽。这批宫廷文物多为清代全国各地进贡之品，数量多，规格高，用料讲究，工艺精湛，原属北京故宫慈宁宫大佛堂，1973年经周恩来总理批示，由故宫博物院调拨给洛阳博物馆。

唐三彩是一种流行于唐代两京地区的多彩低温釉陶器，20 世纪初最早在洛阳邙山的唐墓中发现，因其釉色以黄、绿、白三种颜色为主而得名。洛阳唐三彩以高岭土为原料，胎质洁白细腻，器类丰富，造型优美，釉色艳丽，代表了中国多彩釉陶的发展高峰。唐三彩馆面积为 800 平方米，共展出唐三彩 200 余件，全都是国家二级以上文物，主要发现于隋唐洛阳城的四周，从不同维度再现了唐代东都洛阳地区丰富多彩、欣欣向荣的社会生活图景，体现了开放多元的盛唐气象。

汉唐陶俑馆展出的 200 余件洛阳汉唐陶俑，集中地向人们展示了这一时期汉俑的古拙质朴、晋俑的拘谨呆板、北魏陶俑的秀骨清像、唐俑的高贵华丽，不仅为我们勾勒出古代雕塑艺术发展的脉络，也为我们了解中国古代雕塑艺术史提供了不可或缺的珍贵实物资料。

书画馆以宋、明、清及近现代作品为主，藏品涉及宋代的苏轼，明代的张宏，清代的王铎、赵之谦、查士标、恽寿平、康有为、吴昌硕、任伯年、翁同龢、何绍基等，近现代的齐白石、溥儒、于右任、郭沫若等。虽然这里只有 84 件作品，但它们个个是真品，是精品，其鲜明的艺术风格和所具有的人文精神在世界绘画发展史上独树一帜。

洛阳博物馆充分发挥并积极拓展宣传教育职能，经常举办丰富多彩的临时展览，同时还走出国门，先后赴日本、韩国、美国、比利时等国家举办文物展览，将古都洛阳灿烂的古代文化推向世界。多年来还出版有《河洛文明》《洛阳唐三彩》《洛阳文物精粹》《建馆四十周年纪念文集》等大型专集和画册等，得到社会和学界的广泛认可。

石像千龛邻峭壁

——龙门石窟

龙门石窟是中国北魏至唐代佛教石窟寺、中国石刻艺术宝库之一，位于河南省洛阳市洛龙区伊河两岸的龙门山与香山上。它同甘肃敦煌莫高窟、山西大同云冈石窟，并称为我国三大石窟。现为世界文化遗产、全国重点文物保护单位、国家 5A 级旅游景区。

龙门石窟的窟龛如蜂窝一般，分布在龙门峡谷伊水东西两崖峭壁间及东山头道桥沟、二道桥沟及万佛沟等处，南北绵延长达一公里。这里伊水北流，西山为龙门山，东山为香山，犹如天然门阙，故称“伊阙”。传说伊阙未开之时，居住在黄河里的鲤鱼顺伊水至此，跳过去的变成了龙，跳不过去的头上便落了大黑疤。后黄帝派大禹治水来此，挥斧将大山劈为两段，使得伊水流往黄河畅通无阻，自此人们称这里为“龙门”。唐代大诗人李白曾作诗曰：“黄河三尺鲤，本在孟津居；点额不成龙，归来伴凡鱼。”屹立千年的龙门石窟建造于伊水两岸峭壁上面，大概与这美丽的神话传说也有一定的关系吧！

据考证，伊阙两崖属于古生代寒武纪到奥陶纪石灰岩，宜于雕凿。自北魏孝文帝迁都洛阳（494）以后，人们开始在此营造石窟，历经东魏、西魏、北齐、北周和隋、唐诸朝，连续营造 400 多年。此后，五代、宋初和明虽有雕凿，但为数甚少。据统计，石窟南北长达一公里，今存有窟龛 2345 个，造像 10 万余尊，佛塔 40 余座，碑刻题记 2800 余品，其中有纪年者 700 余品，是中国石窟题记最多的一处，尤以“龙门二十品”驰名中外。

与中国另外两大石窟相比，甘肃敦煌莫高窟是以壁画闻名于世的，若论洞窟，只有 49 个，数量不及龙门多，造像只有 2415 尊，仅为龙门的 1/40。山西大同云冈石窟现存主要洞窟只有 53 个，造像 5 万余尊，比龙门少一半。因此，龙门石窟无论从石窟数量还是从造像数量来说，都堪称中国之最。

龙门石窟主要的龛窟造像，多是唐代开元（713—741）以前的作品，重要的大型洞窟多开凿在西山，有古阳洞、宾阳洞、莲花洞、药方洞、万佛洞、奉先寺等，在东山分布的多是唐代开凿的小型窟龛。

位于龙门西山南部的古阳洞，是支持北魏孝文帝迁都的一批王公贵族和高级官员为孝文帝而雕凿的，是龙门石窟中开凿最早的洞窟。窟平面为马蹄形，穹窿顶高 11 米、进深 13.5 米、宽 6.9 米，中间是释迦牟尼坐像，二菩萨头戴宝冠，南北两壁各有上下三列大龛，另有许多小龛和千佛，一个个雕凿得十分精美。尤其吸引国内游客的是这里的造像题记，结构用笔介于隶、楷之间，在中国书法发展史上具有承前启后的意义，后人冠誉为“龙门二十品”，除了慈

龙门石窟

香窟的慈香一品外，余十九品全都出于古阳洞。

宾阳三洞位于龙门西山北部，分为中、南、北三洞。宾阳洞是北魏宣武帝为孝文帝和文昭皇太后做“功德”而营建的，开凿于宣武帝景明元年（500），整个工程至正光四年(523)结束，计24年之久，用工80万个，足见工程之艰巨。三洞之中，中洞最为富丽堂皇，洞高9.23米，宽11米，深9.84米，中有8个伎乐天和两个供养天人。洞口两旁有两个金刚力士，后壁的主像释迦牟尼，高8.4米，旁有迦叶、阿难二弟子，文殊、普贤二菩萨手持法器侍立。在前壁入口的两侧，原有四层浮雕，大部被外国不法商人勾结盗贼盗卖，皇帝礼佛图和皇后礼佛图现分藏在美国纽约市艺术博物馆和堪萨斯纳尔逊艺术博物馆。莲花洞是北魏晚期开凿的，在龙门西山中部偏南，因洞中藻井为一精美的高浮雕大莲而得名。该洞一佛二弟子均呈立姿，为释迦牟尼率二弟子游说讲经之像。龛内雕有两幅精美的佛传故事，另外，南北两壁上方各有似为《法华经》所指的十方分身佛的小千佛，每个仅高2厘米，可称是当时的“微雕”了。位于龙门西山奉先寺和古阳洞之间的药方洞，因窟门两旁刻有古代药方而得名，窟内造像为一佛、二弟子和二菩萨。该洞最引游人注意的是刻有140多条中药方，反映了唐初在医疗学、药物学上的杰出成就。龙门石窟中有确凿纪年的唯一洞窟是万佛洞，它位于龙门西山中部，凿成于唐永隆元年（680），分内外龛，因外龛南北两壁整齐地刻着15000尊小坐佛，故名万佛洞。

在龙门所有的石窟中，位于龙门西山南部山腰的奉先寺为最大，也最吸引游客。奉先寺进深约38.7米，南北宽约33.5米。主像卢舍那大佛，得当时的帝后武则天“助脂粉钱两万贯建造”，通高17.14米，头高4米，耳朵长1.9米，是龙门石窟中最大的佛像。卢舍那佛像头饰螺纹发髻，身披通肩式袈裟，面部丰满秀丽，目光安祥宁静，嘴角微露笑意，既庄严雄伟又睿智慈祥。按照佛经的说法，卢舍那为佛的报身形象，梵语卢舍那的译意为光明普照，是表现佛的智慧的。在卢舍那佛的两旁有二弟子、二菩萨立侍，二天王、二力士护法，二供养人礼群供养雕像。高度多在10米以上，最低的也有6米，普贤、文殊二菩萨头戴宝冠，身披璎珞宝珠；北方多闻天王身披铠甲，手持宝塔，足踏夜叉，而南方增长天王戎装甲胄；二力士上身袒露，下着战袍，蹙眉怒目，雄壮有力，看上去威风凛凛，不可侵犯；二供养人梳双角髻，穿方头鞋，恭敬有礼。整个洞窟雄伟壮观，具有群星拱月的艺术效果，表现了唐代雕刻艺术的高度成就。

东山诸窟都是武则天时期及以后开凿的，看经寺洞有29尊神态各异的罗汉像，是现存较早的罗汉群像，东山万佛沟北崖有千手千眼观音像龛和救苦观世音菩萨像龛。另外东山、西山还有少数龛窟为到中国求佛传法的外国僧人凿造。

古人因社会、政治和宗教的影响建造龙门石窟，造成了“精舍绕层阿，千龛邻峭壁”的壮观景象，为后人游览和研究历史提供了便利条件。自古至今，历代不少诗人和名流学者，诸如李白、杜甫、白居易、刘禹锡、欧阳修、司马光等，都在这里留下了美好的诗篇。近年来，每年到龙门石窟游览的人数以几十万计，古老的中国石窟艺术被愈来愈多的中外游客所赏识。

中原民俗特色浓

——洛阳民俗博物馆

洛阳民俗博物馆位于洛阳市老城区新街433号，是一座以弘扬河洛文化、展示民俗风情为主的专题性博物馆，占地面积15750平方米，建筑面积2949平方米，为国家二级博物馆，国家3A级旅游景点。

洛阳民俗博物馆是在古建筑群潞泽会馆的基础上组建成的。潞泽会馆因祀关羽又名关帝庙，为清乾隆九年（1744）所建，当时系山西潞安府（今长治）、泽州府（今晋城）两地商人集资所建，主要用于同乡商人传递信息和物资集散，是晋商文化的产物，民国期间，更名“潞泽会馆”。整个建筑群层次分明，结构严谨，是中原地区清代地方古代建筑杰出的典范。1981年改建为豫西博物馆，1987年改为洛阳民俗博物馆，1988年对外开放。

洛阳民俗博物馆东依瀍河，南临洛河，风景优美，交通便利，现有前殿（背为舞楼）、钟鼓楼、穿房、廊房、正殿、后殿、配殿等。该馆建筑雄伟，雕琢精良，整个建筑为青瓦覆盖，琉璃瓦剪边，琉璃龙凤花脊饰顶，方砖铺地，青石镶边。正殿彩绘以蟠龙为主，舞楼以龙凤为主，穿房、钟鼓楼、后殿、配殿以花卉为主，廊房则以关羽生平为主。木雕主要表现在斗拱和雀替上，以正殿舞楼最为精彩。柱础极具特色，前殿柱础为麒麟驮莲，正殿柱础则分三层，底层为飞鸟图，中为群兽图，上为蟠龙图，尤其中层表现了小动物天真活泼的自然本性，令人赞不绝口。碑文说它“极辉飞鸟草之奇观，穷丹槌刻角之伟望气”实不为过。

该馆现有各类藏品3053件，其中三级以上文物1246件，以竹木类、钱币

洛阳民俗博物馆

类、骨类、书画类、金银器类、刺绣类为主。其中馆藏一级文物“三世佛”为明代夹贮贴金工艺，高 4 米，相貌肃穆，背光华繁，弥足珍贵。清初金丝楠木塔，高 6 米，八面三级重檐，共 307 龛，每龛一佛，也是不可多得的艺术珍品。

基本陈列有信俗、婚俗、寿俗、民间艺术、刺绣五大部分。

信俗厅，展示的是洛阳一带民间信仰较为普遍的 60 位神，其中“三世佛”为复原型陈列，其余诸神以卷轴的形式展出，对于诸神的来历，则以史料为基础，结合民间特点进行较为详细的介绍，使人们对中原民间信仰有一个系统全面的了解。

婚俗厅为清末拜堂、洞房复原陈列，彩塑婚俗人物 21 个，唢呐乐队身着行业服装，新娘、新郎在亲朋的簇拥下，共行拜堂之大礼，洞房内古色古香，陈设高雅，生动地再现了当时洛阳书香门第的婚俗场面。

寿俗厅以封建社会末期洛阳中等家庭寿堂为模式，复原陈列，真实地反映了当时寿俗的情景。

民间艺术厅则主要分工艺、雕刻、剪纸、皮影四大部分，内容多取材于神话传说、民间故事、花鸟虫鱼、寓言笑话等，手法多样，造型生动，给人以形象逼真、感情动人的印象。

刺绣厅，洛阳刺绣，源远流长，该厅陈列有云肩、罗裙、荷包、香袋、腰镜、扇盒、挂件、绣条、服饰等400余件，构思巧妙，寓意深刻，做工讲究，风格多样，令人目不暇接。

除此之外，还有皮影表演、婚俗表演、民俗服饰表演等活动，这些陈列和活动不仅具有浓郁的中原地方特色，还处处洋溢着强烈的时代气息。特别是一年一度在这里成功举办的洛阳民俗文化庙会，为弘扬河洛文化、展示民俗风情、丰富群众文化生活发挥着重要作用，深受中外游客青睐。

九都冥事一馆藏

——洛阳古代艺术博物馆

洛阳古代艺术博物馆（原名洛阳古墓博物馆）位于洛阳市北郊的北邙山之巅，洛阳市老城区机场路45号，占地面积130余亩，建筑面积8200余平方米，是世界上第一座古墓博物馆，其陵墓群也是全国重点文物保护单位。

洛阳曾经做中国古都的岁月长达千年。许多当时权势显赫的王公贵族，为了祈求来世再生，对死后身葬何处颇为讲究。而北邙山西起三门峡、东至郑州市，是黄河在河南段的一道天然屏障，备受古时一些阴阳风水先生的推崇。过去流传的民谚说“生在苏杭，葬在北邙”，意即苏州、杭州是出生的好地方，而北邙山则是理想的长眠之乡。因此古时不少富贵人家，生前纸醉金迷，死后争相在此厚葬，以至于形成“北邙山头少闲土，尽是洛阳人旧墓”（唐王建句）。长期以来，文物考古工作者在北邙山一带发掘了不少极具文物考古价值的大型墓穴。为了方便游客系统了解历代墓葬演变和习俗，当地政府自1985年5月开始了古墓博物馆的修建，至1987年1月基本完成第一批22座大型古墓搬迁复原工作，并对外开放。

洛阳古代艺术博物馆分为历代典型墓葬、北魏帝王陵、壁画馆三大展区。

历代典型墓葬展区位于馆东部，占地44亩，建筑面积7600平方米，为一组仿汉代建筑群，分为地上、地下两部分。从地面上看，整个博物馆是一座气势宏大而又清静幽雅的仿古典建筑群。序幕大殿前两侧有造型生动的仿制汉代天禄、辟邪兽一对。殿后为上下墓区厅，两侧为配殿，其间有游廊相连。后半

洛阳古代艺术博物馆

部地上建筑主要有四角楼和望景亭，四角楼是地下四个展厅的地面延伸，主要用途为地面通风和自然采光。亭前置有汉白玉雕的中国十二生肖，每个有一人多高，大概意喻着世人生肖年月不同，死后同归黄土深处吧！地下部分设有两汉厅、魏晋厅、唐宋厅和休息厅，厅与厅之间有通道相连，通道两侧是复原的历代典型墓葬，是古墓博物馆的主要部分。两汉墓道计有西汉墓 10 座，其中壁画墓 6 座，内容有历史故事、羽化升仙、傩戏打鬼、天象星宿、宴饮出行等。最著名的是一座西汉打鬼图壁画墓，距今已有 2000 年之久，由墓道、墓门、耳室、前堂、后室五部分组成，其所用砖不仅有榫卯以便扣合，而且用楔形砖券顶，足可称后世预制构件建筑的先躯。墓的主人是一对夫妇，合葬在后室两侧，男左女右。随葬品十分丰富，有钱币、铜剑首、小铁刀、铁箭、铜车马器、铜带钩、铜弩机、铜镜及大量的陶制容器、灶器等。估计男主人生前是一武官或二千石级别的将军。此墓最可珍视而且最有艺术价值的是墓中琳琅满目、五光十色的壁画，著名考古学家郭沫若观后大加推崇，一些学者也称它是古代绘画艺术的圣殿，神话故事的王国。另一座千秋壁画墓也很吸引游者。这是西汉中后期的一座贵族墓葬，因墓内出土铜质印章一枚，上刻“卜千秋印”，故名卜千秋墓。墓顶平脊上有一幅精彩的升仙图。壁画图长4.8米，画面上有女娲、月亮、持节方士、二青龙、二枭羊、朱雀、白虎、仙女、奔鬼、九尾狐、蟾蜍、伏羲、太阳、黄蛇等神鸟兽的形象，墓主人女的乘三头凤，男的乘小龙（即蛇），手持弓，后随九尾狐，凌空飞行。古代打鬼与升仙是互为因果的，升仙是目的，打鬼则是为升仙清道。此画虽然描绘的是鬼神魔怪，却丝毫没有悲哀、枯死、沮丧的情调，给人以对美妙境界的憧憬、向往和追求，在一定程度上表现出汉代绘画艺术的生命所在和鲜明的美学风格。最使游客惊叹的还有第三号东汉墓的巨幅出行图，长12米，宽0.7米，全图绘有九乘安车，70多个人物，50余匹奔马，浩浩荡荡，前呼后拥，呈现出一片车辚辚、马萧萧的威武场面，使人大有如闻马嘶，如见车奔之感，是不可多得的研究东汉车骑导从礼仪和服饰装束的珍贵资料。

魏晋墓道共有5座墓。曹魏正始八年（247）建造的砖室墓，1956年7月发现于涧西，是洛阳目前唯一一座有确切纪年的曹魏墓。此墓坐西朝东，由墓道、前甬道、前堂、南北耳室、后甬道、后室几部分组成。墓内建筑左右对称，布局精美，使人想象出曹魏显贵人家的庭院之美。前堂进门处墙边置一铁灯，其他地方分别摆着铁帷帐架及铜绢、博山炉、玉杯等物品。其中铁帷帐架成为稀世之物。有西晋时大司农、关中侯裴祗墓，墓志作长方形，其下有榫，置于一石座上，这是早期墓志的独有形态，犹似一座石碑。北魏元邵墓随葬品多而精，仅彩绘陶器就有115件。这是因为元邵是北魏孝文帝之孙，官高爵显，曾晋封为常山郡王。因当时北魏政权濒临崩溃，社会矛盾尖锐复杂，武泰元年（528），他在契胡族酋长尔朱荣发起的“河阴之役”中遇害，其墓志对研究北魏的历史具有重要价值。

唐宋墓道共有2座唐墓、5座宋墓。唐代定远将军安菩夫妇的合葬墓记有确切的墓主姓名和年代，出土的唐三彩，如牵马俑、牵驼俑，形体高大的骏马和骆驼等，在造型、装饰、涂釉以及其他技术方面，都达到了炉火纯青的佳境，使人得以窥见当年三彩工匠的绝技。特别是握手墓主人安菩右手之中的东罗马金币，据考证是东罗马帝国皇帝福可斯的铸币，可说是“丝绸之路”以洛阳为东端起点的又一物证。宋墓壁画内容有不少是提倡孝道的，这与表现封建伦理道德的“二十四孝”概念至宋代基本形成大概不无关系。

北魏宣武帝景陵直径110米，现高24米，历经1500多年，封土依然高大巍峨，气势壮观。地宫置于封丘之下，坐北面南，由墓道、前甬道、后甬道和墓室等部分构成，全长54.8米。景陵历史上屡遭盗掘，地宫内仅出土青瓷盘口龙柄壶、青瓷钵、陶砚、石帐座、石灯等十余件文物。

洛阳古代艺术博物馆北部的河南古代壁画馆2011年11月建成开放，主体为一座仿汉代阁楼式建筑，地下一层，地上三层，高24米，建筑面积2300平方米。精粹展以实物为主，按时间顺序，展示河南省（主要是洛阳地区）出土的墓葬壁画53组90余幅和彩绘雕砖，时间跨越西汉、新莽、东汉、北魏、唐、五代、宋、金等8个朝代（时期）。壁画题材内容丰富，人物色彩艳丽，花鸟形象生动，真实地再现了当时人们的精神世界和物质生活状况。

红色记忆“洛八办”

——八路军驻洛办事处纪念馆

八路军驻洛办事处纪念馆简称“洛八办纪念馆”，位于洛阳市老城区南关贴廓巷九都东路 222 号，是为纪念八路军驻洛阳办事处而以其旧址为依托建立的一座革命纪念馆，为全国重点文物保护单位，红色旅游经典景区，河南省爱国主义教育示范基地。

八路军驻洛办事处是第二次国共合作的成果，也是抗战时期中共中央和八路军总部在豫西设立的重要联络机关。七七事变爆发后，日本帝国主义发动了全面侵华战争。1938 年夏，黄河以北等区域相继沦陷。中共中央预计日军可能从洛阳一带渡河南侵，决定在洛阳建立办事处，一旦日军侵占豫西，就以该办事处为基础，联络地方武装，发动当地群众在伏牛、桐柏山区建立敌后根据地，开展抗日游击战争。1938 年 10 月，时任中央军委统战部负责人的刘向三，率 50 余名军事干部从延安来到洛阳，建立了第十八集团军驻洛通讯处。1939 年 1 月，卫立煌调任第一战区司令长官，通讯处改为办事处。八路军驻洛办事处在筹备期间，毛泽东同志十分重视，在延安同负责此事的刘向三谈话，并提出了具体要求，此后又多次进行指示。刘少奇、朱德、彭德怀等同志多次到八路军驻洛办事处指导和部署工作，特别是刘少奇同志，曾三次前来办事处，主持召开了重要的豫西省委会议，传达了党的六届六中全会精神和毛主席的《反投降提纲》，并在此撰写和修改了《论共产党员的修养》。为了发动群众进行抗日，“洛八办”做了大量宣传我党抗日政策的工作，印发过《八路军战报》《拂晓报》，摘编《新

八路军驻洛办事处纪念馆

华日报》《群众》等报刊上的重要文章，转发给各地党组织。另外，还秘密向国统区发行了毛泽东《论持久战》《新民主主义论》，以及《群众》《新华日报》和有关游击战的小册子等，这些读物，有力地发动了群众，对抗战工作做出了较大的贡献。

八路军驻洛办事处是全国坚持时间较长的八路军办事处之一。按照国民党一战区司令长官卫立煌的机要秘书、地下党员赵荣声的说法，当时的洛阳是中国北方地区未沦陷的最大城市。因此，这里也成了人员来往、物资运输的中转站，在“洛八办”存在的三年多时间里，经其转送的我党我军人员约70批，1400余人，护送进步青年2700余人，成为连接延安与华北、华中抗日根据地的重要交通枢纽，为抗日战争的胜利做出了杰出贡献。1942年2月，鉴于洛阳形势紧张、国共两党关系恶化，办事处全体工作人员撤离。

八路军驻洛办事处纪念馆于1985年5月开始筹建，1987年4月部分对外开放，占地面积4200多平方米，拥有房屋150多间。该馆包括的三所院落的建筑结构相同，均建造于清道光十一年（1831），是南关富豪庄延珍家的宅院，系砖木结构。每所院落都分三进，前有临街房，中有一、二厅堂，后有上房，旁边留有过道，每进院落两旁对称建有二层结构的厢房。门、窗上附有雕刻花纹装饰，主要有梅、竹、兰、菊、牡丹、松柏等传统的花卉图案和神话人物传说故事等，雕刻细腻，栩栩如生。整个建筑气派大方，古色古香，具有较高的建筑水平和艺术欣赏价值。

纪念馆现有革命文物 85 件（套）及部分照片、书籍等。文物主要有手枪、证章、手雷、子弹、炮弹、引信、军用锹等军用物品和生活用品。在所有文物藏品中，最主要的当数从办事处旧址水井中淘出的一批军用证章，共 43 种 59 枚，大多是抗日战争时期我地下党组织、进步团体、救亡协会等与我办事处联系时留下的遗物。

纪念馆基本陈列分综合陈列和旧址复原陈列两部分。综合陈列以文字、图表、照片、文物等结合的形式，系统地介绍了八路军办事处的建立、工作和撤退情况，旧址复原陈列有刘少奇住室、电台室、处长室、豫西省委会议室、警卫排住室等。

纪念馆歌颂了八路军驻洛办事处在抗日战争胜利过程中发挥的重要作用及所做的突出贡献。如今，一批又一批的党员在这里进行入党宣誓，或重温入党誓词。数百万游客来到这里追寻红色记忆，接受革命教育。

古庙盈盈卧武圣

——关林

关林位于洛阳市洛龙区关林镇，是三国时期战功赫赫的蜀国将领关羽的墓，也是中国唯一的冢、庙、林三祀合一的古代经典建筑，为全国重点文物保护单位，国家 4A 级旅游景区。

中国历史上有“文武二圣”。“文圣”，是指大名鼎鼎的古代教育家孔夫子；“武圣”，则是指三国时期蜀国将领关羽。按封建社会沿袭的称谓规矩，帝王墓称陵，王侯墓称冢，百姓墓称坟，圣人墓称林。故山东孔墓称孔林，关羽墓就叫“关林”。人们到关林参谒“武圣”，会听到许多有关“武圣”的优美传说。

史书载，关羽，字云长，河东解州（今山西运城市盐湖区解州镇）人，生于东汉延熹三年（160），初与刘备、张飞“桃园三结义”，结拜为兄弟，跟随刘备建立蜀国，其间南征北战，所向无敌，对蜀主刘备忠贞不贰。后镇守蜀、吴争夺的战略要地荆州，因被吴国都督吕蒙偷袭而败走麦城，终被吴将潘璋俘杀在湖北当阳城。吴王孙权怕刘备复仇攻伐，就派人把关羽的首级送到洛阳献给曹操，以嫁祸于曹操。岂料被足智多谋的曹操所识破，反以主侯之礼，将关羽首级葬于洛阳城南，令大小官员送殡，曹操亲自拜祭，并追赠关羽为荆王，在其墓前立碑修祠，差官守护。这就是民间常说的关羽“头定洛阳，身困当阳”。

历代统治者都把关羽作为维护正统的化身，宋朝以来有 15 个皇帝为他加封授匾，使其亡灵“侯而王、王而帝、帝而圣”，身份越来越显赫。明万历二十四年（1596），皇帝褒封关羽为三界伏魔大帝神威远镇天尊关圣帝君，并

关林

建庙植柏，清乾隆时又加以扩建，形成现今的规模。

关林占地百余亩，主要建筑建于明万历二十年（1592），现存殿宇廊庑150余间，碑刻70余方，大小狮子110多个，古柏800余株，其布局按帝王宫殿建筑而建，呈“回”字形结构，中轴线建筑依次有大门、仪门、甬道、拜殿、大殿、二殿、三殿、石牌坊、林碑亭、关墓，是一个规模宏大的古代建筑群。

“未进关林先看戏。”旧时以关羽为主角的戏很多，著名的有“关大王单刀会”“水淹七军”等。与关林大门相对的地方有一座专为祭祀关羽时演戏而建的“舞楼”，俗称戏楼，观众可从正面和两侧面观看表演。关林大门建于乾隆年间，为五开间三门道硬山式建筑。门额上悬有“关林”二字匾额。朱漆大门上排列着金色乳钉，正门八十一个，侧门四十九个，标志着关羽享有最尊贵的品级。门前有明代雕刻的白色大理石雄狮一对。大门北面，置有仪门，门额上有慈禧题“威扬六合”的匾额，意即关羽声威扬天下。仪门前有明万历年铸造的铁狮一对，重1500余公斤。跨过仪门是一座宽敞规整的大院。正中甬道直通大殿月台，甬道两旁围以石栏，栏板之间的望柱头上，均雕有母子狮，计104个。石栏两旁各有用一块巨石雕成的缠龙华表，两边的庭院里古柏参天，石碑如林。东西有明代建筑钟鼓楼。月台左右有焚香炉，之上建有拜殿，供百官祭祀时谒拜。东端悬挂着明万历二十五年（1597）铸造的巨钟，西边竖立着关羽大刀一柄，高3.5米，相传是关羽过五关斩六将时所用，中间有乾隆、慈禧亲书的匾联。

拜殿下悬有乾隆十五年（1750）巡幸中州时亲题的“声灵于铄”匾额和“翊汉表神功龙门并峻，扶纲伸浩气伊水同流”对联一副。与拜殿相连的是建于明万历二十四年（1596）的关庙的最大建筑——大殿，面阔七间，进深三间，高约20米，总面积为760平方米，庑殿顶，琉璃瓦，四檐角饰以庞涓、韩信、罗成、周瑜四神将，殿内正面塑有关羽坐像，头戴十二冕旒帝王冠，身穿锦缎绣龙袍，凤眼蚕眉，长髯飘洒，面贴赤金，端严正坐。左边关平按剑，右边周仓持刀，王甫、廖化、陆秀夫、张世杰侍立两旁。大殿正门上，存有明代木刻浮雕关公故事：桃园三结义、三英战吕布、斩蔡阳、水淹七军、单刀赴会、挑锦袍等十二幅彩图。

过去大殿即是二殿，门上方悬着光绪皇帝亲题匾额“光照日月”。前檐下绘有关羽斩颜良，诛文丑，挑锦袍，杀孔秀，以及大战夏侯惇、古城会等故事彩画，反映了关羽的骁勇善战。殿内塑有关羽坐像，两旁还塑有关平手捧大印，周仓手持大刀立像。二殿左右，各有一座三开间硬山式建筑，名曰陪殿。左边是“张侯殿”（即张飞殿），右边是“五虎殿”。出二殿复行数十步，便来到了三殿。这是一座五开间硬山式建筑。殿内供着关羽秉烛看《春秋》像、出行像和睡像，所以又名“寝殿”。殿檐下有“三英战吕布”“威镇荆州”“战长沙”三幅大型故事图。前坊上有九幅小型故事画，彩饰华丽，精巧美观。

三殿北面，有座宽 10 米、高 6 米的三门石坊，写有“汉寿亭侯墓”五个大字。不远处有一座八角亭，称“林碑亭”。亭内有龟趺座石碑一通，高 4.8 米，碑头雕龙，额题九叠篆书“敕封碑记”四个大字，碑的正面刻着“忠义神武灵佑仁勇威显关圣大帝”，是道光元年磨石重刻的关羽最高封号。碑阴刻有康熙五年董笃行撰的《关圣帝君行实封号碑记》，叙述了关羽的生平事迹，以及封号建庙等情况。

八角亭的北面即是相传埋葬关羽首级的“关冢”，平面为八角形，高 10 米，占地 250 平方米，外用青砖围砌，墓门上额题“钟灵处”，两侧楹联为：“神游上苑乘仙鹤，骨在天中隐睡龙。”墓门双扉齐阖，每扇石门上有一圆孔。不少善男信女，用硬币投入洞内，如能听见清脆响声，即为祈求“武圣”灵验，预兆吉祥。

“气挟风雷无匹敌，志垂日月有光芒。至今庙貌盈天下，古木寒鸦几夕阳。”各个时代都有自己的英雄豪杰，每个阶段，每个人也都有自己的崇拜偶像和评论偶像的标准。游罢关林，回望那浮苍滴翠的参天古柏和巍峨堂皇的殿宇楼阁，游人们常会生发出不同的感慨。

佛教祖庭寺名扬

——白马寺

白马寺位于洛阳老城以东 12 公里，洛龙区白马寺镇洛白路 6 号，为佛教传入中国时兴建的第一座官办寺院，有中国佛教的“祖庭”和“释源”之称，距今已有 1900 多年的历史。现有建筑面积 4 万平方米，为全国重点文物保护单位，全国汉传佛教重点寺院，国家 4A 级旅游景区。

白马寺建于东汉永平十一年（68）。据历史上流传的“永平求法”故事说，汉永平年间，汉明帝做梦看到一个身材高大的金人，背上放射着白光，醒后言与群臣。有人奏曰：西方有神，其名曰佛，和皇上梦中所见相同。于是明帝派人前往印度寻求佛法。使者历尽千难万险，至大月氏，获得释迦牟尼图像和《四十二章经》，同时邀请两名高僧摄摩腾、竺法兰到中国传教。他们用白马驮着佛经和佛像于公元 68 年来到中国，明帝诏见了他们，并下令于第二年在洛阳雍门建寺一座，寺建成后以白马命名。自此白马寺成为佛教在中国繁荣发展的第一座菩提道场。由西域传入国内的佛经，许多是在此译为汉文的，不少中外译经大师，如摄摩腾、竺法兰、安世高、支娄迦俄等在此译经传教，后来的佛门弟子公尊白马寺为中国佛教“祖庭”和“释源”。可以说佛教在中国扎根、传播最初的二百年，整个过程都与白马寺息息相关。这里是最早来中国传教弘法的僧人的居所，诞生了第一部中文佛经和中文戒律，产生了第一个中国汉地僧人等。随着中国封建社会的战乱兵火和佛教在中国的盛衰，白马寺在东汉、西晋、南北朝、唐数建数毁。明代嘉靖三十四年（1555），由司礼监掌印太监

洛阳白马寺

兼总督东厂黄锦发起，又一次大规模整修白马寺，奠定了现今的白马寺的规模和布局。新中国成立后，于 1952 年和 1957 年两次修建白马寺，使得这座千年佛教祖庭重新成为中外佛教信徒朝拜的圣地和中外游客游览的场所。

白马寺坐北朝南，为一长方形院落，中轴线上有山门、天王殿、大佛殿、大雄殿、接引殿和清凉台的毗卢阁等。两侧有门头室、六祖堂、客堂、禅堂和清凉台上的腾兰殿及方丈院等百余间。现存的遗址古迹为元、明、清时所留。

山门为牌坊式石砌三洞券门，歇山顶，灰筒瓦。正门上方镶嵌着“白马寺”三字石匾，为明嘉靖二十五年（1546）所立。山门前有一对高 1.8 米的石雕白马，为宋代石雕作品。

天王殿原是北魏时的山门。明代在寺前又建山门，原山门改为天王殿。面阔五间，进深四间，九脊歇山顶，正脊中央饰圆形佛光，脊前有“风调雨顺”，脊后有“国泰民安”大字。殿内正中置木雕佛龛，龛额及周身共雕有 50 多种不同姿态的“龙”，龛内供有弥勒佛像，殿内两侧泥塑四大天王，也叫“护法神”，依据所持法器不同，称托塔者为“风”，弹琵琶者为“调”，拿伞者为“雨”，执绳蛇者为“顺”。面向大佛殿还有一站像，是韦驮天将，也是泥塑作品。古印度神话说，他是南方增长天王的八神将之一，居四天王三十二天将之首，左手握降魔剑，右手擎“须弥山”，是“守法降妖”的意思。

大佛殿位于天王殿之后，为寺内主要殿堂。东西面阔五间，南北进深四间。殿内正中设佛坛，供造像7尊。正面塑佛教创始人释迦牟尼像。左旁站立者是摩诃迦叶波，他的十大弟子之一，也是释迦圆寂后第一次会诵佛教三藏经的主持者；右边站立者是阿难陀，也是其十大弟子之一，因长于记忆，称“多闻弟子”。这里的释迦和二弟子组成的场面，是“释迦灵山会说法像”。释迦在会上拈花示众，虽然是“说法”，但并不讲话，在场的许多人都不懂佛的意思，只有个别人露出微笑，表示心领神会，算是得道。释迦左右的坐像，是文殊、迦贤二菩萨，另有迦叶、阿难和两位供养天人。殿内东南角悬明朝铸大铜钟一口，重1250公斤，造型古朴大方，声音浑厚悠扬。

大雄宝殿（也叫罗汉殿）为悬山式建筑，面阔五间，22.8米，进深四间，14.2米，殿前有宽敞的月台，是寺内最大的建筑。“大雄”是古印度佛教徒对释迦牟尼的尊称，所有大雄宝殿所供的主尊佛，都是释迦牟尼。左边是药师佛（即东方琉璃光世界的教主），右边是阿弥陀佛（即西方极乐世界的教主）。韦驮、韦力二天将手持法物，侍卫左右。墙壁上挂有众多“壁佛”，另有十八罗汉分列两旁，神情各异，栩栩如生。

接引殿（也叫立佛殿）重建于光绪年间，是白马寺内面积最小的殿。殿内主尊为阿弥陀佛，他站在那里，面向信徒做着“授手迎接，引渡西土”的姿势，故又称“接引佛”。两旁站着二菩萨，拿净瓶的是观世音菩萨，拿牟尼宝珠的是大势至菩萨。佛教称他们是西天极乐世界的佛主，所以又称“西方三圣”或“弥陀三尊”。

白马寺作为佛教源流，寺内和寺园名胜古迹不可胜数。如“白马寺六景”就很有名，这“六景”是方丈和尚禅诵之余而题的，指的是清凉台、齐云塔、腾兰墓、焚经台、断文碑、夜半钟。清凉台相传是汉明帝幼时乘凉读书之处，历为藏经之所。最早的汉文佛经《四十二章经》就是在这里翻译出来的。齐云塔在寺的东南，也称释迦舍利塔，在古塔中独具特点。腾兰墓指摄摩腾、竺法兰二高僧之墓。焚经台为两个略为长方形的夯土丘，传说佛教、道教之间的第一场较量就发生在这里，当时人们将佛经、道经放在一起点燃，道经顷刻烧尽，佛经火点不着，且放出五色祥光。此说虽纯属杜撰，但也间接反映出白马寺在佛教界的重要地位。断文碑相传为宋代文人苏易简撰文并书写的《重修西京白马寺记》碑，因碑文分成横排写出，排与排之间留有间隔，故称“断文碑”。夜半钟指白马寺原有古钟一口，夜半敲响，声传几十里之外。一说指现在大佛殿所悬之钟。

“两匹白马驮经来，佛教祖庭寺名扬。”历经沧桑的白马寺，每天吸引着不少中外佛教信徒和旅游爱好者前往朝圣或参观。

寻觅诗人到香山

——白园

白园位于洛阳市城南 13 公里处龙门东山（也称香山）的琵琶峰上，因唐代大诗人白居易墓地所在故名，占地 44 亩，南与香山寺为邻，西望龙门石窟，为全国重点文物保护单位。

白居易（772—846），字乐天，号香山居士、醉吟先生。祖籍山西太原，生于今河南省新郑市。少时聪明好学，16 岁时就吟出“野火烧不尽，春风吹又生”的千古佳句。29 岁时中进士，历任秘书省校书郎、左拾遗、左赞善大夫、江州司马、苏杭二州刺史、刑部侍郎等职。白居易在文学上积极提倡新乐府运动，擅长写讽喻诗和长篇叙事诗，主张“文章合为时而著，歌诗合为事而作”，是唐代新乐府运动的倡导者，其诗语言通俗。他写的《秦中吟》和《新乐府》中的许多篇章，为人们所喜闻乐见，妇孺皆知。主要代表作有《卖炭翁》《长恨歌》《琵琶行》等。

白园是为了纪念白居易而修建的。白居易在洛阳时，香山和香山寺是他常去之处。他曾写诗道“石盆泉畔石楼头，十二年来昼夜游”，足见他对香山的喜爱程度。他希冀寄情山水表达自己的政治抱负，也期望从佛教中找到自己的精神寄托。太和元年（827），他的密友元稹病重，嘱白居易为他写一篇墓志铭。之后，元家以六七十万钱作为润笔馈赠，白居易辞谢不了，就全部用来重修此时已经颓败的香山寺。会昌六年（846），白居易在洛阳履道里的家中因风痹之病去世，终年 75 岁。他的家人按其遗嘱把他埋葬在龙门香山琵琶峰顶。唐宣宗

白园

大中三年（849），由写过“春蚕到死丝方尽，蜡炬成灰泪始干”的诗人李商隐撰文，当时任宰相的白居易的堂弟白敏中书写墓碑铭，刻石竖立在白居易墓前。金人南侵之后，香山和香山寺久无人迹，只留下青草萋萋。至清代康熙四十七年（1708），香山寺才得以重建。

新中国成立后，当地政府多次对香山寺和白墓重新进行了整修。白园包括龙门桥东头整个琵琶峰，占地近 3 公顷，分为青谷、墓体、诗廊三区，系根据诗人性格、唐代风采和依附自然的原则设计建造的纪念性园林建筑。

站在龙门大桥上，游人举目可见绿色山峰中有一片白墙。沿山觅去，走至半山腰就到了古朴庄重的白园门楼。跨进园门，迎门为青谷区，沿东山坡攀缘，怪石叠起处，人工湖飞瀑飘落，珍珠四溅，这就是“白池”。对面半坡上，耸立着一座三间见方的古雅建筑，名曰“乐天堂”，也即“白堂”。进入堂内，可看到背靠青天、脚踏石岩的白居易全身塑像，肃穆文雅，面容慈祥。离此处向西，有一座“白公亭”，大概是有意再现诗人当年举杯品诗、论艺的意境而建。与此遥相呼应的是带皮松柏原木搭成的“松风亭”，取诗人坚贞不屈的松柏品格之意。

诗廊区在墓北山腰，陈列有当代书画家书写描绘的白诗碑刻和诗意瓷砖壁画。诗人那济世益民、牡丹傲骨的志向与性格，全都融于这字里行间了。诗廊南头有一座古色古香的建筑，是新建的“道时书屋”，室内陈列着白氏著作，古今中外，版本齐全。园中间为墓体区，有墓冢、24 吨重的自然石卧碑、乌头门、登道、碑楼。整个墓区翠柏葱郁，奇花飘香。从“道时书屋”拾级向上数十步，便可到琵琶峰顶，清代康熙四十八年（1709）河南学政汤右曾重建的白居易墓就在这里。

白墓墓丘为直径 19 米的砖券体，墓顶青草离离，19 株柏树围成一个圆圈，显得肃穆幽静。墓前有砖砌的碑楼，碑身高 187 厘米，宽 75 厘米，碑中有“唐少傅白公墓”六个行书大字，字迹凝重，苍劲有力。旁署白居易生平及历代修墓情况。墓碑左侧，新置一块巨大自然石的石碑，上面刻着白居易自传的《醉吟先生传》。综观整个墓道和西南去向的山峰，恰似一个古代曲颈琵琶，微风吹来，来此祭奠诗魂的游人，似乎可感受到与诗人一起坐听琵琶声声，听诗人在吟唱那首著名的《琵琶行》：“……大弦嘈嘈如急雨，小弦切切如私语。嘈嘈切切错杂弹，大珠小珠落玉盘。……”

治黄史上树丰碑

——黄河小浪底风景区

黄河小浪底风景旅游区位于洛阳市孟津区、济源市边界，地跨黄河南北两岸，总面积 1262 平方公里（其中水面 296 平方公里），是以治理开发黄河的关键性工程——小浪底水利枢纽工程为依托，以山、水、林、草为特色的大型生态园林，为国家 4A 级旅游景区，河南省十大旅游热点景区，更被誉为“小千岛湖”。

黄河小浪底风景区

小浪底的名称来源于小浪底水利枢纽工程勘探选址地——洛阳市孟津区马屯乡（现更名为小浪底镇）小浪底村，故而得名黄河小浪底，但其坝址北岸则为济源市蓼坞村。小浪底水利枢纽工程是黄河干流上的一座集减淤、防洪、防凌、供水灌溉、发电等为一体的大型综合性水利工程，上距三门峡水利枢纽130公里，下距郑州花园口115公里，控制流域面积69.4万平方公里，占黄河流域面积的92.3%，属国家“八五”重点项目。小浪底是黄河干流在三门峡以下唯一能够取得较大库容的控制性地带。新中国成立40多年来，虽然黄河下游防洪取得了巨大的成就，但黄河下游洪水、泥沙尚未得到真正有效的控制，在处于中下游之间的小浪底建坝泄洪，既能控制洪水泥沙，又利于中游水土保持。从1959年开始，小浪底工程作为解决黄河下游防洪和水资源开发问题的重大措施就提到了议事日程上来。1991年4月，全国人大七届四次会议把小浪底工程列入了第八个五年计划纲要。同年9月1日，小浪底前期准备工程开工。1994年9月12日，国务院总理李鹏亲临现场宣布小浪底主体工程开工。1997年10月28日，小浪底工程胜利实现截流。2001年1月9日首台机组正式并网发电，2001年12月

27日主体工程以第6台机组投产发电为标志按合同工期完工，总工期11年。小浪底水利枢纽工程动态总投资346.75亿元人民币，其中内资254.48亿元人民币，外资11.09亿美元，建设规模堪称我国水利建设的“天字号”工程。

建成的小浪底水利枢纽工程由拦河大坝、泄洪排沙系统和引水发电系统三部分组成：拦河大坝为壤土斜心墙堆石坝，最大坝高154米，坝顶长1667米，坝顶宽15米，最大坝底宽864米，坝体总填筑量5185万立方米。位于壤土斜心墙底部的混凝土防渗墙宽1.2米，最深处80米，是国内最深最厚的防渗墙。泄洪排沙系统分进水口、洞群和出水口三个部分。进水口由呈一字形排列的10座目前世界上最大、最集中、最复杂的进水塔组成；洞群由3条明流洞、3条孔板消能泄洪洞（由导流洞改建）、3条排沙洞和一座正常溢洪道组成；出水口由三个集中布置的消力塘组成，总宽356米，底部总长210米，深25米，为目前世界上最大的出水口建筑物。引水发电系统由6条引水发电洞、1座地下厂房、1座主变室、1座尾闸室和3条尾水洞组成。主厂房高61.44米、宽26.2米、长251.5米，是目前国内跨度和高度最大的地下式厂房之一。小浪底水库总库容126.5亿立方米，长期有效库容51亿立方米，它与三门峡支流上的陆浑水库和故县水库联合应用，可使黄河下游防洪标准从60年一遇提高到1000年一遇，并可基本解除下游凌汛的威胁。工程采用蓄清排浑运作方式，以75.5亿立方米的淤沙库容拦蓄泥沙，使下游河道20年不至于抬高；每年可增加20亿立方米的供水量，改善下游工农业和城市供水条件，电站装机30万千瓦混流式水轮发电机6台，设计平均发电量51亿千瓦时，是河南电网中理想的调峰电站。小浪底水库截流后，成为由山水自然风光和水利工程组成的大型旅游景区。

小浪底景区分为四大精华景区：西霞湖、大坝湿地公园、张岭半岛度假区、黄河三峡。四大景区特色各异，东西相映，恰如镶嵌在母亲河上的四颗珍珠。游客可以由山西、河南两侧进入景区，观赏沿岸山水风光，尽情领略母亲河的风采。

进入大坝湿地公园，你可以看到整个景区最亮丽的风景线——小浪底大坝，它不仅是中国治黄史上的丰碑，也是世界水利工程中的杰作，其工程共创三项世界纪录，六项中国之最。当游客乘豪华游船畅游母亲河，仰观雄伟的大坝，览胜黄河三峡，漂流黄河西滩风情时，一定会为这风景区内的小浪底大坝、进水塔群等大型水工建筑感叹不已，为中国治黄史上的历史丰碑而骄傲自豪!

黄河三峡（孤山峡、龙凤峡、大峪峡）是小浪底与王屋山所孕育的精华，位于小浪底水库大坝上游20公里处，总面积40平方公里，这里是小浪底风景区的精华所在。这里是黄河中下游最窄处，两岸断壁如削，中间河水奔涌，三条峡谷各具风采：孤山峡鬼斧神工，壁立千仞；龙凤峡盘龙走蛇，曲折迂回；大峪峡开阔舒展，气象万千。特别是九蹬莲花栈，九蹬九级，次第升高，望之若莲花盛开，似出水芙蓉，号称“鲧山禹斧”。而且还有隋唐古栈道、陈谢大军黄河渡等多处文化遗迹，自然人文景点有60余处，是我国北方少有的山水景观，完全可以和长江三峡媲美。西滩是万里黄河唯一有人居住的河心绿洲。由于河水阻隔，其上空气清新，林畴丰美，村舍幽静，犹如世外桃源。张岭半岛离大坝直线距离仅2公里，四周碧波荡漾，不是江南，胜似江南，是旅游、度假、休闲、避暑胜地。小浪底景区还保存有龙山文化、仰韶文化、新石器早期文化遗址，建有著名的济源市留庄“英雄民兵营”陈列馆及抗日战争时期济源县委所在地泰山庙纪念园，以及抗日武装“杜八联”留下的许多可歌可泣的动人事迹，是开展旅游研学、观光、休闲、度假旅游的最佳场所之一。

汉陵晓烟笼黄沙

——东汉光武帝原陵

孟津东汉光武帝原陵位于洛阳市孟津区白鹤镇铁榭村西南，古称原陵，俗称汉陵、刘秀坟，是东汉开国皇帝刘秀和光烈皇后阴丽华合葬的陵墓，距今已有近 2000 年历史，为河南省重点文物保护单位，国家 3A 级旅游景区。

刘秀（前 5—57），字文叔，南阳蔡阳（今湖北枣阳西南）人，汉高祖刘邦九世孙，为东汉王朝的开国皇帝。庙号世祖，谥光武帝，公元 25—57 年在位。王莽末年，赤眉、绿林起义先后爆发。刘秀 28 岁起兵舂陵，参加绿林农民起义军，决昆阳，扳邯郸，安河内，屯孟津，取长安，回师宜阳，收降刘玄，削平群雄，定都洛阳，推翻了王莽政权。刘秀称帝后，前后九次诏令释放奴婢，振兴农桑，改革税制，减轻农民负担。他知人善任，裁减冗员，改革吏制，限制三公特权，实行退武吏进文臣的政策，使国家迅速出现长治久安的局面。他爱护勋臣，奖罚分明，严谨制度。本人又勤于政事，柔道治世，一改王莽苛政，与臣民和衷共济，共图中兴。他在位 33 年，因举措得当，吏治廉明，人心思治，恩威日隆，史称“光武中兴”。光武帝末年，载于户籍的人口已有 2100 多万，为东汉近 200 年的封建统治奠定了坚实的基础。

刘秀于公元 57 年 2 月卒于洛阳南宫前殿，3 月葬原陵，寿 63 岁。陵园呈长方形，由陵园、祠院两部分组成。占地面积 6.6 万平方米。光武祠就在与陵园毗邻的西侧，和整个陵园结为一体。

东汉光武帝原陵气势宏大，为现存邙山上下墓冢之最。但是众多皇陵都在

东汉光武帝原陵

邙山之巅，唯独它在黄河之滨，老百姓说它是“枕河蹬山”，意为头枕黄河，脚蹬邙山。传说刘秀在世时，曾想在邙山上为自己选茔建墓，可是膝下有个不孝之子，一生不听父命，外号“犟筋”。刘秀病重时，对儿子正话反说：“朕一生命中缺水，百年之后，可把朕埋在黄河心，以安万年。”谁知儿子心想吾生不孝，不听父教，先父遗言，一定照办。于是调来能工巧匠，造船做棺，筹办数日，一切就绪，吉日率众来到河岸，研究排水挖墓、葬殡事宜。只见河水呼啸，众人望河兴叹。不料当灵柩运到河边时，“刷”地一声，河水迅速北移，送葬人顺利办完后事。一座高大的陵丘，拔地而起，覆盖着密密麻麻的柏树。走进光武帝陵园，只见山门巍峨，琉璃吻兽，红垣碧瓦，气势壮观。陵园正中，是刘秀的墓冢，为夯土圆丘，高 17.83 米，周长 487 米。墓前竖有清乾隆年间巨碑一通，镌刻“东汉中兴世祖光武皇帝之陵”。沿通道直达山门，两侧碑碣参差，记录着历代封建帝王遣使御祭的祝文。陵园里除刘秀的墓冢外，还附有刘秀之妻阴皇后的墓。阴皇后即阴丽华，南阳新野人，19 岁时出嫁刘秀。据说阴氏性格宽仁，恭俭仁慈，光武帝欲宠以尊位，固辞不就，后封郭氏为皇后。建武十七年（41），光武帝废皇后郭氏，才立阴氏为后。刘秀去世后，明帝刘庄即位，阴氏被尊为皇太后，公元 64 年卒，终年 60 岁。整个原陵为国内少有的陵墓园林，内植古柏 1458 株，远观之茫茫苍苍，近觑之蓊郁肃穆。

晨曦初现之时，满园柏林的虬枝繁叶间，时时涌出累累气团，状若轻烟，蔚成“汉陵晓烟”的绝妙景观。

光武帝祠位于陵园西侧，占地约 2 万平方米，祠呈三进院落结构，依次为光武阙、碑廊、二十八宿馆、光武殿，内塑刘秀及其属下云台二十八将塑像，与祠内二十八株文武巨柏一一对应。整座祠院构成一组鳞次栉比的汉代建筑群落，再现了 2000 年前汉风、汉韵之美。

祠门称光武阙，仿汉代子母阙形制，高 8 米，宽 14 米，雄伟恢宏，古朴典雅。门阙上方高悬巨幅匾额“汉光武帝祠”。廊壁上收录有历代祭祀朝拜光武帝刘秀的石刻碑文。二十八宿馆分列于祠院东西两侧，在其中长达 50 米的像座上，文东武西，分别塑有辅佐刘秀打天下安社稷的云台二十八将，俗称“二十八宿”。他们之中的许多将领跟着刘秀出生入死，为建立东汉立下了汗马功劳。如大将耿弇，更始三年（25），刘秀称帝后，全国仍是群雄并立。如何定于一尊，乃是刘秀与众将苦心思索之一件大事。建武三年（27）冬，耿弇向光武帝请缨，北收上谷，定彭宠于渔阳，取张丰于涿郡，然后东攻张步，以平齐地。建武四年，光武帝令耿弇攻渔阳，终使彭宠败亡。建武五年，他受命东击张步，于齐地腿部中箭，为了稳定军心，他毅然拔出佩刀截之，最后攻下了齐地的临淄。光武帝盛赞他功比韩信。光武大殿，为祠内的主建筑，仿汉宫“明堂”而建。2 米高台之上，矗立着重檐庑顶两层殿宇，四周有汉白玉栏杆拱围。殿内设九宫之制，突出皇宫之非凡。世祖刘秀的巨型彩塑端坐中央，左右有四位勋臣侍立，其为横野大将军山桑侯王常，大司空固始侯李通，大司空安平侯窦融，太傅宣德侯卓茂。整座殿宇高大宏伟，可与古柏的云梢比肩，再现了 2000 年前“天子明堂”之风姿。

祠内甬道两侧，挺有参天古柏二十八棵，排列有序，各具名讳，传为辅佐刘秀的云台二十八将，恰与馆内的二十八尊塑像一一对应。

龙马负图出孟河

——龙马负图寺

孟津龙马负图寺位于洛阳市孟津区东北 20 公里处的会盟镇雷河村，是中华“人文之祖”伏羲氏的祭祀地和中国易学文化的发源地，距今已有 1600 多年的历史，为河南省重点文物保护单位，国家 3A 级旅游景区。

相传远古时代，孟津东部有一条河与黄河相接，被奉为中华民族的“人根之祖、人文之祖”的伏羲来到这里，教人捕鱼打猎，结绳记事。不久，伏羲离开这里，河中出现了一个怪兽，头像龙，身似马，满身鬃毛呈无数旋涡。它凶猛无比，闹得人们不能安居乐业。伏羲乘龙再次来这里，众人纷纷上前哭诉。伏羲实地查看了龙马糟蹋的人畜和草木，心中非常不安，正准备组织人们制服龙马，昔日猖狂的龙马却一下子变得非常温顺，摇着尾巴来到伏羲身边。伏羲抚摸着龙马的头，叫人们拿来一根绳子拴住龙马的脖子，又找来一根木桩插在台地上，用柳条编成圈子，把龙马圈了起来。他坐在现在寺庙的台地上，经过 64 天的精心描绘，根据龙马背上的鬃毛旋涡，画成了乾、坤、震、巽、坎、离、艮、兑的符号，取名叫“八卦”，为《周易》的成书提供了素材。周易的作者把八卦图解释成天、地、雷、风、水、火、山、泽八种自然现象。它给以后仓颉发明文字带来了依据。据传，伏羲画卦六十四天，正好是八的倍数，故称“八卦”。现在的龙马负图寺前后左右的村庄，雷河、郑河、卫河、孟河、东里河、西里河等“七里八河”都与龙马活动有关。寺院南边马庄村，就是当年拴马的高台地，上河图、下河图村，就是那时伏羲定阴阳、正姓氏、识人伦、造书契、画八卦

龙马负图寺

的地方。孔安国注《论语·子罕》中说：“河图，八卦是也。”“伏羲王天下，龙马出于孟河，遂则其文以画八卦。”《汉书·孔安国传》曰：“龙马者天地之精，其为形也，马身而龙鳞，故谓之龙马，龙马赤纹绿色，高八尺五寸，类骆有翼，蹈水不没，圣人在位，负图出于孟河之中焉。”可见龙马负图处成为“河图之源”是有根据的。

为纪念传说中的龙马负图处，晋穆帝永和四年(348)在此始建龙马负图寺，初名“浮图寺”，永嘉时改为“河图寺”，后名字又改多次，民国后称其为“负图寺”。当时寺内香火鼎盛，远近驰名。来此拜谒的多是达官显贵和文人雅士，清河南府尹张汉有诗云：“性癖耽奇古，重游河水隈。行过负图里，接近读书台。七月初阳发，先天一画开。归时夸父老，亲见伏羲来。”1932年1月4日，蒋介石偕宋美龄由陈继诚陪同，游览负图寺，并题“河图洛书”四字。

为弘扬民族文化，近年来孟津区政府多次投资对龙马负图寺原址进行了修复。现龙马负图寺规模宏伟，紧邻图河故道，占地40余亩，登临邙山鸟瞰寺院，天地之正气，河山之灵秀，可一眼尽收。

该寺为三进院落结构：一进为山门，钟鼓楼。山门峻拔巍峨。“龙马负图寺”

寺名由当代著名易学家、中国周易学会会长刘大钧教授题写，门两边的对联写着“和八风以画八卦，分六位而正六爻”。进山门，两侧分立着“图河故道”“龙马负图处”两通巨碑，字迹年代已久，字体舒展有力。两边建钟鼓楼，古朴大方。

二进为伏羲、文王、孔圣三殿，单檐歇山式琉璃吻兽砖木结构；伏羲大殿，神龛下有一巨大青石匾额，写着“一画开天”四个大字，向人们昭示八卦创造者的历史勋业。殿两边的对联写着“读无字书忽想到羲皇以上，过负图里恍神游太极之初”，“鸟兽文章天钟秀，河图洛书地启灵”。殿内塑着高大的伏羲圣像，伏羲下身树叶蔽体，手执蓍草。殿右侧新塑高 3 米的龙马像，龙马足踏浊浪，栩栩如生。大殿顶部据《易经》“观天象于天”语，底为天蓝色，中有伏羲六十四卦方位圆图。

三进为正殿——三皇殿，殿高 21 米，宽 30 米，雕梁画栋，金碧辉煌，殿内伏羲像居中，炎黄二帝塑像分列左右。三人皆中华民族始祖，华夏文明的肇造者。

龙马负图寺内现存最为珍贵的应数石刻石雕。“图河故道”“古河图”“一画开天”“渊源”等，字迹苍劲，“伏羲圣像”“伏羲庙全图”“三十六宫卦文雕刻”，刀法古拙，可谓稀世珍品。负图寺碑廊内还镶嵌着 20 余通宋、明、清三代名家碑刻，其中有程颐、朱熹、邵康节、王铎、张汉等撰书的碑、铭、诗、赋，这些碑刻对研究《易经》和书法艺术都有重要的价值。

抛却荣华取真经

——玄奘故里旅游区

玄奘故里旅游区位于偃师市缑氏乡陈河村，是为纪念我国唐代著名高僧、杰出的翻译家和旅行家玄奘建立的一处旅游胜地，占地 25 亩，建筑面积 6000 平方米。

玄奘（602—664）俗姓陈，名祎。隋仁寿二年（602）出生于洛州缑氏县游仙乡控鹤里凤凰谷陈村，即今河南省洛阳市偃师区缑氏镇陈河村。在家里男孩中排行老四，从小天资聪慧，勤奋好学。其父陈惠曾做隋朝的江陵县令，一家信佛。玄奘的二哥陈素在洛阳净土寺当和尚，法名长捷。他常跟二哥听讲经，13 岁也在净土寺出家，21 岁时受戒于成都空慧寺，随后游学于荆州、赵州等地，25 岁到长安，与名僧研讨《俱舍论》《摄大乘论》等经论。其间深感其疑难问题甚多，决心前去佛教发源地印度求取“真文”，以为参验。贞观三年（629）八月，27 岁的玄奘只身一人，从长安向西行五万里，历经艰辛，于公元 631 年抵达古印度（天竺国），入当时佛教最高学府——古印度中部摩揭陀国的那烂陀寺。其后继续遍访印度的佛教圣地，切磋经论，讲说佛法，前后 17 年学遍了当时的大小乘各种学说，足迹遍及当时中亚、西亚的 100 多个国家。公元 642 年玄奘参加了由戒日王召集的曲女诚佛学辩论会。这次会议由数千名高僧参加，玄奘在辩论中胜利，成了深受印度人民尊敬的学者。贞观十五年（645），声名显赫的玄奘宗师，带着 657 卷梵文佛经及舍利佛像返回长安。唐太宗李世民非常重视玄奘的归来，命宰相房玄龄率领朝臣及京城数万僧众列队远出相迎，并

玄奘故里旅游区

亲自召见，随后调佛学高僧组织规模宏大的译场，协助他翻译佛经。这是中国佛教史上著名的一次译经活动，玄奘与后秦的鸠摩罗什、陈朝的真谛和唐中叶的不空齐名，成为四大翻译家之一。《大唐西域记》十二卷，记述他西游亲身经历的110个国家及传闻的28个国家的山川、地邑、物产、习俗等。《西游记》即以其取经事迹为原型。显庆三年（658），玄奘由大慈恩寺迁居西明寺，后又徙居陕西省宜君县玉华宫翻译《般若经》，终因积劳成疾，于高宗鳞德元年（664）在玉华宫圆寂。玄奘一生总共翻译了《瑜伽师地论》100卷，《金刚般若经》600卷，《解深密经》《大菩萨藏经》等佛经75部1335卷，同时还把一些中国古籍如老子的《道德经》等译成梵文，传入西亚、印度等地。他首创了法相唯识宗，现存著作有《大唐西域记》《八识规矩颂》等。在佛经翻译事业上，被公认登上极峰，至今无人超越他，他的译著在佛经史上被称为“新译”，其献身精神更令人感动。所以盛唐时期太宗和高宗两代皇帝称之为“将日月而无穷，与乾坤而永大”，并分别为他翻译的佛经作了《大唐三藏圣教序》和《大唐皇帝述三藏圣教序记》。玄奘被世界人民誉为中外文化交流的杰出使者。

近年来，当地开辟了玄奘故里旅游区，共有7个景点，即玄奘故居、皇家寺院佛光寺、陈家花园、凤凰台、马蹄泉、晾经台、西原墓地等。

进入旅游区，是青山环抱的凤凰谷。陈河村头立着一幢高大的过路牌，上书“玄奘故里”四个潇洒俊秀的大字，为全国政协副主席、著名佛教专家赵朴初先生亲笔所题。玄奘故居坐北朝南，居村中部偏西，属前后两进院落。门前有白玉石栏围砌的青砖平台和标志着玄奘出身于世宦之家的汉白玉乌头门。大门为隋唐风格建筑，灰瓦、白墙、红柱、彩画，中为门楼，两边配以门廊，朱漆凝重，高雅壮观。沿着故居中轴线甬路，可进入前院，有厅堂和东西厢房。故居主体建筑之一厅堂，房屋高耸，斗拱飞翘，彩绘夺目，气势不凡。这里曾是玄奘的祖父陈康与父亲陈惠接见达官贵人、谈儒论佛之处，现为玄奘及其弟子的纪念堂。厅堂正中为玄奘晚年译经塑像，高 2.3 米。形象纯朴端庄，气宇轩昂，眉宇间透出刚颜沉雄、博学深邃的气质，厅内放置有梵文佛经、译文手稿及各国友人赠送的纪念品。东厢房，是玄奘大哥的起居室兼书斋，并有兄嫂二人的塑像。重现当年书香人家、夫妻恩爱的情景。在西厢房内，放置有玄奘所译的经卷线装善本，有译为世界五种文字的《大唐西域记》各种版本，以及玄奘珍贵的墨迹。房内还存放石刻莲花底座，原来上面供奉释迦牟尼佛像，字迹虽经历千年风雨，仍然清晰可见“大唐龙朔二年三藏法师玄奘敬造释迦佛像供养”等字样，现藏于中国历史博物馆。陈家老院的户内迎屏，有弥足珍贵的文物史迹。其中一块刻有“福禄寿三星图”，虽然经历了 1300 年的风雨洗礼，依然清晰可辨，而玄奘取经图、策马西行图线条优美，可见当年玄奘风采。大院有一棵葱茏翠绿的皂角树，旁边现存古井一口，开凿于北齐年间，距今 1400 余年，水质清澈透碧，据说饮此泉水，可益寿延年，人称“慧泉”。玄奘因自幼年饮此水，方智慧早开，聪颖过人。故居后院是陈河村古寨墙及旧遗址。故居后院紧邻一条古朴的老街。当年的痕迹仍依稀可见。后院的子午线左侧，是玄奘母亲宋氏居室，据说也是玄奘诞生之处。后堂为玄奘祖父母的起居室。岁月沧桑，此处已经断壁残垣。但从中仍可了解到当年的陈家气派。后院中如今还保存有唐太宗、唐高宗撰文，书法家褚遂良书写的《大唐三藏圣教序》和序记碑。

故居附近有凤凰谷、晾经台、马蹄泉和玄奘母亲的坟墓等，东南 5 公里处即是千年古刹玄奘寺。寺的西侧，近年来根据小说《西游记》情节，建了“大唐高僧玄奘西游宫”，供游人在娱乐之中感受玄奘西天取经经历的种种场景。周围还有原始社会“灰嘴遗址”、唐恭陵（俗称太子墓）、少林祖庭下院永庆寺，以及东汉蔡伦造纸的遗址——“造纸河”等名胜。另外，当地政府为了吸引更多的游客，还新辟建了一条长 600 米的隋唐一条街，吃、喝、玩、住融为一体，再现了唐初“贞观之治”街市的繁华景象。

石刻唐书皆国宝

——千唐志斋

新安县千唐志斋位于洛阳西 35 公里处的新安县铁门镇西北隅，以珍藏唐及历代墓志石刻一千四百余件而得名，为中国唯一的墓志铭博物馆，全国重点文物保护单位，国家 4A 级旅游景点。千唐志斋博物馆是国家二级博物馆。

志，指墓志铭，是放在墓穴中刻有死者传记的砖石碑刻。它是墓葬断代的佐证，可补史料之不足。千唐志斋的主人张钫，原系国民党起义将领，新中国成立后担任过全国文史馆副馆长，1966 年 5 月病逝。张氏生前酷爱金石书画，一生收集了不少民间志石，尤以唐志为多。1936 年，他在故居铁门镇专门建斋收藏，斋室包括一走廊、三天井，大小拱式砖窑十五孔。外走廊连接“蛰庐”，各天井之间均有过道相通，总面积包含窑顶花区在内，共 560 平方米。建成后我国近代著名国学大师章炳麟（号太炎）曾用古篆为之题额“千唐志斋”，并于尾部附短跋曰“新安张伯英，得唐人墓志千片，因以名斋，属章炳麟书之”，此即其斋名之由来。千唐志斋是研究唐代三百年文治武功和书法艺术的史料宝库，因其丰富的内涵被誉为“石刻唐书”“唐书法演变史”等。

千唐志斋收储的石刻，总数为 1413 件。其中唐志 1185 件、宋志 88 件、明志 30 件、五代志 22 件、西晋志 1 件、北魏志 2 件、隋志 2 件、元志 1 件、清志 2 件、民国志 7 件，墓志盖 19 件，各类书法、绘画、造像、经幢等石刻 54 件。

从书法艺术的角度来赏析千唐志斋，可说是书艺荟萃，令人陶醉倾倒。斋内收存的志石、碑碣、题、跋、条幅、中堂等石刻，从字体来讲，篆、隶、楷、

千唐志斋

草俱全；从风格来看，或笔力遒劲，铁画银钩，或工整精细，典雅端庄，或厚重拙朴，或潇洒飘逸。镶嵌于“千唐志斋”九号室窑壁上的唐代袁公瑜墓志，为唐代著名宰相狄仁杰所撰书。宋代大书法家米芾的珍贵短书石刻对联也收藏在千唐志斋。上联为“瘦影在窗梅得月”，下联是“凉云满地竹笼烟”，还有上下款识，分别为“崇宁元年夏五月”“襄阳米芾”，笔锋流利，沉着痛快，达到了炉火纯青的地步。

这里还藏有元代名书法家赵孟頫所书宣武将军珊竹公神道碑。碑文及铭共23行，满行75字，余一至数十字不等，其书法圆转遒丽，风格和婉，堪称书法艺术上品。生活在明清之间的书法家王铎，曾被清代御封为“神笔王铎”，在千唐志斋中也有他写的两幅巨幅中堂石刻，其笔力深厚，雄健有力。明代大书法家董其昌所书曹丕的《典论论文》石刻也镶嵌在千唐志斋中，字字玲珑剔透，韵清骨秀。

清朝康熙、雍正、乾隆三朝有一批在扬州卖画的“怪”画家，因为他们的绘画风格、思想行为都不合时宜，被人们称为“扬州八怪”。其中最有名的是书画兼通的郑板桥，他画的四扇“风、雨、阴、晴”的竹画和题咏石刻也珍藏在千唐志斋。题咏内容为：

风：幽静一夜雪，疏影失青绿，
　　莫被风吹散，玲珑碎寒玉。

雨：疏疏密密复亭亭，小院幽徨一片青，
　　最是晚风藤榻主，满身凉露一天星。

阴：晨起江边看竹枝，一团青翠影离离，
　　牡丹芍药夸颜色，我以青和得意时。

晴：咬定青山不放松，立根原在破岩中，
　　千磨万击还坚劲，任尔东西南北风。

还有一幅题曰“醒”的单条，题咏是：“昨夜春雷平地起。儿孙都领上青云。”这些画和字，挺拔古秀，无拘无束，潇洒俊俏，独辟蹊径，皆为千唐志斋所独有。指书作为中国书法的一个特殊品种，据考证始于宋代。明清之际指书作品虽然已不少见，但精品并不多。珍藏在千唐志斋中的一幅指画兰草，飘逸欲飞，令不少游客称奇。

每块书画石刻，作者题咏后面大都有宝贵的金石刻印章。特别是民国 12 年张子温（张钫之父）的墓志，系由章太炎撰文，于右任书丹，吴昌硕篆盖，集文章、书法、篆刻三大家于一志，被誉为“近代三绝”，堪属罕见之作。

千唐志斋的书法艺术只是其价值之一。墓志内容虽然是以记述墓主生平为主旨的，但由于志主的社会地位、身份及所处的年代不同，在他们的生平事迹中自然会涉及当时的政治、军事、社会风俗及典章制度等方面的史实。即以唐志而论，自唐初的武德贞观起经天元、天宝览世，以迄中晚唐，包括武则天的改元，安禄山的僭号等重大历史事件，均有所反映，查墓主身份，有贵戚勋臣，也有名流处士，有道观尊师，也有名妇宫女。因此从一定意义上说，千唐志斋可称为一部石刻唐史，无怪乎著名作家姚雪垠观后留诗云：“琳琅皆国宝，文物意义新。千秋应保护，责任在吾人。”

黛眉之谜待人解

——黛眉山景区

黛眉山景区位于洛阳市新安县石井镇境内，北枕中华母亲河黄河，东出小浪底水库，西接三门峡大坝，是河南境内唯一被黄河三面环绕的原始生态旅游景区，规划面积 75 平方公里，为世界地质公园，国家 4A 级旅游景区。

黛眉山，位于秦岭与太行山的过渡地带，反映了华北陆块 8 亿至 12 亿年之间的沧桑巨变，森林覆盖率 95% 以上，最高海拔 1346.6 米，自古以来这里就是人们游山乐水、登高祈福的历史文化名山。黛眉山名字来源于一个美丽的传说。西汉《列女传》记载：黛眉王后姓范名小娥，嫁商汤王为后。汤王得天下就遇到七年大旱。小娥便毅然上黛眉山去修行，为百姓祈福降雨人间。黛眉王后仙逝后，汤王痛不欲生，为了感念黛眉的恩德，颁旨为黛眉王后修建圣母庙，并把她修行成仙的这座通天高山，命名为“黛眉山”。

黛眉山景区由中原独有的云顶花园、北国第一高山草甸、巧夺天工的地质画廊、浩荡壮美的黄河大观四大景观区组成，各类景点达 100 余处。景区内有 16 座相对高度差别不大的山峰，依次为梳妆台、南天门、造钟峰、望乡峰、月老峰、抱犊峰、凤凰岭、燕子峰、金坛峰、睡仙峰、息壤峰、千佛山、万佛山、大独立峰、小独立峰、将军寨，峰上峭石林立，攀路艰难，山顶却开阔平坦，林木茂密，云海出没，犹如仙女琼阁。

天路奇观，是景区的一条山水游线，全长 1000 米，台阶 1688 个，由迎宾栈道、黛眉三潭（洗心潭、清心潭、静心潭）、山涧飞瀑、赤壁丹崖等景观组

黛眉山景区

成。天路两边巨峰对峙，直插云霄，谷深且长，蜿蜒向天，好像一条天路展现在游客面前。将军寨包括好运峡、黛眉兵阵、天使之吻、汤黛之恋和飞来神石。地质画廊全长约 400 米，一路上奇崖怪石、红岩秘洞，高山草甸是中原地区一片难得的草甸，总面积有百万平方米，四季风景如画。

黛眉山山上有黛眉圣母庙，东山底有三圣庙，西山底有柏帝庙。当地的传说中有几大未解之谜，如黛眉仙灯、半夜日出、夏日结冰、悬棺之谜、金洞之谜等。

黛眉仙灯。据清代《济源县志》记载，王屋山不时出现"王屋神灯"。"黛眉仙灯"与其是同一类现象，1988 年 7 月中旬的一天晚上 11 点左右，峪里村不少人目睹了黛眉仙灯的真切的一幕。

半夜日出。在黛眉山一般出现在夏天或秋天晴朗的夜晚，持续时间短则一小时，长则数小时。1971 年 8 月，有人目睹了黛眉山"半夜日出"的奇观。

夏日结冰。《黛眉山遗稿》中写道："黛眉山西北麓下，有石洞，中有水自秋历冬不冻，惟三伏之时及成冰焉。"夏日结冰所处的石洞，又称夏冰洞，这个洞天然形成，深不可测。冬天，此泉上方水汽蒸腾，周围十米内不见雪花。但夏天最热的三伏天，每年均有十天左右，泉水突然结冰，冰层甚厚，暑天过去，冰层尽消，至今不知原因。经化验，夏冰泉的水含有60多种微量元素和矿物质成分。

悬棺之谜。所谓悬棺是指人死后把棺材悬于山崖上，这种悬棺葬多在西南少数民族地区出现，中原地区比较罕见。可是黛眉山鬼谷崖上却有一个悬棺区，有数十具棺木悬于石崖之上，下为鬼谷，森林密布，与四周隔绝。这种悬棺上距山顶约200米，下距谷底则约500米，石壁光滑，常人难以攀登。这些悬棺里面是什么人，怎么悬在石壁上，又用什么来固定，这都成为千古难解之谜。

金洞之谜。据《黛眉山遗稿》记载，黛眉山又名大媚山，山上有大媚洞。但是，自明末以后，大媚洞神秘地消失了。传说大媚洞的消失与李自成以及义军宝藏有直接关系。

“黛眉奇景甲天下，黛眉之谜待人解”。每年农历六月六，传说是黛眉娘娘寿辰吉日，方圆数百里的山民进香朝贺，形成了声势浩大的庙会。这个庙会已成了偏僻山区物资、文化交流的集散地和中心区。黛眉山的风景、传说和庙会，对发展和繁荣山区的旅游、经济和文化起到了促进作用。

十里画廊惹人醉

——老君山风景区

老君山风景区位于十三朝古都洛阳的栾川县县城东南 3000 米处，游览面积 26.7 平方公里，是依托道教名山老君山修建的旅游胜地，也是伏牛山国家地质公园的核心景区之一，为世界地质公园、国家级自然保护区、国家5A级旅游景区。

老君山原名景室山，是秦岭余脉八百里伏牛山的主峰，海拔 2297 米，因西周“守藏室史”李耳（道教始祖，被道教尊为太上老君）到此归隐修炼，而被唐太宗易名为“老君山”。万历三十一年（1603），明神宗诏谕老君山为“天下名山”，并发帑金建殿，老君山成为历史上唯一被皇帝封为“天下名山”的中国山脉，被尊为道教圣地。据传老子写成全球文字出版发行量最大的著作之一《道德经》后，就告别函谷关的关令尹喜，骑着青牛而去，“莫知其所终”（《史记》），后传归隐于洛阳景室山，即老君山。老君山号称“天下无双圣境，世界第一仙山”。距今已有两千多年人文历史，是道教中历史最长的山脉。山上的老君庙、灵官殿、淋醋殿、道德府等庙宇，古朴凝重，香火炽盛，一直是中国北方各省道教信众的拜谒圣地。2014 年，老君山老子铜像被世界吉尼斯总部认证为“大世界吉尼斯之最——世界最高的老子铜像”。

老君山记录着 19 亿年来华北古陆块南缘裂解、离散、增生、聚合、碰撞、造山等构造演化过程，具有极高的科学研究价值。老君山保护区现有国家级保护动植物 102 种，有中草药 830 种被用于中医药的研究与开发，因此老君山也被称为国家中草药基因库。

老君山风景区

老君山风景区有景观区 6 处、景点 179 个，以及太清宫、十方院、灵官殿、淋醋殿、牧羊圈、救苦殿、传经楼、观音殿、三清殿、老君庙等庙宇 16 处。马鬃岭南侧有三千余亩石林景观，被地质学者称为“北国石林”。

老君山最为游人赞叹的是东部的“十里画屏”。人们走在半山腰上的人造栈道上，长达十里上下景色刀劈斧削，犬牙交错，披绿挂红，雄伟壮观，多姿多彩。峰林之间一步一景，步移景换，景景如画，故被称为“十里画屏”。在这里照张相，张张都如同中国最美山水画一般。

山顶太清观始建于北魏，历代重修，唐代尉迟敬德曾监工重修，明朝最为鼎盛，铁椽、铁瓦，金碧辉煌。千百年来，一直是豫、陕、皖、鄂以及东南沿海等地众香客朝拜的中原道教圣地。坐落在老龙窝栈道上的龙吟阁，是听群瀑泉声的最佳地点。溪流从珍珠滩流下，到了龙吟阁下，被山岩拘成湍流快速流入深潭，经过了一系列的缓急冲撞之后，流下了大小十几个瀑布，瀑布水声在涧谷中的回音壁间回荡。中鼎云涌是老君山的一大奇观。云海出现时，云遮千里，雾锁万峰。犹如站在碧波万顷的汪洋大海之中，翠峰隐现似动若静。舍身崖是山顶一个漂亮的自然风光景点。每当日落之时，此处“余辉返照千山色，满峪参差入画中”，诡奇万状的险峰怪石在瑰丽晚霞照映下显示出奇光异景。美丽如画的舍身崖，也流传着一个悲壮动人的故事：民间传说古时山下有一叫春女的孝媳，为给久病的公公、婆母求医，向老君祈祷时许诺用自己的性命报答神灵。果然公公、婆母得到康复，于是春女来到山上，毫不犹豫地从此处跳下深渊。十几个小伙上山找到尸体，越抬越沉，到家门口却看见春女容光焕发走出来，小伙子们被吓跑。后一个白眉毛白胡子的老道士给村民说“此家有孝媳，精诚感天地，黄金赐千两，增寿七十七”，说罢拂尘一扬，丢下黄金化作一缕青烟而去，围观人方知是老君显灵。后人为了纪念春女的孝道，将此处命名为舍身崖。

老君山的最高峰马鬃岭被称为“八百里伏牛山最佳观景地”。站在这里，可以东瞻龙门伊阙，西望三秦古地，南观武当金顶，北眺熊耳逶迤。历代文人骚客对老君山多所推崇，明代诗人谢榛曾慨叹老君山之美“兼泰山之雄伟、华山之险峻、庐山之朦胧、黄山奇峰七十二，君山奇景知多少！”

近年来，根据热门小说改编的玄幻武侠电视剧《诛仙青云志》等在这里选景拍摄，更增加了老君山的神秘和文化氛围。

栾川境内美景多

——重渡沟、龙峪湾、鸡冠洞、鼎室山、白石崖

洛阳市的栾川县距洛阳市160多公里。古时西部山上多鸾鸟，故山名鸾山，伊河名鸾水，地名鸾川。古时“鸾”和“栾”通用，后习称“栾川”。栾川境内南有伏牛山，北有熊耳山，中有鹅羽岭，另有伊河、小河、明白河等河流，山清水秀，植物茂密。随着公路交通的日益发展和旅游产业的蓬勃兴起，一些原来隐藏于深山老林中的新景区不断涌现出来，除有名的老君山之外，其中的重渡沟、龙峪湾、鸡冠洞、鼎室山、白石崖等近些年开发的景区都非常值得一游，从原来的少为人知变为游客蜂拥而至，有的已变成国家的星级旅游景区。

泉清竹翠重渡沟

重渡沟自然风景区位于栾川县潭头镇西南部10公里的熊耳山，距洛阳市118公里，离栾川县城48公里，为国家4A级景区、国家生态示范区、伏牛山地质公园、河南省十佳景区。

重渡沟，因东汉光武帝刘秀二渡伊水至此，摆脱王莽追杀并成就帝业而得御赐之名。有金鸡河、滴翠河、水帘仙宫等景区，景点200余个，其中竹林长廊、水帘仙宫、飞虹瀑布、老龙窝、蟾蜍望乡、泄愤崖瀑布、虬爪潭、锁蛟崖、双叠瀑布、鳄鱼滴泪、双龟弄涛、金鸡谷瀑布、溅珠潭、剑插泉、天井泉、象牙坝等景点尤为壮观。

整个景区分南沟和西沟两大区，南沟飞瀑流泉，突出“水”；西沟秀竹茂林，突出“幽”，景区内竹茂林密，泉水喷涌，落差较大。金鸡河、滴翠河为

重渡沟

常年性河流，即使外面再旱，或滴水成冰，这里依然是碧波翻浪，瀑声震天。景内有千亩竹林，多生于河边路旁，密密层层。翠竹碧水交织，肥鹅壮鸭嬉戏，具有典型的水乡风光，可与蜀南竹海比美，堪称中原一绝。

游客进入景区，可看到路边翠竹林海，走不远便是飞虹瀑布，瀑长 30 米，宽 8 米，瀑前潭水清澈见底，雨后常有彩虹出现，向前行进，到处是溪流淙淙，遍地是山水流淌，岩壁越陡峭的地方，水声越大。从沟底到山顶，共有六道大瀑布。其中锁蛟崖瀑布群，长达百米，根据当地传说中的虬龙寻兄的故事和三个瀑布的大小、形态、声响等，分别称为“虬龙狂奔”“虬龙泄愤”“余怒未消”三个名字。锁蛟崖是一块巨大的岩壁，岩壁在光滑平整中有数块石头凸起，整体看来，还真像一条蛟龙在其上面。

重渡沟之所以吸引游客，还因为这里可以“吃农家饭，住农家屋”。沿着竹林小径，可达每户农家小院。每到周末和节日，游客蜂拥而至，农家小院户户爆满，竹筷、竹碗、竹椅、竹床、竹枕、竹席，游客吃饱睡好，买一听竹水筒挂在腰间，坐上竹篷的毛驴车，铃声叮当，划过竹林的上空。游久了，累了，饿了，景点有“竹筒八宝饭”，就着“橡子凉皮”，坐在沟边的竹椅上，看着瀑布流淌，听着小鸟歌唱，沐浴着阵阵凉风，别有一番风味。

龙峪湾国家森林公园

龙峪湾位于栾川县东南，距洛阳市 150 公里，观赏面积 300 余平方公里，为国家级自然保护区，国家森林公园，国家 4A 级生态旅游景区，并曾获得“全国文明森林公园”称号。

龙峪湾国家森林公园的前身是龙峪湾国有林场，于 1994 年 5 月对外开放。传说龙峪湾古为蛟龙沐浴之地。这里气候凉爽，最高温度不超过 21℃，山巍、水澈、峰奇、石怪、洞幽、瀑壮、泉清，森林茂密、植被原始，园内有植物 1900 多种，中草药 800 多种，珍禽异兽 200 多种，被誉为“自然大空调”，是理想的避暑度假胜地。景区内有黑龙潭、白马潭、仙人瀑布、彩虹瀑布、青龙瀑布、仙人谷、仙人洞、藏兵洞、贞女洞、帽盔洞等 12 个景区 218 个景点。游人去得最多的是仙人谷、黑龙潭和鸡角尖 3 个景区。

龙峪湾国家森林公园

仙人谷是传说太上老君在此修练九九八百一十年修成正果的地方，谷长2.3公里。这里峡谷深邃、壁峭千仞、流泉飞瀑、草茂花香。景区内有连香、暖木、水曲柳等十余种国家重点保护的稀有树种。时常有百鸟鸣唱，羚羊、獐狍、金钱豹、野猪等野生动物出没。谷内有仙人路、仙人桥、仙人洞等景点17处。

黑龙潭因传说有黑龙在此沐浴而得名。黑龙潭分为两潭，上潭为“龙宫”，下潭为“龙泉”，潭中绿水回旋，喷珠吐玉，潭上瀑布奔泻，高数十丈，宽十余米，凌空飞下，水声轰鸣，25米长钢索吊桥横跨潭上，令人叹为观止。潭边有黑龙王庙，为清道光六年（1826）七月所建，是附近乡民祈祷求雨的地方。

鸡角尖又名唱晓峰，海拔2219米，为中原第一峰，势如刀削，奇险无比。游客登3999级石阶至“天外亭”，可东瞰龙门，西望华山，南瞻武当，北眺黄河。鸡角尖上观日出看云海犹如黄山之妙。周围簇拥它的有白云山（海拔1982米）、将军垛（海拔1813米）、玉皇顶（海拔2153米）、护冠峰（海拔2177米）。当代作家李准赞誉鸡角尖“秀压五岳，奇冠三山”。鸡角尖下，据传为太白金星所栽的千年太白杜鹃迎风绽放，花香袭人，花冠如拳，形似钟铃，是目前我国面积最大、树龄最长、花色最好的杜鹃园。

另外，龙峪湾的小华山、白马潭、护萱石、旱莲园、诗歌碑林、原始森林等景区也很值得一游。

“北国第一洞”鸡冠洞

鸡冠洞位于栾川县城西5公里的秦岭余脉伏牛山支脉鸡冠山的半山腰上，海拔1021米，为国家4A级旅游景区，并被评为“河南省十佳旅游景区”。

当地民间传说中，鸡冠山是由偷偷进洞寻宝而被天鹰镇压的雄鸡化骨而成，远望此山，其轮廓极似雄鸡扬冠高啼，故而得名。鸡冠洞就蕴藏于鸡冠山山体之中，山以形名，洞以山名。《栾川县志》记：“鸡冠洞，有四殿，如龙蛇之窟。”新中国成立前“有樵者，结伙秉烛而入”，但大都由于“深幽莫测，惧而返”。1986年4月，当地驻军把电灯安入洞内，外人始得一睹洞中奇观。鸡冠洞长达5600米，其中供观赏长度1800余米，观赏面积2.3万平方米。洞中上下分五层，落差138米，共分八大景区，依次命名为玉柱潭、溢彩殿、叠帏宫、洞天河、聚仙宫、瑶池宫、藏秀阁、石林坊。1993年10月，时年70多岁已退休的新华

鸡冠洞溢彩殿

社原社长穆青观赏了刚开发的鸡冠洞，欣然挥笔写下了“北国第一洞”五个大字。

鸡冠洞属天然石灰岩溶洞，地质学上称之为喀斯特岩溶地貌。专家考证其形成于早、中更新纪，诸多景观早在六七万年前就已定型。洞内峰回路转，曲径通幽，景观布局疏密参差，钟乳石形象各异，姿态万千。洞中石灰质水溶液天然滴凝形成的石柱、石塔、石瀑、石川、石花，布满厅堂四壁，洞中大小景观 368 个，“众仙迎客”“金龟渡仙翁”“斜塔”等造型奇特，形象逼真，俨然一处海底龙宫、童话世界。

世外桃源鼎室山

鼎室山风景区位于栾川县城南 2 公里的鼎室山下，海拔 800 米—2100 米。风景区行程约 10 公里，森林覆盖率 97%，年平均气温 10℃。这里林密、泉灵、石奇、山秀、潭深、谷幽，野果满山，瀑潭相连，宛如一个世外桃源。

鼎室山风景区共分休闲区、原始森林区、观光区。“快活林”“莲花坛”“玉女池”“晒衣石”“彩虹瀑”“处女潭”“夫妻峰”“聚仙谷”“将军潭”等景点密布，一路走来，溪流淙淙、飞瀑直泻、奇石怪状、栈道天成，可谓步移景易。进山途中，不时有兔跃鸟鸣，让人耳目一新，心旷神怡。

鼎室山风景区属于原始森林，有的道路须栈道相辅，方能跨越泉潭，行走其上，颇有探险之韵。这里还有茂密的原始植被，叫不上名字的奇花异草，以及必须低头、侧身才能躲过的山珍野果，加上山中如丝如带的云雾，更增添了它的神秘之感。

风光“三绝”白石崖

白石崖风景区属熊耳山系，位于洛阳市栾川县狮子庙乡境内，自古便以独特的“三绝”风光享誉中原大地。

《栾川县志》记载：“三绝者，一为奇峰，千峰壁削，崖白如银；二为幽谷，峡谷如线，曲幽深邃；三为瀑飞，蔚为壮观。三绝风光，珠联璧合，融为一体，巧绘人间仙景。”

白石崖风景区分为九柱峰、仙人峡、南天瀑和玉泉源四个景区。整个景区内崖秀石奇。二仙迎宾石、八戒石、将军石、寿星石、娘娘石、花轿石、天狗石、海狮石等栩栩如生，玲珑剔透；象鼻山、玉玺壁、玉兔顶、狼牙塔形似神似，惟妙惟肖；白石崖有豫西地区不可多得的岩洞群景观，如老君洞、白蛇洞、云阳洞、白崖洞、仙鹤洞等，钟灵毓秀。白崖石的峡谷长达 3.5 公里，谷两侧对峙山崖垂直高度均在千米左右，安设在钻天峡内崖壁上的铁木混合栈道全长 1830 米，人在天上走，白云脚下飘，号称“黄河流域第一天路”。

白石崖还是各种稀有动植物的繁衍生息之地。以五角峰、迎春花、山核桃等为代表的灌木丛树种不下 10 类，玉兰、海棠、转子莲、夜来香等野生花卉品种在 30 个以上，连翘、桔梗、目株、百合为代表的野生中药材有 40 种之多，香菇、木耳、黄花菜味道鲜美，狐狸、野猪、果子狸、红腹锦鸡等 30 多种野生动物时而引吭高歌，时而追逐嬉戏。因此，白石崖被人们称为豫西南生态旅游黄金线上的新亮点。

避暑胜地天池山

——天池山国家森林公园

洛阳嵩县天池山国家森林公园位于洛阳市嵩县西北部熊耳山区，其中水域面积 10400 平方米，森林覆盖率达 98.57% 以上，被称为长白山天池、天山天池之后的“中国第三大高山天池”，为国家 4A 级旅游景区。

天池山国家森林公园因最高峰王莽寨顶有上、中、下三大自然天池，故名天池山。公园主要由中山（熊耳山）、丘陵和山间谷地构成，海拔 850 米—1859.6 米，年最高气温 28℃。公园内奇花古木众多，动植物种类繁多，植物有 71 科 1800 余种，其中世界珍稀濒危植物南方红豆杉（国家一级保护植物）面积有 7000 多亩，故被称为“天然植物基因库”。另有各种珍奇动物 184 种。

天池景区主要以观赏高山、天池、林海、瀑布为主，有天池、玉女溪、二郎沟、飞来石以及人文景观五大景区。

天池景区是集湖泊、林海、瀑布、天然氧吧为一体的综合性旅游地，观赏面积有 2000 余亩，有中国的第三大高山天池，水最深处达 5 米，落差达 300 米的天池五级瀑布、中国第一水杉林等。

玉女溪全长 3.1 公里，河床床基为花岗岩，两岸石瀑如屏，森林茂密，主要景点有涤烦矶、泻玉喷珠、快意峡、梳妆台、白龟清道、宝箱潭、鲤鱼恋水等。

二郎沟得名于传说二郎神在此打败了恶龙，这里巨石堆积，深潭幽涧。主要景点有双溪潭、龙风瀑、芦塘听瀑、大洞天、小洞天、龙窟瀑、明眸潭、虹桥卧波等。

天池山国家森林公园

飞来石坐落在海拔1400余米的高山之巅，经河南省计量科学研究院专家测量后，最大高度24米，最大宽度21米，最大长度22米，体积7564立方米，重达21558吨，触地面积不足10平方米，可谓当之无愧的“天下第一飞来石”。飞来石下的巨大裸露山体长约百米，酷似“伟人卧像”，躯干清晰明朗，比例均匀，面部神态安祥自然，令人油然想起开国领袖，顿生敬仰缅怀之情。

人文景观以王莽撵刘秀时在此作战屯兵的大寨、小寨遗址，唐朝佛寺以及春秋战国时期的韩王墓为代表。战国时期韩国的韩王墓东依王莽寨，西临青石峡，南登毛圪塔岭，北枕黄阴坡，墓冢长20米，宽14米，高12米。

天池山还有丰富的民间传说和历代文人雅士吟咏书翰，加之亮丽的春杜鹃、夏牡丹、秋红叶、冬雾凇等物候景观。夏天来到天池山休闲避暑，定会使人涤烦解忧，强身健体。

人间仙境白云山

——白云山国家森林公园

嵩县白云山国家森林公园位于洛阳嵩县南部伏牛山腹地原始林区，距洛阳150多公里，总面积168平方公里，为世界地质公园、国家森林公园、国家级自然保护区、中国十佳旅游胜地、国家5A级旅游景区。

白云山原为河南省嵩县五马寺林场，景区横跨长江、黄河、淮河三大流域，地处暖温带与北亚热带过渡地带，一山跨越三大水系，这在国内实属罕见。平均海拔1800米，1500米以上的山峰有37座。最高峰玉皇顶海拔2211.6米，为中原第一高峰，景区内共有动物204种，植物1991种，森林覆盖率达98.5%。

白云山国家森林公园共分为玉皇顶景区、鸡角曼（小黄山）景区、白云峰景区、九龙河谷观光区，以及森林氧吧、白云湖、留侯祠、高山牡丹园、芦花谷五大休闲区，游完全程需3—5天时间。

白云山地处亚热带过渡区，雨量充沛，年降雨量1200毫米以上，现已查明植物种类1991种，其中属国家重点保护的植物有连香、红豆杉、金叶松、水曲柳、银杏、大叶冬青等，被专家学者誉为“自然博物馆”。公园还是国家培植和推广种植日本落叶松的重要基地。园内动物种类繁多，共有陆栖脊椎动物204种，列入国家一级保护动物的有金钱豹、雪豹（艾叶豹）、羚羊、金雕等，列入国家二级保护动物的有麝、红腹锦鸡、鸳鸯、大鲵、勺鸡、水獭等，隶属4纲28目69科，其中兽类约38种，鸟类约37种。

白云山国家森林公园奇峰俊秀，白云悠悠，流泉飞瀑，风光迷人，景象万千，既有北国山水雄伟之态，又有南方山水俏丽之容，被誉为“人间仙境”。

玉皇顶景区主景点是玉皇顶，玉皇顶是白云山的主峰，海拔 2212 米，为白云山海拔最高处，因峰插天宫，顶如皇冠而得名，传说是玉皇大帝欣赏人间美景的站台。玉皇顶地坐六县（嵩县、栾川、西峡、南召、内乡、鲁山），在山顶可俯看连绵不断、波浪起伏的伏牛山的英姿，是中原地区观赏云海日出的好去处。通往玉皇顶的路上有浴仙池、玉皇圣水、玉皇天梯、玉皇门等景点。传说主管各路鬼神的大小神仙进天宫必先到浴仙池洗澡、喝过玉皇圣水后，再登玉皇天梯，来到玉皇门，经门口两侧的神鹰和神兔验明正身后方可朝见玉皇大帝。

鸡角曼（小黄山）景区位于白云山国家森林公园的东南部，群山绵延，岭峰陡峭，在峰顶和光洁的岩壁上，苍松挺拔，状似黄山崇岭，故名小黄山。小黄山海拔 1845 米，站在小黄山上可以看到仙人观海、青龙背、雄鹰展翅、石炮台和万亩原始森林，下山途经一线天、飞来石、天坠石、夫妻石、玉兔拜月、白桦林等风景区。小黄山索道全长 1105.55 米，高差 295.5 米，坐上可俯瞰脚

白云山国家森林公园

下峰峦叠翠，美妙无比。

白云峰景区有七个奇峰，主峰白云峰海拔 2085 米，从白云山观光区路口上行，直线落差有 580 米，沿途可看到一线天、金兔拜月、望夫石、天桥等景点，其中白云峰就是当年白蛇修炼金身的地方，仙山灵气犹存，在这里攀岩探险，可过一次神仙瘾。在隐迹林秀草茂之处，终年云雾缥缈的山洞，就是白云洞，它深 27 米，宽 6 米，顶高 3 米，洞的里面有一小溪常流，且宽敞平坦，内侧有小洞数个。

九龙河谷观光区是白云山主要景区之一，也是白云山水域风光最精彩的部分，行程全长 5 公里，沿线可以看到鳄鱼戏水、金龟晒盖、黑龙潭、上帝十字架、黄龙井、珍珠潭、洞天栈道、白龙瀑布、九龙瀑布等景点。九龙瀑落差 103 米，在瀑布一旁的石壁上天然形成九条龙身岩纹，形似九条巨龙，故得名。上午 9 点到 11 点在太阳光的反射下呈现出七色彩虹，人走虹移，非常壮观。

景区内还有万亩原始森林，树木参天，野花遍地，稀有珍贵动物随处可见，是观赏原始大自然、探讨动物群体结构的一块宝地。

原始林海观“八景”

——木札岭风景区

木札岭风景区，位于河南省洛阳市嵩县车村镇，景区面积125平方公里，森林覆盖率达98.5%，从未有人类活动痕迹的原始森林就有50平方公里，为世界地质公园、河南省首家原始生态旅游区、国家级自然保护区、国家4A级旅游景区。

木札岭风景区地处伏牛山腹地、北温带向亚热带过渡区，秦岭—淮河一线重要地理分界线上，地跨嵩县、汝阳、鲁山三县，海拔950米至2153米，区内山峰险峻，怪石林立。特殊的地理区位，孕育了独特原始和丰富多彩的生物资源，其中包含有国家级保护植物领春木、中华龙鳞榆、石楠藤等1886种，包括金钱豹、香獐、羚羊等在内的高等动物260多种。这里夏季日均气温不超过26℃，是避暑休闲、探幽养生的最佳去处。

景区东西毗邻石人山、白云山两大景区，大致可为九撞沟景区、官帽峰景区、松桦林景区、鲁班岭景区、没大岭景区等五个大游览区，有天河瀑、白龙瀑、鲁班岭、官帽峰等200余个景点。

九撞沟景区。以水为主，共有白龙瀑、三叠瀑、通天瀑、雨花瀑、仙人瀑等大小瀑布9处，形态各异的龙潭、水湖景点多处。其中白龙瀑落差113米，是豫西地区落差最大的瀑布，飞流直下，气势如虹。夏天雨季来临，瀑水轰鸣之声，数里可闻，形似一条巨龙从天而降。故称此名。另有木札石、听瀑台、赏瀑台、灵龟问天、二乐台、玉兔望月、神仙岛、天台、鲁班饮牛处、通天阁、

木札岭风景区

望瀑亭、定河神针、送客松等 40 余处景点。

官帽峰景区。山峰形似官帽，更有逼真的送子观音像，下边有拔地而起的三将军峰；还有栩栩如生的夫妻石像；更有堪称华夏第一、高150米的石马，形象逼真，气吞山河，游人纷纷留影谓之“马到成功”。官帽峰下面的“石鸡”不但形象逼真，据说还可以活动，司晨报晓，千里可闻。“鲁迅坐像”高坐群峰之中，仰视中华大好河山。

松桦林景区。面积达 3 平方公里，四处分布落叶松和红桦树，人到此处，阳光透过松枝照着大地，鸟语花香，天然氧吧，游人无不称奇称美。

鲁班岭景区。以千年古树、奇树为主。该景区为生态完好的 30 平方公里原始森林，其中有少见的暖树，冬天摸之其手温暖；千年青冈四人才能合围；结义树三种树同生一根。这里也是一个中草药天然全库。鲁班顶海拔 2153 米，上面有三棱形的三界碑，是洛阳、平顶山、南阳三市的分界岭。

没大岭景区。以奇山秀水为明显优势，有形似骆驼的骆驼岭、鳄鱼岭、双狮峰、猴王岭、双秀岭、独秀峰、羊角岭等等。

游客们概括了木札岭的“八景”：官帽天成、天河飞瀑、古木幽林、灵石妙趣、流泉映翠、云海仙镜、松桦月影、木楼逸情。赞其“春夏秋冬一年四季景色各异，东南西北四面八方生机盎然”，来这里一游能真切体会到大自然的神秘与伟大。

汝阳杜鹃红遍山

——西泰山

西泰山位于洛阳市汝阳县城南52公里处的伏牛山腹地、汝阳县付店镇牌路村，距洛阳120公里，是黄帝统一天下后大会诸侯的地方，景区面积125平方公里，分布有十万顷野生杜鹃，为中国国家地质公园、中国最美休闲乡村、国家4A级旅游景区。

西泰山，地处汝阳、鲁山、嵩县、汝州交界处，其主体部分在汝阳境内。据《鲁山县志》等史料记载，中古时期，武王灭商后，分封诸侯，周公之长子伯禽受封于鲁阳为侯。为了履泰趋吉，便将鲁阳城北——相传为炎黄会盟之地的神山，命名为“泰山”，年年在此祭天许愿。后来，成王即位，周公受命东征，伯禽随战，占奄（今山东曲阜）之后，伯禽被成王再封于“奄”，为鲁公。迁都于曲阜，史称东鲁，立岱宗为东岳泰山。这样，原鲁阳改为“西鲁”，而原“泰山”也遂被称为西泰山，而“东泰山祭天，西泰山祭祖”也成为中华文明的一个固定的文化形态。2200多年前的春秋战国时期的杰出的思想家、哲学家和散文家韩非子在其《韩非子 · 十过》篇中写到了西泰山，详细描述了炎黄二帝会盟时的盛况：“昔者，黄帝合鬼神于西泰山之上，驾象车而六蛟龙，毕方并辖，蚩尤居前，风伯进扫，雨师洒道。虎狼在前，鬼神在后，腾蛇伏地，凤凰覆上，大合鬼神，作为《清角》。”（见“中国国家图书馆”大清志二十三年刻本《韩非子集解 · 十过篇》）西泰山由此而名满天下。

西泰山景区内有千米以上山峰108座，主峰海拔1599米。原始森林里植被

西泰山

丰厚，生长着形色各异的1700余种植物，生活着258种珍禽异兽。尤其是绵延9公里长的杜鹃花长廊，每年春天花儿竞相开放，红遍山野，灿若云霞。西泰山境内有14条旅游线路，50余个著名景点，现已开发的有炎黄峰、情侣峰、会仙峰、石龙沟4个景区。

炎黄峰景区。面积约25平方公里，有高低山峰9座，拢翠幽谷3道，凝碧溪流3条，天然奇石无数。特别是炎黄峰，外观酷似炎黄二帝。南面头像相对高度140.5米，北面头像相对高度145.8米，高束发髻，慈眉善目。景区内有泰山民居、天然碑林、杜鹃花海、青冈棋峰、羚羊石窟、香炉夕照、西峰月辉、洞天飞瀑和号称“北国第一浴”的玉台瑶池等著名景观。

情侣峰景区。面积30平方公里，山林茂密，植被覆盖率86%以上，杜鹃花面积大，分布密集，中心景观为一处青年男女相对相拥的情侣峰，主要景点有杜鹃岭、情侣峰、情侣谷、多情壁、红心柳、鹊桥、原始森林等。

会仙峰景区。为一处发育完整的花岗岩地貌，被称为天然雕刻奇石大观园。

刻在岩石上的字画和民俗文化村——梨花村为这里平添了浓厚的人文色彩。景点有二指峰、老君峰、骆驼峰、官帽峰、笔架峰、一线天、百寿石、飞来石、红枫坡等 30 多个。

石龙沟景区。特点是山峻、石奇、花艳、水幽、洞美。以风化的花岗岩石块组成丰富多彩的幽洞、奇石，并与潺潺溪水相伴，形成中原地区少有的水、石、洞组合景观。主要有石龙迎宾、鲵跃龙门、龙亭、龙椅、龙宫、玉龙湖、龙赐双喜以及金蛙啸天、金猴抱桃等景点数十处。

西泰山依山建有灰墙黛瓦的西泰山风情小镇，炎黄峰下坐落着总面积 10000 多平方米的文化广场——炎黄广场，设置有雄伟的炎黄组雕、神秘的华夏图腾和巨大的露天舞台，游客们上山累了，晚上可以映着篝火尽情起舞。自 2002 年至今，每年一度的河南汝阳杜鹃花节暨炎黄文化节已成为当地独具特色的文化旅游活动，“洛阳看牡丹，汝阳赏杜鹃”已被游人口碑相传。2023 年“五一”期间，从全国各地来此观看杜鹃的游客车队绵延数十里。

梦成酒仙这里来

——杜康仙庄

杜康仙庄位于汝阳县城北 25 公里处的蔡店乡杜康村，为东周时期中国酒圣杜康造酒遗址公园，建筑面积 5286.96 平方米，为省级旅游景区。

东汉许慎《说文解字》言："杜康作秫酒。"杜康，是我国酿（利用发酵技术制造）酒业的鼻祖、酒神。在中国，上至历代高官，下至黎民百姓，凡喝酒的人没有不知道杜康的。自从三国时魏武帝曹操写过"慨当以慷，忧思难忘。何以解忧？唯有杜康"的绝唱后，杜康酒便被作为解忧消愁的佳酿了。但杜康造酒的地方知道的人并不是很多。据明万历年间《直隶汝州全志》载，杜康村"在城北五十里，俗传杜康造酒处。有杜水，《水经注》名康水"。当年，杜康在此酿美酒献于周王室，被嘉封为"酒仙"，杜康村也被誉为"杜康仙庄"。

为弘扬祖国传统酒文化，汝阳县政府于 1990 年 9 月动工，历时三年，在龙岭和凤岭之间建筑了杜康仙庄。主体建筑仿古设计，为廊院式格局，结构、造型、色彩集汉、唐、宋、明、清之粹，表现了显著的历史、文化时代风尚格局。来到这里，你不仅可以听到许多杜康造酒的美丽传说，还能亲睹古代酿酒作坊遗址、酒窖和过去人们使用的酒器、酿具等。

杜康，夏朝人，曾当过管膳食的庖正。史料中称他"有饭不尽，委余空桑；郁积成味，久蓄气芳；本出于此，不由奇方"，即把吃不完的饭存在桑树洞里，经过自然发酵，变成了气味芬芳的酒，杜康从此得到了酿酒的秘方。这可称为中国曲酒酿造业的发端，距今已有 4000 多年的历史。现在来到杜康村，村民会指给你看一棵“酒树”，说杜康当年就是在此发明了酿酒术。这是一棵颇有年代的古桑，树身又粗又大，裂痕累累，树杈所剩无几，只有一些新发的枝条，显示出它还有些许生机。

古代大凡造酒处都离不开河。杜康仙庄前也有一条清澈见底的杜康河，原称杜水河。《伊阳山川》记载：“杜水河源出牛山，会于伊，长十里，俗传杜康造酒于此，故名。”杜康河横截杜康仙庄，分杜康河西岸和东岸，九曲二仙桥和桑涧桥又将东西两部分合为一体，桥下河水潺潺，清澈碧透，可闻到一种天然的酒香，自源头至杜康仙庄 300 米处，百泉喷涌，清洌剔透，俗称“一里百香”，此水为重硫酸钙型矿泉水，含有 40 多种有益于人体的微量元素，杜康河流经杜康村时穿过一段峡谷，原来叫“空桑涧”，后因杜康用这里的泉水造酒出了名，改称为酒泉沟。酒泉沟约 1 公里长，泉水更是清洌碧透，味甜质纯，地愈旱而泉益旺，天愈冷则水更暖，正可谓“千里溪山最佳处，一年寒暖酒泉香”。最令人称奇的是生长在酒泉沟中的五彩鸳鸯虾，始终两两相抱，蜷腰横行，若离了此地水，很快便会死去。村里人养的鸡鸭，吃了鸳鸯虾，产蛋橘红色，且为双黄，史载杜康村村民过去“进贡蛋而不纳皇粮”。为了纪念杜康，在杜康当年造酒取水处修建了“酒泉”。在石头垒起的圆台上，又用石头凿了一圈护泉栏杆，手扶栏杆向下俯视，则是倒映着蓝天白云的一溪泉水。据说杜康当年用此泉造出的酒，“开坛香十里，隔壁醉三家”。周平王东迁洛邑（今洛阳）后，常为战事忧虑，不思饭食。饮用了杜康造的酒后，即刻振神增食，龙颜大悦，遂封杜康为“酒仙”，杜康村为“杜康仙庄”。

东岸香醇园是园中之园，也是仙庄大山门，河南省社会科学院中国杜康酒文化研究所、中华杜康中国书画研究所、洛阳市爱国主义教育基地就设在这里，环境优雅的观景台就坐落在龙岭之顶，登上此台，杜康仙庄的所有景观尽收眼底。出香醇园，过通云阁，展现在眼前的是一块 3 米见方的酒壁，往下就是一幢仿清重檐复屋天井式的中国酒文化博览中心，从中可以领略到一万多种名酒，700 多种酒器，以及几千年的中国杜康酒文化和杜康酒厂灿烂辉煌的历史。

西岸主要建筑为杜康祠，祠中有象征中国杜康酒源远流长的古金爵，献殿中醉态可掬的饮中八仙，端坐着用汉白玉精心雕塑的高 3 米的酒祖杜康像的酒

杜康仙庄

祖殿，殿内左右两侧的壁画经艺术大师的精心绘制，惟妙惟肖，酒祖殿两侧为碑廊，可一饱李苦禅、李可染、张爱萍、港澳台胞、日本友人等64位名人笔歌杜康、赞美仙庄的墨宝；右边有酒功馆、龙吟亭，左边有酒过馆、凤鸣亭，北边有再现刘伶、阮籍、嵇康等历史风流才子隐居欢乐景象的竹林七贤，依天然之势修建的葫芦湖，贵妃沐浴的知恩亭及象征中日邦交友谊长存的樱花园，南边有横槊赋诗“何以解忧？唯有杜康”的魏武居。酒祖杜康墓，具体地址不得而知，故乡人在一长满小松树的山坡下重修了一座杜康墓，墓址为一圆形土堆，上以青草覆盖，四周有石砌的墓围，墓前有一镇龟石碑，上书篆体大字“酒祖杜康之墓”。

在游览过程中，游人还可听到许多有关杜康酒的传说，如“杜康醉八仙”等，但最有趣的要算是“杜康醉刘伶”了。相传建威将军刘伶一日经过杜康村边，到一家小酒店就餐，看到酒店门口写着一副对联：“猛虎一杯山中醉，蛟龙两盏海底眠。”横批是“不醉三年不要钱”，心中暗笑不服。进店后饭菜未尝，先连饮了三盏杜康酒，不料饮后酩酊大醉，躺在店家水池边一醉三年方醒过来。其遗迹现尚存“刘伶池”，也为后人所造。

“古来酒泉喷玉液，今代杜康味更香。”古老的杜康酒早已失传。1974 年，杜康故乡的人们根据周恩来总理“复兴杜康，为国争光”的指示，先后制造出一系列浓郁芳香、纯正甘美、回味悠长的杜康酒，畅销全国各地并出口远销 50 多个国家和地区，通往杜康仙庄的路边酒坊比比皆是。当然，来这里旅游的人们也都要一品正宗杜康的醇香，体验一下酒仙的感觉。

万物本原究天理

——二程文化园

二程文化园位于伊川县八一路与鹤鸣路交叉口向西300米路北，荆山公园脚下，建筑面积300余亩，它是在北宋著名思想家、哲学家、教育家、理学奠基人程颢、程颐墓园基础上升级而成的综合性文化园林，也是目前中国最大的儒学文化园林，为全国重点文物保护单位、国家4A级旅游景区。

程颢、程颐是我国北宋时期著名的思想家、哲学家、教育家、理学奠基人，为河南府洛阳（今河南洛阳）人。程颢（1032—1085），字伯淳，号明道，世称明道先生，撰有《定性书》《识仁篇》等。程颐（1033—1107），字正叔，世称伊川先生，为程颢之胞弟，其著作有《周易程氏传》《遗书》《易传》《经说》，被后人辑录为《程颐文集》。程颢和弟弟程颐，世称“二程”，他们创立“天理”学说，形成了宋明理学的思想体系。其心物观“心是理，理是心”，说客观事物都是“心”比照的结果。在形神观方面，提出“有是心”，而后才“具是形”（《遗书》），认为只要认识天地间充满了“仁”，就能消除人物界限，达到天人合一。在人性论上，提出人性是理气结合而成的，从理而来的“天命之性”，不论凡圣都具有善质，而从气而来的“气质之性”则有贤和愚、善和不善的分别，因为气有清浊厚薄。尽管如此，但只要“肯学”，“不自暴自弃”，下愚也是能够改变的。在认识论上，二程继承张载的“见闻之知”和“德性之知”的划分，说“见闻之知”是物交物而知。其中“见闻之知”还有亲身经历的“真知”与间接获得的“常知”的差异。二程提出了“存天理，灭人欲”，说人之所以为不善，“欲诱之也”（《二程粹言》卷二）。他们主张通过主一于“敬”和“唯思”等方法来“窒欲”。关于学习，二程提出幼学、深思、积习、自得等观点。二程开辟了中国儒学发展的历史新阶段，是中华思想文化发展的重要环节，对中国思想文化教育产生了深远影响，后来为朱熹所继承和发展，世称“程朱学派”，其学术思想在中国思想哲学史上居主导地位近千年。

2011 年，程氏后裔、河南省中华文化促进会名誉主席、兴亚控股集团董事会主席程道兴和伊川县政府签约，无偿捐赠建设二程文化园。二程文化园景区由三个区域组成，分别是程林祭祀区、程庙纪念区、书院文化区。

位于西侧的是程林祭拜区。“二程”去世后，被后人合葬在今伊川县城西白虎山下，当地人称“程林”。该园建于宋，兴于明清，包含程墓和程祠两部分，由墓冢、享殿、神道、祭坛、老祠堂等部分组成。此区域古柏苍翠、石仪肃然、建筑古朴，是二程文化园作为全国重点文物保护单位的主要保护区域。

中间的程庙纪念区，是整个文化园的核心区域。采用宋代风格修建，共分为五个区域。程庙为三进院落，中轴线上从南至北的建筑有华表、崇礼门、宗师殿、崇理殿、授理殿、藏书楼。宗师殿采用连环画的形式，用 22 个经典故事展示两

二程文化园

位“理学宗师”的坎坷人生，同时采用电视片的形式，生动再现了二程兄弟超世绝伦、卓尔不群的宗师风采。各院落设有配殿，中心院落还设有方形泮池，象征儒家崇尚的学海无涯、学无止境的精神追求。

最东边为二程书院区。根据古代书院的建制要求以及伊川书院的相关典故，重建“伊川书院”一座。书院里，前置“程门立雪”照壁，其后建筑群秉承北方书院端庄严谨的特点，采用严整的四合院式布局，充分与周边园林景观结合，呈现古朴淡雅的风格。重建的“伊川书院”，成为理学思想的研究场所。

二程文化园为纪念二程、研究理学以及弘扬中华优秀传统文化构建了一方文化圣地。这里多次与洛阳市各个学校联合举办研学游、国学课堂等活动，被授予“洛阳理学研究会学研基地”。每年举办庙会，数十种民俗文化活动同时表演，上百种小吃和地方特色饮食文化给游客以精彩的文化体验，为传承和发扬中华优秀传统文化发挥出积极作用。

平顶山市

“应国”故地这里寻

——平顶山博物馆

平顶山博物馆位于平顶山市长安大道与怀仁路交叉口的平安广场西侧，占地面积约 54 亩，总建筑面积 3 万平方米，是一座综合性博物馆，为国家二级博物馆，国家 4A 级旅游景区。

平顶山博物馆设计外形理念源自我国古书竹简的形象，墙体由一片片抽象的竹简构成，造型雄浑大气，古韵盎然，同时也寄寓着博物馆作为文明使者的传播功能。馆舍周围绿树成荫，四季常青，三季有花，两季有果；22 亩的牡丹园里种有 17000 余株牡丹，包含九大色系，一百六十六个品种。

平顶山博物馆馆藏文物 3 万余件，3 级品以上珍贵文物 2000 余件。一层、二层是以鹰城文化历史为背景的平顶山市文物陈列展览区域，分为四个展厅，分别是一层南侧的一号展厅山下故原展厅、北侧的二号展厅应国印象展厅，二层北侧的三号展厅楚汉文明展厅、南侧的四号展厅唐宋遗韵展厅。

第一展厅“山下故原”。展示了平顶山历史沿革的图版、石核、石磨盘、石磨棒、石镰等实物，大约 100 万年前，在汝州市张湾村，人类的祖先就已经在这片土地上繁衍生息；7000 年前，原始先民在郏县水泉创造了先进的农业文明；6000 年前，平顶山境内多地都出现了人类聚居点，并进入了多姿多彩的彩陶文明时代；4300 年前，平顶山境内就有了城市。从旧石器时代的张湾遗址到新石器时代的中山寨遗址、汝州洪山庙遗址和煤山遗址，共同构成了平顶山丰富灿烂的史前文明，同时也使平顶山成为中华文明形成和发展过程中重要的一

平顶山博物馆

页。

第二展厅“应国印象”。分为应国故地、青铜载史、应国遗珍三个单元。展示了古应国文明的传奇，解释了平顶山别称“鹰城”的来由。此厅尤其值得一看的镇馆之宝——玉鹰，是 1986 年在应国墓地 1 号墓出土的一件鹰形玉佩，用新疆上等和田玉雕刻而成。玉鹰的出土揭示了应国先民是以鸟为图腾的氏族，而在古文字中，应国的“应”字与“鹰”字为同一个字，故平顶山别称“鹰城”。

第三展厅“楚汉文明”。分为楚风北渐、汉世民风两个单元。春秋初期，楚国从江汉之地进发，走上了问鼎中原的强盛之路，应国以及周文化范畴的汉淮诸国，均为其所灭。在展厅内，无论是父城故城、叶邑故城的图版，还是孔子、叶公、墨子等历史名人的故事，抑或束腰垂鳞纹升鼎、踞坐铜人、编钟等精美文物和可考证的考古史料，都能印映出这段历史的璀璨辉煌。

第四展厅“唐宋遗韵”。分为名瓷名窑、人文脉度、文集世景、名人名墙四个单元。通过考古发掘成果，集中展示了平顶山是名窑名瓷的“圣地”。到2012 年，全市共发现唐、宋、金、元时期各类窑口 100 多处，其中鲁山段店窑、宝丰清凉寺汝官窑、汝州张公巷窑是典型代表。另外，还展示了一代代艺人、文人所留下的遗迹、遗物及其艺术魅力，昔日集镇人口稠密、工商业繁荣的景象，以及在这块土地上哺育出来的历史名人。

平顶山博物馆三、四层为“生态鹰城，和谐家园”——平顶山城市规划展示馆。三层为印象平顶山、记忆平顶山、辉煌平顶山、规划平顶山和发展平顶山五个展区，四层是解读平顶山、和谐平顶山两个展区。展馆采用大量高科技手段，将数字沙盘、3D 影院、VR 自驾等现代声光电技术融入多项展示环节，是集规划展示、科普教育、特色旅游等多功能于一体的专业规划展示馆。2018 年 5 月 18 日，平顶山博物馆与河南博物院签署战略合作框架协议，成立河南博物院平顶山分院，在收藏、研究、宣传、推介、利用文化遗产，塑造平顶山形象方面发挥了独特作用。

“六大战役”定中原

——中原解放纪念馆

中原解放纪念馆位于河南省宝丰县文峰路中段，建筑面积4800多平方米，是为保存和纪念解放战争时期刘伯承、邓小平、陈毅等老一辈革命家率领中共中央中原局、中原军区、中原野战军等驻守宝丰，指挥中原解放的光辉历史和功绩而建，为国家3A级旅游景区。

据党史记载，解放战争时期，宝丰县曾是中共中央中原局和中原军区所在地。1948年2月，根据中共中央的战略部署，刘邓大军主力从大别山地区转出，5月17日进驻宝丰。邓小平、刘伯承、陈毅等率领中原局、中原军区、中原野战军总部在宝丰半年多时间，办起了中原大学、豫西行政干部学校，召开了著名的宝丰会议，为淮海战役决战做了充分准备。这里成为邓小平、刘伯承、陈毅等指挥中原人民解放战争的“总指挥部”，部署和指挥了宛西战役、宛东战役、豫东战役、襄樊战役、郑州战役、桐柏江汉战役等六大战役，开创了中原人民解放战争新局面。

中原解放纪念馆于2012年6月23日动工建设，2014年7月1日正式开馆。开馆仪式上，刘伯承、邓小平、陈毅铜像同时落成揭幕。展馆的正门向着东南方向，寓意与大别山遥遥相对。展馆大楼外观是魔方的形状设计，象征着共产党人在中原大地扭转乾坤由革命党成了执政党，扭转了世界政治格局。纪念馆共分为负一层和地上两层，高度分别为4.7、4.8、4.9米，蕴含着1947、1948和1949年中国共产党经过三年的浴血奋战，夺取了全国解放战争的最终胜利。

中原解放纪念馆

纪念馆东西长55.5米，寓意为淮海战役歼灭国民党军队55.5万人；南北宽36米，代表着中共中央中原局、中原军区暨中原野战军首脑机关在宝丰召开的三次重要会议、运筹指挥的六大战役。纪念馆主要采用文字、照片、历史实物等形式对中原解放历史和红色革命精神进行集中展示，浮雕墙长60米、高3米，主要展现了刘邓大军转出大别山迁入豫西宝丰，到决战淮海前夕在宝丰发生的大事件，包括召开的重要会议和战斗的场景。基本陈列展览以“千里跃进，逐鹿中原”为主题，共分为6个单元：挺进中原、进驻宝丰、巩固中原、宝丰会议、经略中原、走向淮海。内容主要包括：

千里跃进，逐鹿中原。从1947年6月底开始，遵照中共中央“以主力打到外线去，将战争引向国民党统治区”的战略方针，刘伯承、邓小平率晋冀鲁豫野战军主力千里跃进大别山，实施战略展开；陈赓、谢富治率晋冀鲁豫野战军协助刘邓大军，开辟豫陕鄂解放区；陈毅、粟裕率华东野战军主力挺进豫皖苏边区。三路大军呈“品”字形阵势，互为掎角，紧逼国民党的长江防线，直接威胁国民党的统治中心南京、武汉，使中原地区成为人民解放军夺取全国胜利的基地，也由此揭开了中国共产党与国民党逐鹿中原的序幕。

运筹帷幄，问鼎中原。为彻底粉碎国民党军中原防御体系，1948 年 4 月底，中共中央中原局、中原军区和中原野战军领导机关在刘伯承、邓小平率领下，由淮西地区迁驻豫西宝丰县。从此，宝丰成为解放战争时期中原解放区的首府、中原军区和中原野战军的指挥部所在地，成为中原解放区的“小延安”。在此期间，中原军区先后召开旅以上干部政治工作会议、团以上干部会议、宝丰会议三大会议，中原部队的整党整军转入了以检查团以上领导作风为重点的阶段，组织指挥了六大战役，为淮海战役最后胜利奠定了坚实基础。

薪火相传，光耀中原。为了民族的独立和解放，无数优秀的中华儿女英勇奋战、血沃中原。英魂常眠，丰碑永存。革命先烈的革命精神生生不息、代代相传。主要展示的是中原局、中原军区的主要领导及 7 个纵队的司令员。另外，展示了中原解放战争烈士英名录。1948 年驻宝丰期间在六大战役中牺牲的先烈们，不顾个人生命安危，为中原解放战争做出了不可磨灭的贡献。

满山石人迎游人

——尧山风景名胜区

尧山风景名胜区位于河南省平顶山市鲁山县西61公里处。尧山也称大龙山，是尧的裔孙刘累立尧祠纪念先祖的地方，为天下刘姓发源地，又因山上众多石峰酷似人形，后人又称之为石人垛、石人山。尧山风景名胜区面积268平方公里，为国家地质公园、国家级自然保护区、国家生态旅游示范区、国家级温泉旅游度假区、国家5A级旅游景区。

尧山（石人山）风景名胜区地处伏牛山东段。传说天上的神牛偷饮了玉帝的高级玉液，潜逃到此地，玉帝派遣了75个天神下凡捉拿，摆开了400公里伏牛的战场，伏牛山由此而得名。王母娘娘感念神牛一生耕耘，不辞劳苦，便乘宝轿，率领瑶池神蛙、神龟前来搭救。不料金鸡一啼，惊得王母娘娘弃轿腾云而去，所有的天神将军、白牛、神龟以及宝轿都立地定格，幻化成岩石，永远留在了这里。尧山不仅风光旖旎，而且山中人文胜迹众多。春秋战国时期的思想家墨翟降世于山下，现存墨子故里。汉代开国三杰萧何、韩信、张良曾在尧山屯兵，至今附近还有以三人命名的村落及三杰屯兵遗址。此外还有汉代冶铁遗址、唐代诗人元稹墓、宋代名将牛皋故里等诸多文化古迹。

尧山（石人山）具有华山之险、峨嵋之峻、张家界之美、黄山之秀，奇峰、怪石、山花、红叶、飞瀑、平湖、温泉、云海、原始森林、珍禽异兽以及人文景观构成了完整的风景体系，是旅游观光、避暑、疗养、科研、探险的好地方，主要景观240多处。景区中有库容为7亿多立方米的大型人工湖——昭平湖，能医治多种疾病的温泉群以及始建于元代的文殊寺等。

尧山（石人山）的特点可用5个字概括：雄、险、秀、奇、幽。这里海拔1000米以上的山峰160座，2000米以上的山峰30座，另有200—300米高的石柱40多处。且峰奇石怪，尤以象形山石著称，似狮、似象、似马、似牛；有凌空欲飞的，摇摇欲坠的，旁逸斜出的。它们或拥抱，或并立，或特立独行，或纠结缠绵，或高低参差，或争雄比肩。一步一景，人移景变，酷似一个由仙人组成的奇幻世界。最有名的石景有石人、大将军、观音送子、金龟石、巨蛙峰、凤凰台、王母山等。尧山（石人山）的云海，万顷波涛，恍若仙境。

山上的动植物资源种类繁多，十分丰富。石人山地处亚热带与暖温带分界线上，原始森林茂密，覆盖率达95%，布满青苔的水杉林是冰川遗物，生物学家称之为活化石，被周恩来总理定为国宝。据初步调查，千年古木有15万株以上。仅种子植物就有1211种，其中国家级保护植物有13种，省级保护植物有19种。另有陆栖脊椎动物125种以上，其中国家级保护动物有17种，省级保护动物有14种。金钱豹、艾叶豹、金雕、大鲵、麋鹿、羚羊、水獭、獐子等珍贵动物，

尧山风景名胜区

在这里怡然自乐。山上的瀑布，超凡脱俗，不拘一格。其中60—200米高的瀑布就有17处。有名的瀑布要数白龙潭和黑龙潭。山上四季风光旖旎，景色别致。盛夏，当平原大地上“赤日炎炎似火烧”，气温在35℃—38℃时，这里气温只有23℃—26℃，凉爽宜人。宋代诗人梅尧臣游后曾写下《鲁山山行》，称赞这里的美好景色：“适与野情惬，千山高复低。好峰随处改，幽径独行迷。霜落熊升树，林空鹿饮溪。人家在何处？云外一声鸡。”

到尧山（石人山）游览，最好溯白河而上。河床里布满了大大小小的石头，洁白如玉。顺河向上行数里，山势渐峭，林密草深，不知生长了多少年的水曲柳、铁杉、白松及叫不出名的珍贵树木粗壮挺拔，连成一片，直插云天。各种奇花异草深及腰际，像到了绿色王国。接下来沿山路可达千丈崖、白龙潭、黑龙潭、伴仙居、九曲瀑布、天阶栈道、和合峰、观景台、报晓峰、览胜台、玉皇顶等景点。身体不适合登山者，则可乘索道上山。一路上，游客可看到石人、鸡冠石、白凤凰台、仙人峰、海龟石、青龙背、天书廊、包公奏本、金龟望月、猴子拜观音等著名风景及奇异怪石。如和合峰，据传是和合二仙的化身。和仙法名寒山，合仙法名拾得，他俩是同村生活的情同手足的好朋友，弟弟用积蓄助哥哥说亲成家，当哥哥得知定亲的姑娘是弟弟的恋人时，就悄悄离家当了和尚。弟弟得知后，就离家寻找哥哥，两人相会喜极，相向而舞，就化成今天亲密无间的和合峰，它成了团结和谐、相亲相爱的象征。观景台是一个10米见方的山顶平台，传说是当年伏牛大战时为王母娘娘观阵而筑的。在这里举目四望，昭平湖湖面如镜，烟波浩渺。连绵不绝的群峰，好像大海前推后涌的波涛；近处48座将军峰千姿百态，排列眼前，使人不禁想起伏牛大战时的千军万马。尤其是那高大险峻的大将军、二将军两峰相对，突兀直立，特别突出。

主峰玉皇顶海拔2153.1米，比黄山最高峰莲花峰高出300多米，属400公里伏牛山东段主峰之一，也是河南省森林生态类型自然保护区。玉皇顶观日出日落是登山的游客最向往的事。清晨，太阳像橘红色的火球从广阔无垠的迷雾中迸出，夕阳西下时，西方天际像罩上红色的帘幕，山峦犹如披上了红色的婚纱。当地人常说“登上玉皇顶，一脚踏三县”。它的东面是鲁山县，西北是栾川县，西南是南召县。站在极顶，一览群山小，可充分体验“山是人，石是人，满山石人迎游人，览险峻，观奇秀，休闲避暑游仙境”的奇妙感觉。下玉皇顶后向右盘旋而下可到滑道入口处，这里的滑道可谓天下第一滑梯，2000 多米的花岗岩滑道共分四段，在密林中曲曲折折，顺山而下，一路可领略上山时不易看到的奇险的壮丽风光。尧山（石人山）还是夏季著名的避暑胜地，著名的防霾、疗养胜地，365 天清新空气和洁净的水质吸引着诸多中老年人在此疗养康健。到尧山旅游，还能一睹中原大佛遗像的风采，该大佛高 208 米，法相庄严，耸立在尧山脚下的佛泉寺。面对大山，注目大佛，聆听慧谷禅音会顿感天人合一，心旷神怡！

夜雨潇潇吟苏词

——三苏园景区

三苏园景区位于郏县城西北 23 公里处的“小峨眉”山下，这里安葬着宋代大文学家苏轼、苏辙两兄弟的遗骨和其父苏洵的衣冠，为全国重点文物保护单位，国家 4A 级旅游景区。

三苏指苏轼、苏辙兄弟及其父亲苏洵，眉州眉山人（今属四川）。苏轼是中国北宋文学家、书画家。父苏洵、弟苏辙都是北宋著名散文家，三人均在“唐宋八大家”之列。苏洵（1009—1066），字明允，号老泉，以文章显名于世。历官秘书省校书郎、霸州文安县主簿。苏轼（1037—1101），字子瞻，号东坡居士。自幼受父亲的熏陶和母亲的严教，以“澄清天下”为己任。嘉祐二年（1057）苏轼考中进士，初任河南福昌（今伊川西）主簿，后因与王安石政见不合，被罗织罪名诬陷为“谤讪朝廷”，贬谪黄州，后移汝州。从此，苏轼在宋朝政坛上几起几落，曾出知杭州、颍州，官至礼部、兵部尚书，也曾遭贬徙惠州、儋州。苏辙（1039—1112），字子由，与兄苏轼同科进士，初任渑池县主簿。在政治上与兄苏轼共进退。官至尚书右丞、门下侍郎。绍圣年间（1094—1097）落职汝州，复择雷州安置。晚年筑室于颍昌（今许昌市），称颍滨遗老。

苏辙于绍圣元年（1094）出知汝州，其间，苏轼由定州南迁英州，便道于汝，与弟相会。苏辙领兄游观汝州名胜，见莲花山余脉下延，“状若列眉”，酷似家乡峨眉山，就议定以此作为归宿地。建中靖国元年（1101），苏轼暴病卒于常州后，家人遵其遗命，于次年迁葬郏县。政和二年（1112），其弟苏辙卒于颍昌（今河南许昌），其子将之与苏轼葬于一处，称“二苏坟”，以践二人生前“夜雨对床”之约。苏洵本葬于眉州眉山故里。元至正十年（1350）冬，郏城县尹杨允到苏坟拜谒，认为苏轼、苏辙的学问都是其父苏洵教育的结果，遂置苏洵衣冠冢于两公冢右。这样，原来的二苏坟就成了三苏坟。其后，苏轼子孙相继安葬在这里。1969 年当地的生产队浇灌农田时发现了被水冲开的苏辙之次子苏适夫妇墓穴，发掘出来的墓志铭上写着“……宣和五年十月晦日，合葬于汝州郏城上瑞里先茔之东南巽隅……”，后经苏学界专家考证，确定了三苏葬郏的事实。

三苏园景区

三苏园景区主要由东坡湖、广庆寺、三苏祠、三苏纪念馆、东坡碑林、东坡中年布衣塑像、金娃迎宾道、苏仲南夫妇墓、梁氏墓和三苏陵园等景点组成。

三苏陵园，总面积 14800 平方米，坐北向南。步入陵园大门，首先映入眼帘的是一座一丈多高、两丈多宽的红石牌坊。坊柱上镌刻着苏轼《狱中寄子由》诗的“是处青山可埋骨，他年夜雨独伤神”两句。碑林中二十多块古老的石碑刻载着“三苏”的业绩。在“三苏”中，以苏轼文学成就最为显赫。其诗、词和散文都代表北宋文学的最高成就。苏轼诗风豪迈清新，尤长于比喻。与黄庭坚并称“苏黄”；苏轼的词题材广泛，名作有《念奴娇》《水调歌头》等，开豪放词派的先河，与辛弃疾并称“苏辛”；苏轼散文如《石钟山记》《放鹤亭记》等与《赤壁赋》《后赤壁赋》同为传诵名篇。苏轼与欧阳修并称“欧苏”，是“唐宋八大家”之一。文学思想强调“有为而作”，崇尚自然，摆脱束缚。苏轼还擅长行、楷书，与黄庭坚、米芾、蔡襄并称“宋四家”；苏轼在绘画方面画墨竹，师文同。诗文有《东坡七集》，词有《东坡乐府》等。清代王文诰有《苏文忠公诗编注集成》。

穿过碑林，便是飨堂，系宫殿式建筑。这是专供历代官员文人来此凭吊祭祀的地方。殿内殿外的墙上布满了赞颂“三苏”的碑碣。过了飨堂，便是祭坛，面积约40平方米，正面是“三苏”陵寝，东北西南，斜形排列，苏洵居中，墓碑刻文“宋老泉苏先生墓”。苏轼居东，墓碑刻文“宋东坡子瞻苏先生墓”。苏辙居西，墓碑刻文“宋颍滨子由苏先生墓”。传说，历代附近的不少秀才举人进京赶考之前，都要到这里祭奠一番，求得苏学士庇佑高中，并用手帕蒙住眼睛，从祭坛起步，去摸苏东坡墓前的香炉，谁摸住了，谁就能金榜题名。

“三苏”陵寝西南20米处，一字排列着六个坟墓，只有一个墓碑，葬的是苏轼的六个孙子。苏轼的子孙们受其熏陶，在文学上都有一定的造诣。特别是他的三儿子苏过，才思敏捷，在郾城当过县令，苏轼死后，遂家颍昌（今许昌），营湖阴水竹数亩，名曰“小斜川”（今许昌苏桥），自号“斜川居士”，著有《斜川集》二十卷，在文学上称为“小坡”，盖以苏轼为“大坡”也。“三苏”陵寝院内外遍植柏树，郁郁葱葱，参天蔽日，有“苏坟柏树数不清”的说法。

广庆寺、三苏祠坐落在陵园西南300米处，前寺后祠，占地6903平方米。广庆寺是专供和尚和管理坟院人习经、居住的地方。大门为南天门，入大门是天王殿、大雄宝殿，三苏祠殿在最后。三苏祠殿建于元代至正年间，距今已有600多年的历史。内有“三苏”彩色塑像，苏洵居中，拄着檀香木拐杖，苏轼、苏辙左右分侍。在陵园之南、寺院之东，还有两座坟墓。一座是苏辙的长子苏迟夫人梁氏的墓，一座是苏辙次子苏适夫妇的合葬墓。

“苏坟夜雨”是郏县的八景之一。历代官府和群众在苏坟植柏树的活动有记录的就有十多次。其中清初顺治十一年（1654）正月十五日，一次就植1170棵。每当夜深人静时，山风穿林，摇抖枝叶，犹如哗哗雨声，故有“青山夜雨”或“苏坟夜雨”之称。1992年3月郏县县政府举办了首届“三苏文化节”；2002年8月，来自海内外的专家、学者及苏氏宗亲200多人齐聚郏县，隆重纪念苏轼葬郏900周年，并举行了苏轼学术研讨会。三苏园已成为人们游览、纪念、研究“三苏”，弘扬中国古代文化的一个重要场所。

知青运动发源地

——广阔天地大有作为纪念馆

广阔天地大有作为纪念馆位于河南省郏县广阔天地乡吴堂村，占地面积约34亩，主体建筑面积2200平方米，为展示当年广大知青在农村“广阔天地、大有作为”的历史真貌而建，其所在的知青园景区被评为国家3A级旅游景区。

1955年，河南省郏县大李庄乡组织32名回乡知青参加农业合作化工作，在全国开创了青年知识分子参加农村工作的先例。毛泽东主席对《在一个乡里进行合作化规划的经验》一文亲笔批示：“一切可以到农村中去工作的这样的知识分子应当高兴地到那里去，农村是一个广阔的天地，在那里是可以大有作为的……”从而引发了一场波及全国、震撼世界的知识青年上山下乡运动。1968年7月15日，原属大李庄乡的大李庄、吴堂、杨庄3个大队从渣园公社划出，成立“广阔天地大有作为人民公社”。1984年恢复大李庄乡，1993年改广阔天地乡。在当年那场运动中，大李庄乡作为知识青年上山下乡运动的发源地，以特殊的地位成为知识青年心目中的圣地。除了32名返乡知青，从1968年开始到1982年止，他们还先后接纳了郑州、洛阳、许昌、北京等地6批插队知青共668名，到村里与农民同吃同住同劳动。其中不乏后来在全国具有较高知名度的代表人物。如卢忠阳，返乡知青，历任中共第九次、第十一次党代会代表，十大、十一大中央候补委员；薛喜梅，1968年插队知青，曾任第四届全国人大常委会委员、团省委副书记、公社副书记兼大李庄大队党支部书记；程虹，著名学者、国务院原总理李克强的夫人。当时可谓村村有知青、家家有故事，历

广阔天地大有作为纪念馆

史的积淀，形成了丰富的知青文化。

为了纪念毛主席批示，展示知青文化，2001 年郏县就筹建了知青纪念馆，2010 年，纪念馆进行改造升级，2012 年 12 月正式建成广阔天地大有作为纪念馆对外开放。纪念馆由展厅、放映厅、接待室、购物厅等几部分组成，通过上千幅图片、400 件实物，结合雕塑、文字、声像等，以纪念毛泽东批示为主题，以“广阔天地、大有作为”为主线，全面展示 20 世纪六七十年代知识青年生产、生活在“广阔天地、大有作为”的历史真貌，再现“知青运动的圣地”“知青运动的发源地”的历史风云，记录了一代知青为建设社会主义新农村艰苦奋斗的历史事实。纪念馆共有六个展厅，陈展分为四部分，即广天缘起（展示大李庄经验、毛主席批示、知青运动发端）、广天风云（展示公社成立、首批知青落户广天）、广天洗礼（展示知青战天斗地、参与建设的历史风貌）、广天展望（从广阔天地看全国，展示全国知青群体的精神风貌）。

为了弘扬毛主席关于知识分子走与工农相结合道路的光辉思想，发展乡村旅游，郏县近年来又筹建了面积为 6 平方公里广阔天地知青园，包括广阔天地大有作为纪念馆、广阔天地博物馆、毛主席批示手迹碑、毛主席塑像、70 年代新农村样板房、知青游乐园、知青之家、知青旧居、知青坝、知青井、知青之家、知青桥、知青厂等景点。

寄情“治淮第一坝”

——石漫滩国家森林公园

石漫滩国家森林公园位于河南省平顶山市舞钢市南部龙泉路，是依托石漫滩水库建立起来的国家水利风景区，面积约 190 平方公里，为国家 4A 级旅游景区。

石漫滩水库位于舞钢市境内的淮河上游洪河支流滚河上。始建于 1951 年，是新中国在淮河上游修建的第一座水库，当时为均质土坝。水库坝址以上流域面积 230 平方公里。1956 年、1959 年两次扩建加固，总库容 0.92 亿立方米。1975 年 8 月 5 日至 8 日，当年的 3 号台风导致河南省境内的洪河流域发生历史上罕见的暴雨和洪水，人称“75 · 8”大洪水。在石漫滩上游的暴雨中心——板桥水库附近的林庄，6 小时雨量为 830 毫米，超过了当时世界最高纪录（美国宾夕法尼亚州密士港）782 毫米；最大时 24 小时雨量为 1060 毫米，也创造了我国同类指标的最高纪录。在暴雨中心处，用当地老百姓的话来讲：“雨像盆子里的水倒下来一样，对面三尺不见人。”在林庄，雨前鸟雀遍山坡，雨后虫鸟绝迹、死雀遍地。在上游的板桥等水库纷纷溃决后，石漫滩水库 5 日 20 时水位开始上涨，至 8 日凌晨 0 时 30 分防浪墙顶过水深 0.4 米时，大坝漫决。库内 1.2 亿立方米的水量以 2.5 万—3 万立方米 / 秒的流量在五个半小时内全部泄完，下游田岗水库也随之漫决，从而酿成了震惊国内外的人类水利史上的一次大的灾难。据由水利部原部长钱正英亲自作序的《中国历史大洪水》一书披露，河南省有 29 个县市、1700 万亩农田被淹，1100 万人受灾，超过 2.6 万人死亡，致使京广线铁路冲毁 102 公里，中断行车 18 天，影响运输 48 天，直接经济损失近百亿元。1991 年，在国务院治淮会议上，决定将石漫滩水库复建工程列入“八五”治淮骨干工程计划。1992 年石漫滩水库按百年一遇设计、千年一遇校核。1993 年 9 月 15 日开工，1996 年年底基本完成。1998 年竣工验收。复建后的石漫滩水库是具有工业供水、防洪除涝、灌溉等效益的综合利用工程。水库总库容 1.2 亿立方米，防洪库容 0.52 亿立方米，年供水 0.33 亿立方米，灌溉农田 3666 公顷。其中大坝全长 650 米，最大坝高 39.5 米，最大泄水量 3927 立方米 / 秒。

为了充分发挥水库效用，当地于 1998 年开始建设国家森林公园。公园以龙泉湖景区为轴心，以九头崖、天池景区为两翼，沿二郎山、马鞍山、五峰山、螃背山、旗山、九洲等景区而汇成的四条旅游线辐射四周，共 76 个景点。主要有石漫滩水库大坝公园、二郎山景区、天池山景区和九头崖景区。

石漫滩水库大坝公园。这是以拦河大坝——治淮第一坝为中心建设的主题公园。人们广为流传的“水淹柳州城，禹王斩三龙”的故事就发生在这里。进

石漫滩国家森林公园

入公园，人们首先会为治淮第一坝的雄伟而赞叹，同时会注意到大坝东边用水泥雕塑的一张大日历，日期定在 1975 年 8 月 8 日，这就是人们为永久记住那场惨痛的灾难专门立的“75 · 8”警世碑。另外，游客在这里还能看到大坝飞瀑、水史展览馆，复建纪念碑、明珠碑、碑林，以及曲桥观鱼、烟波洞、禹王洞、亲水亭等景点，乘坐快艇、游船在水库上游乐，观看“逐烟波于四时，赏彩霞于朝暮”的美丽景色。晚上游客还可以住在公园的小木屋别墅里，享受水库边清爽的空气，聆听水中青蛙和树上小鸟的叫声，情寄修建这座大坝的建设者。

二郎山景区。位于石漫滩水库沿岸，是石漫滩国家森林公园的主景区之一，占地面积 12 平方公里，因著名的神话故事“二郎担山逐日”而名。相传古时候有一年天上出现了 12 个太阳，把人们辛苦种的庄稼都晒枯黄了。有个叫二郎的小伙子从附近山上砍了一棵千年古树作扁担，把太行山的 10 多座小山装进两只大筐，先后挑着赶上了天上的 11 个太阳，把它们压在了山下。后走到石漫滩时，由于劳累一个闪失，扁担眼儿挑穿，两山落地，从此形成二郎山。至今二郎山两座山腰上还有扁担戳的空洞，一边一个，非常对称。二郎山建有二郎庙，供奉有二郎神的塑像。游客来此可听娓娓动听的风物传说，饱览田园风光。

九头崖景区和天池山景区分别位于石漫滩水库南部和东南的 10 多公里处。天池山景区分为天池、官平院两大部分，景区内有 111 个景点，36 处古迹。这里奇峰突兀，气势壮观，远眺层峦叠嶂，云蒸霞蔚；近听鸟语欢唱，泉水叮咚；九头崖景区与驻马店嵖岈山景区隔山相望，总面积 50 多平方公里，景区内有 128 个景点 27 处古迹。8 洞 2 泉，主体景观九头崖，九峰并立、巍峨壮观。十七瀑布和滴水崖瀑布或娇柔含情，或惊涛咆哮。蝴蝶泉、碧波潭错落有致。哑巴洞、神仙洞、对眼洞、送子洞有关的神话传说引人入胜。另有少女梳妆、和尚骑骆驼、抱儿盼夫、鸳鸯龟等山石景物，造型逼真，惟妙惟肖，美不胜收。

风穴古刹比少林

——风穴寺

风穴寺位于汝州市区东北 9 公里处的中岳嵩山少室山南麓风穴山中，具有江南园林风格，总面积约 50 余亩，为全国重点文物保护单位，国家 4A 级旅游景区。

风穴寺又名香积寺、千峰寺、白云禅寺，始建于东汉初平元年，后经北魏、唐、宋、金、元、明、清历代重修与扩建，曾与白马寺、少林寺、相国寺齐名，被称为“中原四大名刹”。风穴寺背山向阳，寺院北有紫霄峰，侧有紫云峰、纱帽峰、香炉峰、石榴嘴峰等 9 条山脉逶迤相连，朝向寺院，有“九龙朝风穴，连台建古刹”之誉。现有唐、宋、金、元、明、清等历代建筑百余间，70 余座塔。现存主要建筑有天王殿、中佛殿、悬钟阁、藏经阁、七祖塔等。在中原四大名寺中保留下诸多唐、宋、金、元、明、清的建筑遗存，为中国建筑史上留下厚重的实物资料，被古建专家誉为中国的古建博物院。

风穴寺依山势而建，高低错落有致。全寺从前到后分成两进院落。一进院包括山门、天王殿和前殿。二进院包括中佛殿、东西配殿及后面的毗卢殿。东侧还有地藏殿和观音阁。西侧还有钟楼和藏经阁、七祖塔。由毗卢殿后拾级而上，断崖上开一岩洞，传为宋人吴几复隐居读书之地，故称吴公洞。寺后西北峰巅是风穴寺最高的地方，上有一亭，登亭远眺，汝州景物尽收眼底，名曰望州亭。寺院外面有塔林三处。

中佛殿面阔三间，进深三间，建造于金代，明清两代曾多次重修。该殿

风穴寺

造型飞檐挑角，古朴雄伟，殿内原有一组彩塑，正中塑释迦牟尼像，后有背光，左右列二弟子、二菩萨，塑工精细，姿态各异，形象逼真。殿内还有后汉古碑一座，碑文记载风穴寺创建时间，非常珍贵。七祖塔是风穴寺中现存的最早建筑，为唐开元二十六年（738）建造，已历经1200余年沧桑，据记载，风穴寺在隋末被毁，唐开元年间，贞禅大师募化重修。他继达摩之后传授禅宗，死后门徒建造此塔，将其舍利放在塔内。塔高27米，为九层方形砖塔。塔身自下而上由细变粗，至中部又由粗渐细。塔顶有刹，形似覆钵，上有法轮、宝盖，犹如火焰升起，别具一格。该塔古朴秀丽，庄严大方，千余年间历经风雨雷电，仍傲然屹立，是全国现存100多座唐塔中保存最为完整的几座之一。

由七祖塔向西数十步，过一偏殿，便来到位于寺院西南角的悬钟阁。整个阁楼为重檐歇山式造型，建在4米多高的石台之上，巍峨壮观，面阔进深各三间，明朝万历年间重修。沿石阶窄梯上楼，只见阁内8米高的木架上，高悬铁铸大钟一口，重达800多公斤，为宋宣和七年（1125）所铸。钟体铸有清晰的铭文和规整的八卦图案，工艺精细，与金殿、唐塔堪称古寺三宝。该钟铸造精致，声音洪亮，“风穴钟声”为汝州八景之一。

毗卢殿，位于中佛殿后面，面阔五间，进深三间，为明代建筑，单檐硬山式，雕梁画栋，雄伟壮观。殿内有佛像三尊。殿前有一月台，台的四隅雕有神态各异的石兽，生动活泼，栩栩如生。三处塔林分别在寺的东、西、南面，有元、明、清各代的和尚墓塔83座。佛塔林立，星罗棋布，塔形各异，有的为四方形，有的是六角形和八角形；有的高达十几米，有的仅有1米高；有的用青砖砌成，有的用青石建造，是河南省仅次于少林寺的第二处较大的塔林。

风穴寺内碑碣林立，上自五代时（950）的《风穴千峰白云禅院记》，下至宋、元、明、清碑刻，或记事，或赋诗，草、隶、篆各体具备，其中不少是艺术珍品。此外，有珍珠帘、大慈泉、玩月台、升仙桥、翠风亭、银屏风、吴公洞、望州亭等八大奇景，还有小龙门、石龙门、洗凤尾、东山仙人靴、西山一尊佛、半云巢、无心处等72小景。纵览河南几大名寺，少林寺有山无水，白马寺无山无水，风穴寺则有山有水。故游过风穴寺的人甚至说“若论风穴胜，应在少林前”。

安阳市

说字传义大荟萃

——中国文字博物馆

中国文字博物馆位于河南省安阳市人民大道东段656号，是经国务院批准的一座集文物保护、陈列展示和科学研究功能为一体的国家级专题博物馆，是中华汉字文化的科普中心，也是中国首座以文字为主题的博物馆，为全国科普教育基地，全国和河南省爱国主义教育示范基地。

中国文字博物馆是一组具有现代建筑风格和殷商宫廷风韵的后现代派建筑群，馆名由江泽民题写。博物馆分两期建设，已于2009年11月16日建成开馆的一期工程占地81亩，建筑面积22700平方米，包括主体馆、字坊、广场等。已开工建设的续建工程占地175亩，建筑面积68300平方米，包括文字文化研究交流中心和文字文化演绎体验中心等。博物馆门前屹立着高大的字坊。字坊高18.8米，宽10米，取甲骨文、金文中“字”字之形。通向展馆的主干道两旁，是由28片极具代表性的青铜甲骨片组成的碑林，隐含了殷商时期最具代表性的两种元素——甲骨文和青铜器。

中国文字博物馆共入藏文物4123件，其中一级文物305件，涉及甲骨文、金文、简牍和帛书、汉字发展史、汉字书法史、少数民族文字、世界文字等多个方面。整体布展分为序厅、基本陈列、专题陈列和特别展览四个部分，共8个展厅，向公众全面展示汉字的起源、发展和演变历程。

序厅位于一楼大厅，整体设计隐含了传统文化中天圆地方的理念，序厅四周的四面浮雕分别展示了中国文字载体发展史、中国书法发展史，以及一片甲

中国文字博物馆

骨惊天下和少数民族文字大家庭的盛况。

基本陈列为“中国文字发展史陈列”，以世界文字为背景，以汉字为主干，以少数民族文字为重要组成部分，荟萃历代中国文字样本精华，讲解中国文字的构形特征和演化历程。“字法自然”，主要展示仓颉造字的传说和远古刻画符号；“甲骨纪事”，主要展示商周甲骨、商王占卜的场景、甲骨文造字规则等。“钟鼎千秋”，主要展示商代、西周和春秋战国时期的青铜器和金文。

“物以载文”，主要展示以简牍、帛书、陶器、玉石、货币、玺印等为载体的先秦文字。“文字一统”，主要展示刻石、青铜器铭文、玺印、秦隶等与秦代文字统一和演化相关的文字文物。“由隶到楷”，主要展示汉代的简帛、玺印、汉魏石刻等反映由隶书向楷书转化的文字文物。“说字传义”，主要展示历代字书、汉字教育、汉字标准化、简化改革和汉语拼音方案等内容。展览以翔实的资料、严谨的布局、科学的方法和现代化的展示手段充分展示中华民族一脉相承的文字、灿烂的文化和辉煌的文明，同时反映华夏文明与中国语言文字的研究成果，具有普及性和学术性双重使命。

专题陈列“一片甲骨惊天下”，以翔实的资料向观众全面展现了安阳殷墟甲骨文的发现、发掘和研究历程。

特别展厅主要展示各类书法及书法介绍。在众多展厅中，中国文字发展史第一展厅主要介绍汉字的出现及演变；第二展厅主要介绍金文的出现及发展；第三展厅主要介绍隶书的发展及演变；第四展厅主要介绍我国少数民族的文字及发展；第五展厅主要介绍文字载体的发现及演变。另外设置了甲骨学堂和互动与影像厅。

甲骨学堂是传承汉字文化的公益性社会教育活动阵地。学堂综合利用博物馆汉字教育资源，结合中国传统节日和汉字文化背景，持续开展丰富多彩的汉字教育活动，充分发挥中小学生第二课堂的作用，为广大青少年学生提供便利的汉字文化学习空间和教育服务。近年来，甲骨学堂先后在馆内外举办汉字教育活动近800余场，吸引了近3万多个（次）家庭参与活动，特别受到青少年学生和家长的青睐。

互动与影像厅让人更直观地了解到我国文字的发展及演变，设置了包括缤纷汉字、猜字谜、数字化汉字、文字载体展示等 10 多个互动游戏，使每个参观者随着中国文字的发展而前行，感受中国文字的生命力、凝聚力和影响力。

中国文字博物馆填补了我国语言文字类博物馆建设的空白，对我国文字、文化、文明的传承、保护、研究和发扬具有重要作用。

殷商故都藏品多

——安阳博物馆

安阳博物馆位于安阳市文明大道东段 436 号（安阳市图书馆博物馆综合大楼），是一座综合性地方历史博物馆，为国家二级博物馆。

安阳古称相、殷、邺、邺都、相州、彰德等，简称殷或邺，是国家历史文化名城，中国八大古都之一。公元前 257 年，“安阳”一名始见于史册。先后有曹魏、后赵、冉魏、前燕、东魏、北齐等建都于此。安阳市博物馆成立于 1958 年，是河南省内成立较早的地市级博物馆之一，原址位于河南省安阳市洹水北岸的袁林。袁林建于 1916 年至 1918 年，是北洋军阀、中华民国总统袁世凯的墓地。2008 年 12 月 25 日安阳市博物馆搬入现址，2010 年 3 月 18 日，由“安阳市博物馆”更名为“安阳博物馆”。现有馆藏文物万余件，包括甲骨、玉器、金属器、陶瓷器、货币、书画及近现代文物等十几个类别，时间上起旧石器时代，下迄现代。

安阳博物馆占地 102 亩，建筑面积 20000 余平方米，展厅面积 5000 余平方米，库房面积 2600 余平方米，共有 8 个文物库房、7 个展厅，博物馆的常设陈列都在大楼的二、三楼。博物馆虽然不大，但由于安阳是殷商的故都，历史悠久，文物众多，所以馆内的藏品也是非常具有特色和值得一看的。

安阳博物馆举办有“安阳好——安阳历史文物展”“安阳瓷器陈列”“殷墟发掘照片展”等陈列。

“安阳好——安阳历史文物展”是一个大型的基本陈列，它以安阳深厚的

安阳博物馆

历史背景为基础，以安阳地区的科学发掘成果和历史研究为凭借，通过安阳各个历史时期的400余件出土文物，努力向观众展示安阳这片土地上各时期的社会状况，力图收到知源悉流、鉴古资今的效果。

“安阳瓷器陈列”。中国是一个瓷器的国度，安阳又是中国八大古都之一。从安阳这片大地上生产、使用和流传的瓷器中，可以部分感受到中国悠久灿烂的瓷器文化。陈列大致以时间和工艺为序，分为商至北朝隋时期、隋唐五代时期、北宋时期、金元时期。展览有安阳桥隋墓出土相州窑青釉瓷器、宋磁州窑白釉黑花瓷枕以及乾隆年间瓷器的佳品“乾隆款粉蓝釉铺首衔环瓶”等。特别是商代的“玉戈”，是商代玉器中的珍品，在殷商玉器中较为罕见。

“殷墟发掘照片展”。1928年10月13日，董作宾先生受中央研究院历史语言研究所委派，赴河南省安阳小屯村进行了第一次殷墟发掘。从此直至1937年6月，先后在小屯、后冈、侯家庄、大司空村等地进行了15次考古发掘。这是中国考古学史和世界考古学史上的一件大事，也是20世纪中国学术史一个重要的里程碑。这一阶段的殷墟发掘，不仅取得了丰富的考古材料，而且留下了许多珍贵的图像影像、田野记录、工作日志以及来往书信等，成为今天研究 20 世纪中国考古学萌芽与发展的重要资料。安阳博物馆依据李永迪、冯忠美先生编辑出版的《殷墟发掘照片选辑 1928—1937》，精选了其中部分图片，展示出 90 年前殷墟发掘的故事。

另外，安阳博物馆还先后在馆内外举办了“殷商社会生活史”“安阳青铜器”等不少有特色的专题展览，制作了“馆藏书画艺术作品展”“安阳民间收藏展”“版上天地——馆藏安阳地区木刻版展”“流过往事——南水北调中线工程河南段文物保护成果展”等数十个专题展览。2018 年还在北京石刻艺术博物馆举办了“纸墨寿金石——安阳博物馆藏金石拓片展”。通过展示 34 组中国古代碑刻、青铜器的拓本，展现我国从商代到唐宋汉字发展演变的历程，介绍拓印这一中国独有的传统技艺，让更多的人了解辉煌与灿烂的中华文化。

甲骨文载千年史

——安阳殷墟

殷墟位于安阳市西北郊洹河两岸，是中国商王朝（约前1300—前1046）都城遗址，也是中国历史上有文献可考并为甲骨文和考古发掘所证实的最早的古代都城遗址，为世界文化遗产，全国重点文物保护单位，国家5A级旅游景区。

据历史文献记载，约公元前1300年，商王盘庚举族由奄（今山东曲阜）迁徙于此，至纣王（帝辛）亡国，整个商代以此为都，共经8代12王，273年。商灭亡后，这里逐渐沦为废墟，故称殷墟，距今已有3300多年的历史。

殷墟的发现还有一些传奇色彩。早在清朝光绪年间，安阳市的小屯村村民在田间耕作时时常翻掘出一些骨片，把骨磨成粉状，敷在伤口处有止血、镇痛作用，当地郎中统称其为“龙骨”，药店收购用来治疗疟疾和创伤，一斤仅值六文钱。清光绪二十四年（1898）冬，山东潍县（今潍坊市）古董商范春清从河南安阳购得许多“龙骨”，作为珍贵药材贩卖到京师的达仁堂。次年，在京任国子监祭酒的金石学家王懿荣到药店抓中药时惊奇地发现“龙骨”上有纹道，或像人或像兽，经仔细研究考证，系远古图像文字，多记载商代帝王之名，“始知为商代卜骨”。他追踪寻源，曾与古文学家罗振玉、《老残游记》作者刘鹗一起找到这位古董商，高价买知“龙骨”的真实产地，并从中释出商代的先公和商王名谥，证明其为商代甲骨，从而证实这就是古文献中记载的殷墟，从此“殷墟”引起世界瞩目。

从1928年至今，殷墟经过80多年的发掘，一座座地下“档案库”被陆续打开。

殷墟规模巨大，长约 6 公里，宽约 4 公里，总面积约 24 平方公里。总体布局以小屯宫殿宗庙区为中心，沿洹河两岸呈环状分布，是一座开放形制的古代都城。这里有雄伟壮阔的宫殿宗庙基址、等级森严的王陵大墓、星罗棋布的居住遗址、家族墓地群，密布其间的手工业作坊，以及以甲骨文、青铜器、玉器、陶器为代表的丰富的文化遗存。它们构成了殷墟独特的文化内涵，展现出殷商王都的宏大规模和王者气派。

殷墟宫殿宗庙区位于洹河南岸的小屯村东北，西距小屯村 200 余米，南北长约 1 公里，东西宽约 0.65 公里，是殷墟最重要的遗址和组成部分。目前，已发现夯土建筑基址 80 余座。这些建筑是殷墟都城全盘规划、布局结构的中心，体现了中国青铜时代都城建设的水平，其都邑建设布局、规划原则承前启后，在中国城市建设史上占据着重要地位。该区还分布着为数众多的甲骨窖穴遗迹。共出土甲骨 16 万余片，甲骨文总字数有 160 余万个，单字 4500 多个，能认识和鉴定为汉字的有 1700 多个。这些甲骨的内容极为丰富，涉及商代社会生活的方方面面，被称为人类历史上最早的“档案库”和“百科全书”。

殷墟王陵区位于洹河北岸侯家庄西北岗、武官村北面的高地上，与宫殿宗

安阳殷墟

庙区隔河相望。东西长约450米，南北宽约250米，总面积约11万平方米，分为东、西两区。自1936年起，这里共发掘13座王陵大墓（包括1座未完成大墓）和数千座陪葬墓和祭祀坑。被学者推测为殷商后期盘庚至帝辛12王的陵墓，对确立殷墟的王都地位具有重大意义。

后冈遗址位于高楼庄北地。1934年，著名考古学家梁思永到这里发现了著名的仰韶文化、龙山文化、殷文化的三叠层遗迹，解决了三者的年代顺序问题，轰动了中外学术界。

在以小屯为中心的殷王都周围，还密布着许多族邑、手工业作坊和家族墓葬群，出土的遗物非常丰富。

殷墟发现的大量都城建设遗迹和丰富的文化遗存，具有“都市、文字和青铜器三个要素”，对全面复原殷代社会历史具有重要意义。著名历史学家郭沫若先生称：“殷墟的发现，是新史学的开端。”并赋诗云：“洹水安阳名不虚，三千年前是帝都。”“中原文化殷创始”，“观此胜于读古书”。为了使更多的人了解殷墟，1987年在古老的安阳市洹水岸边修建了殷墟博物苑，占地6万多平方米。苑中建筑由著名的古建筑家杨鸿勋设计，严格地构筑在原建筑的遗址上。不仅展现了殷代王宫殿堂的布局与建筑，而且还具有园林特色，是集考古、园林、古建、旅游为一体的胜地。

苑门是根据甲骨文象形字“门”字设计，朱墨雕彩，古朴典雅。门额苑名由著名历史学家周谷城先生题字。苑门与苑内的仿殷宫殿式建筑浑然一体，宏伟壮观，现已成为殷墟博物苑的主要标志，古都安阳的特殊象征。

仿殷大殿位于殷墟博物苑中部宫殿宗庙区最南端，东西长31米，宽13米，坐北朝南。四周有回廊，廊柱上雕刻殷代图案。全部建筑采用木结构，四坡顶，顶上用茅草铺盖。殿内是殷墟和甲骨文展厅，以及复制的豪华的商代大马车。

仿殷阁楼。位于殷墟博物苑北部，坐西朝东。基址南北长24米，宽8.2米。在其上仿建成的殷代二层楼阁，可供游人登上观看博物苑的景色。妇好享堂位于殷墟博物苑西南隅。妇好是商代第二十三代王武丁的配偶，据卜辞记载，她曾多次帮助武丁出战远征，功绩显赫，死后谥号“妣辛”。国王武丁为祭祀妇好，在其墓圹上修建了被甲骨卜辞称为“母辛宗”的享堂。1976年，妇好墓被发掘，出土随葬品有青铜器、象牙杯、石器、玉器、兵器等1700多件，其中许多是前所未见的。这是殷墟科学发掘以来发现的唯一保存完整，且能与甲骨文相印证而确定其年代和墓主人身份的商代王室成员墓葬。

殷墟车马坑。殷墟博物苑展出了6座殷代车马坑和道路遗迹，车马坑分别是在安阳刘家庄北地、南地和孝民屯东地发掘的，商代道路遗迹是在滑翔学校南地发掘的。这几座车马坑保存基本完整，具有较高学术研究和展示价值。它证明我国是世界上最早发明和使用车的文明古国之一，同时也反映了奴隶社会残酷的杀殉制度。

后母戊鼎。1939年出土，通高1.37米，长1.1米，宽0.77米，重达875公斤。这是到目前为止发现的殷商青铜器第一重器，用铜、锡、铅3种元素熔成的青铜合金铸成，集中体现了殷商晚期冶铸业的技术水平和生产能力。

甲骨碑林。博物苑精选了30片甲骨，按原片放大契刻在石碑上，形状“如甲似骨”，排列错落有致，正面为甲骨文，背面有与其相对应的释文（汉字），内容涉及殷代社会的政治（奴隶逃亡和刑罚）、军事、农业、天象、历法（迄今发现最早的日历）、生育、疾病、吉凶梦幻、鬼神崇拜、田猎、贡纳和祭祀等多方面的商史知识。

殷墟作为人类宝贵的文化遗产，为商史研究提供了丰富的实证资料，为世人瞩目。

中原官宅映历史

——马氏庄园

马氏庄园位于安阳市西部20公里处的西蒋村，是清末头品顶戴、广西广东巡抚马丕瑶的府第，被学者称为“中州大地的封建官僚府第建筑标本”“中原官宅”。占地面积20000多平方米，其中建筑面积5000多平方米。为全国文物保护单位，全国红色旅游经典景区，国家4A级旅游景区。

马丕瑶（1831—1895），字玉山，安阳县西蒋村人。咸丰八年（1859）中举人，同治元年（1862）中进士。他为官30余年，曾任山西平陆、永济知县，解州知州，太原知府，山西按察使，山西布政使，贵州按察使，广西布政使，兵部侍郎，都察院右副都御史，广西、广东巡抚等职。因其在位期间政绩突出，忠心报国，实心爱民，被老百姓称为“马青天”，光绪皇帝赞他为“百官楷模”。病逝后光绪帝亲撰祭文，诰封其为“光禄大夫”“威武将军”。马丕瑶的长子马吉森先后创办了安阳广益纱厂（今安阳豫北纱厂）、六河沟煤矿（今峰峰矿区），开创了近代河南民族工业之先河；次子马吉樟是光绪九年（1883）进士，曾任翰林院编修，国史馆协修，湖北按察使、提学使，民国总统府秘书等职，是当时的书法家，曾多次掩护革命党志士，资助大批有志青年出国留学。三女马青霞（1877—1923），光绪帝诰封“一品诰命夫人”。她积极追随孙中山先生，投奔革命，是中国同盟会会员，民主革命家、教育家、社会活动家、辛亥革命女志士。一生乐善好施，酷爱教育事业，有“北青霞”之美名。孙中山先生曾赞誉她为“巾帼英雄”，并为她题写了“天下为公”四个大字，鲁迅先生也曾

马氏庄园

称赞她“才貌双全”。

马氏庄园建于清光绪至民国初年，前后营建近 50 年之久。主要建筑现存基本完整。建筑群主要由北、中、南三区组成，共分六路。庄园建筑全为砖木结构，灰瓦盖顶。屋顶多为硬山顶式，另有悬山及平顶等。其建筑特点既有北京传统四合院特色，又有中原地方民间建筑特色，还兼有山西雕刻艺术特色。另一显著特点是，无论正房还是配房大多有前廊，有的则前后带廊，形成廊廊环绕，院院相通，尤其是雨雪天便于行走。周围附属建筑还有马氏义庄、座庄、文昌阁、马厩、仓库、柴草库、马氏祠堂以及北、中、南三座花园等。整个庄园设计合理，布局严谨，主次分明，左右对称，前低后高，错落有致，气势宏伟壮观。该庄园于抗日战争初年归为公有，历为学校和粮站使用。解放后当地政府数次拨巨款进行了全面维修，基本上恢复了原貌。这里可以说既是一部集儒学、建筑、风水、书法、楹联等中国传统文化于一体的百科全书，还是一处记载中国近代百年风云的历史见证，清末慈禧太后、光绪皇帝曾在这里下榻；解放战争年代，刘邓大军曾在这里设临时司令部，现已成为一处闻名遐迩的旅游观光景区。

马氏庄园的主要景点有马丕瑶旧居、马吉森旧居、马青霞旧居、慈禧和光绪的下榻处、刘邓大军旧址等。

马丕瑶旧居在中区中路的最后院的正房，它是一座面阔五间的两层楼房，高台基，前有廊，硬山顶式，内楼梯。上下层匾额均由马丕瑶亲撰，曰“澹远楼”“修身堂”，楹联“一等人忠臣孝子，两件事读书耕田”亦由马丕瑶编撰。马吉森旧居位于马丕瑶旧居楼之东，符合“长子居东”的习俗。它和马丕瑶旧居楼雷同。其底层前额正中镶嵌有仿苏东坡笔迹的“德有邻堂”巨型木匾。马青霞旧居也称马家绣楼，与马吉森旧居楼同处一院，位于东厢，三间硬山顶式楼房。底层前额正中镶嵌有仿苏东坡笔迹的“思无邪斋”大型木匾。

光绪二十六年（1900）8月15日，八国联军攻入北京，慈禧太后与光绪皇帝及包括马吉樟在内的一班护驾大臣仓皇逃往西安避难。翌年，由西安返京。光绪二十八年（1902）1月1日抵达彰德（安阳），慈禧太后下榻马氏庄园位于中区中路的第三进院正房，这里曾是马丕瑶继母杨氏晚年的旧居。该厅木隔扇上还篆刻有“眉寿无疆”的字样。

1947年6月中旬，刘邓大军出晋东南上党地区，进入豫北地区，司令部就设在马氏庄园。刘伯承司令员和邓小平政委分别下榻于中区西路的第三进院东、西厢房。1947年6月22日的“鲁西南作战会议”就在此院的堂屋召开，这次会议对解放战争的进程起到了很大的作用。

马氏庄园里的不少门旁边都有楹联，每个房间都有故事。如马丕瑶告诫子孙的一段话：“多读有用书，少交无益友。一敬胜百邪，一诚包万有……”，很多游人看后都感触颇深。由此看来，无论治国还是治家，多读书、尊敬人、讲诚信，应是基本的道理。今人游览马氏庄园，不光能欣赏其特色建筑，也能从中感悟到优秀的中原传统文化及历史。

藏精集粹万佛沟

——灵泉寺石窟

灵泉寺石窟位于安阳县西南的善应镇南坪村南的宝山之麓，距县城30公里。因这里依山遍刻石窟，是全国最大的高浮雕塔林，亦称万佛沟，游人感到此处与洛阳龙门有相似之处，又称其为“小龙门”，为全国重点文物保护单位。

根据史书记载，灵泉寺是东魏高僧道凭法师于武定四年（546）创建，因建于宝山上，当时叫宝山寺。隋文帝（581—604年在位）时赐名为“灵泉寺”。灵泉寺石窟始凿于东魏武定四年（546），止于宋代（960—1279）。现有东魏至宋代的石窟造像、摩崖石塔200余处，并有北齐双塔和唐代双石塔。唐时这里高僧云集，为北方佛教圣地，称“河朔第一古刹”。东西长1公里、南北宽0.5公里的万佛沟两山石窟佛龛达170处，其中北山东南侧有106处。这些石窟从东魏武定四年（546）开凿，到宋末历时700余年，其中以大住圣窟和大留圣窟为最。

大住圣窟居于宝山南侧石灰岩断壁上，开凿于隋开皇九年（589），石窟高2.6米，宽3.4米，面积约58平方米。门呈圆拱状，两侧各立一守门神，一为迦毗罗神王、一为那罗延神王。这两尊浮雕神像，各占一龛，身躯魁伟，顶盔掼甲，手持剑叉法器，脚踏牛羊，高大威武，从人物各部位的比例关系来看，都恰到好处。左边的右手执剑，右边的左手执剑，两者左右呼应对称，有趣的是右侧者面部向身体左侧略偏，右手举过肩伸二指，看上去有与对方正在谈话之势。其服饰和飘带雕刻的线条流畅，具有丝绸纺织的效果，无意中反映了当时我国

灵泉寺石窟

古代纺织技术的水平。门额上方凿一佛龛，内雕一佛二菩萨。进入石窟，顶部为斗底状，浮雕一巨大的莲花藻井，4个飞天围绕，飘飘欲动。窟的左、中、右三壁，分别雕有弥勒、药师和阿弥陀佛坐像，东西两壁各雕坐佛7尊，前壁也线刻有坐佛7尊、24幅佛教故事及大量的佛经，主要有《叹三宝偈言》《法华经》《胜鬘经》《大集经》等，对研究隋唐佛史及书法有重要价值。其他石窟虽然较小，但造像石刻也都比较精美。塔龛造型精致，样式各异。

大留圣窟位于寺东0.5公里处的岚峰山西侧的断崖上，由道凭法师开凿于东魏武定四年（546），坐东向西，窟内进深4.44米，宽3.78米，高3.5米，全窟面积约35平方米。唐代汉白玉佛像三尊，一为释迦牟尼，一为阿弥陀佛，一为弥勒佛，躯体雄浑高大，雕琢光洁柔美，此洞又称为三圣佛洞。可惜的是佛头均在早年被盗。

万佛沟作为佛教圣地有自己的独特之处。这里的崖上洞窟，摩崖石刻都是灵泉寺的附属部分，最具特色的石雕浮图群，共有浮雕石塔200余座，堪称中国最大的高浮雕塔林群，可以与嵩山少林寺塔林相媲美。灵泉寺万佛沟按年代编排，可看出塔式的沿革，是研究古代建筑史、石刻艺术史、佛教史的珍贵文物。

精忠报国后人颂

——岳飞庙景区

岳飞庙景区位于河南省汤阴县城内岳庙街86号，是后人为纪念南宋抗金名将岳飞，依托岳飞庙而建，占地6400余平方米，为全国重点文物保护单位、河南省爱国主义教育示范基地、国家4A级旅游景区。

岳飞（1103—1142），南宋抗金名将，民族英雄，字鹏举。湖北西路相州汤阴县（今属河南）人。20岁从军，32岁擢节度使，累官至太尉、宣抚使、枢密副使，力主抗金，曾四次举兵北伐。绍兴十一年（1142）一月二十七日遭投降派秦桧、高宗杀害，年39岁。其子岳云和部将张宪也惨遭杀害。宋孝宗即位后为岳飞平反昭雪。

安阳汤阴是岳飞故里，岳飞庙原名精忠庙，也称“宋岳忠武王庙”，始建时间无考，今址是明景泰元年（1450）重建。历代曾多次作修葺、增建，是一处保存完整的明清古建筑群。岳飞庙景区外廓呈长方形，布局严谨、建筑精湛、殿堂雄伟、亭廊秀丽、古柏参天、碑碣林立。景区主要包括岳飞庙和岳飞纪念馆。

岳飞庙现有殿庑建筑90余间，庙内建筑有精忠坊、山门、正殿、施全祠、碑林、肃瞻亭、观光亭、御碑亭、贤母祠等。

精忠坊是岳庙的头门，建于明正德七年（1512），是一座建造精美的木结构牌楼。它由六根大木柱托起五间屋顶，在古建筑学上被称为“三间六柱五楼柱不出头”式。坊之正中阳镌明孝宗朱祐樘赐额“宋岳忠武王庙”，两侧八字墙上用青石碣分别阳刻“忠”“孝”两个大字，为明万历年间彰德府推官张应

岳飞纪念馆中岳飞雕像

登所题。字高 1.8 米，遒劲端正，格外醒目。穿过精忠坊，便是坐北向南的岳庙山门。两侧各有石狮一尊，山门檐下一排巨匾，上书“精忠报国”“浩然正气”“庙食千秋”，是当代书法家舒同、楚图南、萧劳的笔迹。明柱上嵌有当代文学家魏巍撰书的楹联：“存巍然正气，壮故乡山河。”山门石阶下跪着五具铁铸像，是谋害岳飞的奸佞秦桧、王氏、万俟卨、张俊、王俊。他们双手反剪，千古罪人的丑态，与整个庄严的庙貌形成鲜明的对照。跪像身后有施全举剑怒目对秦桧等人的铜像一尊，造型生动逼真。两侧悬有一副楹联：“蓬头垢面跪阶前想想当年宰相，端冕垂旒临座上看看今日将军。”

拾级入庙，古柏苍翠，碑碣林立。两道高大的碑垣把这里辟作东西两个小院。院中各有亭子一座，东曰“肃瞻”，西曰“觐光”。在林立的 200 块碑刻中，有明清帝王谒庙诗篇，其中著名的有朱元璋、乾隆、徐达、董其昌、海瑞、何绍基等人的碑刻，是一个书法艺术宝库。

岳庙的主体建筑正殿，面阔五间，长 18.30 米，进深三间，宽 11.60 米。殿门楣上悬有五块巨匾，其中“百战神威”和“忠灵未泯”分别为清帝光绪和太后慈禧所题。正殿中央为岳飞彩塑坐像，高丈余，英武魁伟，正气凛凛。上悬“还我河山”贴金巨匾。坐像两侧镶嵌张爱萍将军题写的楹联“朱仙镇血战丧敌胆，风波亭长恨遗千秋”。四周墙上悬挂着不少颂扬岳飞的书画墨宝。大殿两侧的东西庑中，一处塑造了岳飞的一生经历，配以壁画，使游者尽览岳飞的生平；一处塑造了岳飞的子女及张宪等人的忠烈形象，配以文字图画，深刻地揭示了岳飞修身、齐家、治军保天下的德行以及他的后代、卒将效忠宋朝的历史。

正殿后院，依次是寝殿、岳云祠、四子祠、岳珂祠、孝娥祠。寝殿里塑有岳飞和夫人李氏的坐像，他们均着便服，饮茶闲叙。墙壁上镶嵌石刻岳飞草书诸葛武侯的前、后《出师表》，寝殿两侧东西廊庑，有岳云、岳雷、岳霖、岳震、岳霆等塑像。孝娥祠内塑有岳飞三女儿的形象，据史书记载，三女孝娥 12 岁时，得知父被害，咬破手指，写血书向皇帝辩冤，被奸党阻抑，遂抱银瓶投井身亡，又称银瓶小姐。塑像文静典雅，活泼可爱，两目生辉，天真无邪。有对联赞其“虎女甘随亲入地，娥眉不与贼同天”。

汤阴县岳飞纪念馆（新馆）位于岳飞庙东部，共有三层，建筑面积 10061 平方米，包括地下一层和地上两层，陈列布展面积 6500 平方米，分为生平厅、瞻仰厅、岳家军厅。瞻仰厅有新立的岳飞雕像，高 8.6 米，基座高 3.9 米，宽 1.1 米，重 86 吨，由清华大学雕塑系副教授李鹤设计，是目前国内最大的室内岳飞花岗岩雕像。生平厅主要以文图等形式展示岳飞的军事思想以及“忠、孝、文、武、公、廉、俭”精神。主要展览内容分为“英雄出世”“砥柱中流”“恢复山河”“碧血丹青”“冤狱昭雪”等几大部分。另有历代名人对岳飞的评价及岳飞精神在当代的体现，还有岳飞相关文学作品和民俗艺术品展出。岳家军厅则运用现代数字化技术对岳家军历史进行动态展示。岳飞的庙宇在全国各地颇多，多是从祭祀瞻拜的角度出发，展示岳飞的事迹、精神等，专业的岳飞纪念馆过去还未见到，此岳飞纪念馆（新馆）是将爱国主义教育和个人修养教育相结合的首创。

汤阴岳飞纪念馆近年举办有岳飞庙原状陈列“岳飞史迹陈列”“岳飞手书碑陈列”“歌颂岳飞书画陈列”“汤阴出土文物展览”等，是向人们进行爱国主义教育的好课堂。

文王拘而演《周易》

——羑里城

羑里城位于汤阴县城北 4 公里，为古时殷纣王囚周文王处，是我国历史上自有文字记载以后第一座国家监狱，“文王拘而演周易”历史典故即源自于此，为国家级重点文物保护单位，国家 4A 级旅游景区。

羑里城遗址别称文王庙，此处蕴含丰富的龙山至商周时期的文化遗址，厚达 7 米的文化层断面清晰，依稀可见远古时期人们居住、生活的情景。据史书记载，早在商代末期，国君纣王荒淫残暴，上下怨恨。当时商的诸侯国西周，国君姬姓，名昌（其子周武王在其去世后追封其为文王，故史称周文王），他在封地有计划地发展生产，社会比较安定。中原一带靠近西部的奴隶不少向西周逃亡，这种情况引起了纣王的疑虑。当时昌和九侯、鄂侯一起，任商朝三公。九侯有好女，入之纣，九侯女不喜淫，纣怒杀之。继而杀九侯、鄂侯，昌听说后私下叹息不满，崇侯虎知之，以告纣，昌被纣囚于羑里。殷纣王以种种野蛮手段对其进行侮辱和折磨，而姬昌强忍悲痛，发愤治学。囚禁 7 年，他将伏羲的先天八卦改造为后天八卦，进而推演为六十四卦并系以卦爻辞，完成了《周易》这部千古不朽的著作，这就是著名的“文王拘而演周易”的故事。出狱后昌即献洛西之地，请纣去炮烙之刑。旋伐黎、邘、崇等国，剪除商的羽翼。又向东迁都于丰邑（陕西西安西南），此时周的势力已非常强盛，所谓“三分天下有其二”，为后来武王灭商打下了基础。

周文王被拘羑里城期间，推演《周易》（又称《易经》）。《周易》分为《经》

羑里城景区周文王塑像

《传》两部分。《经》主要是六十四卦和三百八十四爻，并各有卦辞、爻辞加以说明，为占卜之用。六十四卦，是以六个一组的“—”与“--”构成的。“—”象征阳、刚；“--”象征阴、柔。因此，“—”称作“阳爻”，“--”称作“阴爻”。在六十四卦的后面，是“卦辞”，是推演六十四卦的解说。卦辞后面是爻辞，是解说六爻中的每一爻的。《传》是解释卦辞、爻辞的七种文字，共十篇，称为“十翼”。翼有辅助的意思，意即辅助解释《经》。《周易》以阴阳的变化来说明宇宙万物的一切现象。它通过占筮来启示天道、人道、地道的变化规律，几乎涵盖了人类社会的全部内容，它提出“刚柔相对，变在其中”的富有朴素辩证法的观点，其哲理为后世崇仰深究，并被列为中国儒家学派尊崇的典籍五经之首。

姬昌去世 12 年后，其次子姬发率大军大败殷军，灭殷建周，自称武王，尊父为文王。后人在羑里城修建文王庙来纪念他。现在的羑里城遗址，是一片高出地面约丈余的土台，南北长 105 米，东西宽 103 米，面积有万余平方米。现存建筑系明嘉靖二十一年（1816）重建。台上有文王庙，坐北向南，另有演易坊、山门、周文王演易台、古殿基址，还有“周文王羑里城”、“禹碑”、“文王易”等碑数通。

演易坊在城台的南下端，是一座青石牌坊，上镌楷书大字“演易坊”。山门前两侧，各有碑石一通。西侧巨碑上刻“周文王羑里城”6个如斗大字。东侧方碑，则是著名的“禹碑”（又作《岣嵝碑》）。拾级而上，参天的古柏布满了庙院。大殿位于羑里城正中，重建于1993年，歇山重檐式建筑，规模恢宏，气势雄伟，是文王庙的主殿堂。大殿里供奉着周文王的铜像，院内西侧便是演易台，重建于1994年。相传这里是西伯姬昌被囚演易之所。上下两层，均是3间，楼高13米，建在1米多高的砖石台基上，门额上阳镌“演易台”三字。台上有文王正在推演《周易》的塑像，形象地反映了文王当年被囚时精心推演《周易》的情形。大土台下还有一个小土丘，相传是周文王大儿子的坟，唤作“吐儿冢”。据说当年残暴无道的商纣王听人说周文王会预测未来，就把周文王的大儿子杀了煮成肉羹让周文王喝。心想如果周文王有预测能力，就不会喝，就把周文王杀掉；如果喝了证明他不会预测。周文王明知是自己儿子的肉羹，但为了江山社稷，忍痛喝了下去。待监视的人走后，喝下去的羹全部吐了出来。后人在此堆起一个土冢，取名吐儿冢。

羑里城庙院中林立的碑刻均是明清以来的帝王、文武官员以及文人学士颂扬文王的诗、赋、篇章。其中最为引人瞩目的是“文王易”碑，上镌《周易》六十四卦及其释卦辞文，是研究《周易》的重要实物资料。

人造天河绕太行

——红旗渠风景区

红旗渠风景区位于林州市北部豫、晋、冀三省交界处，距市区 20 公里。它是依托 20 世纪 60 年代林县人民在太行山悬崖绝壁之上修建的被世人称为“人工天河”的红旗渠，而建起的集“雄、险、奇、秀”为一体的自然风景区，是国家重点风景名胜区、国家水利风景区、国家地质公园、全国重点文物保护单位、全国红色旅游经典景区、全国爱国主义教育示范基地、国家 5A 级旅游景区。

到红旗渠风景区游览，你会充分感受到人类战天斗地的大无畏精神。据修建红旗渠的领头人、原林县县委书记杨贵回忆，修建红旗渠之前，“全县共有 6 万公顷耕地，只有 600 多公顷水浇地，其他耕地全是靠天种植。大旱绝收，小旱薄收，种麦面积很小，亩产仅有七八十市斤，秋粮也不过百把斤，群众仍然过着糠菜半年粮的贫苦生活。全县 550 个行政村，就有 305 个村人畜吃水困难，有的跑 5 里、10 里去取水，还有的跑更远路程去取水。一到干旱年头，井旁的人和水桶排成了长队”。据《林县志》记载，从明初到 1920 年的 500 年间，发生严重旱灾 20 多次，形成人吃人的有 5 次。为了改变历史上的这种缺水状况，为人民群众造福，从 1960 年 2 月至 1969 年 7 月，林县人民在县委的领导下，发扬愚公移山的精神，开始修建“引漳入林工程”，在山西省境内的平顺县石城镇侯壁断下设坝截流，将漳河水引入林州。经过 10 年奋战，克服了重重困难，前后动员 310 万群众，用了 4000 多万个劳动日，在太行山悬崖绝壁上逢山凿洞、遇沟架桥，削平了 1250 个山头，架设了 151 个渡槽，凿通 211 个隧洞，修建各种建筑物 12408 座，挖砌土石达 2225 万立方米，建成总长近 2000 公里的渠道。其中红旗渠总干渠高 4.3 米，宽 8 米，长 70.6 公里，至分水岭分为三条干渠，直贯腹地，纵横林州。一干渠长 39.7 公里，二干渠长 47.6 公里，三干渠长 10.9 公里，加上支渠、斗渠和众多水库、水电站，使林州初步形成“引、蓄、提、灌、排、电、景”成龙配套的大型水利网，彻底改善了林州人民靠天等雨的恶劣生存环境，解决了 56.7 万人和 37 万头家畜吃水问题，3.6 万公顷耕地得到灌溉，粮食亩产由修渠前的 1959 年的 100 公斤增加到 1991 年的 476.3 公斤。林州人民称红旗渠为“生命渠”、“幸福渠”，国际上誉其为“世界第八大奇迹”。

1990 年，林州人民依托红旗渠，投资建立了红旗渠风景区。它将盘绕在太行山腰悬崖绝壁之上雄伟险要的红旗渠重要工程与自然风景和名胜古迹巧妙地融会结合，整个游览区由“分水苑景区”、“红旗渠纪念馆”、“青年洞景区”组成。

分水苑景区，红旗渠总干渠到此一分为三条干渠，南去北往延伸林州腹地。1965 年 4 月 5 日，红旗渠总干渠竣工通水庆典在此举行。苑区主轴景观带上分布着水利科普园、精神之柱、演艺广场、红旗渠纪念碑、中南海的翠柏、红旗渠分水枢纽工程分水闸和红旗渠总干渠、一干渠、二干渠等，与红旗渠纪念馆一起构成虚实结合的景观群落，呈现出现代与古朴兼而得之的风貌。

红旗渠纪念馆是一座收藏、研究、展示、传承红旗渠历史的专题展馆。1975 年，林州在红旗渠总干渠枢纽工程分水闸处建立了纪念亭、碑林、浮雕、牌坊等，由 210 幅珍贵历史照片和修建场景、工程模型、英雄事迹组成室内展览，定名为红旗渠纪念亭。2000 年扩建后，更名为红旗渠纪念馆。2012 年 6 月，新馆建设动工，2014 年 5 月 1 日新馆开馆。红旗渠纪念馆建筑面积 6300 平方米，布展面积 2950 平方米，展厅由“序厅”“旱魔”“奇迹”“丰碑”“梦想”“精神”六部分组成，用 2000 多件珍贵文物和声、电、视频，1290 平方米真实山体塑型，立体再现了当年 10 万大军战太行的震撼场景，浓缩了“自力更生、艰苦创业、团结协作、无私奉献”的红旗渠精神，这种精神已成为中国共产党的光荣传统和宝贵财富。习近平总书记指出：“红旗渠精神是我们党的性质和宗旨的集中体现，历久弥新，永远不会过时。”

青年洞景区，是以红旗渠的代表性工程——青年洞为主景，以太行山为依

红旗渠风景区

托的融人文景观和自然景观为一体的综合性景区，是红旗渠艰苦奋斗精神的实景体验场所。青年洞是红旗渠总干渠的咽喉工程之一。洞长 616 米，高 5 米，宽 6.2 米，设计流量 23 米^3/ 秒，挖石方 19400 立方米，总投工 13 万余个。该工程动工于 1960 年 2 月，当年 10 月因自然灾害和国家经济困难，总干渠被迫停工。为早日将漳河水引入林县，建渠干部群众提出“宁愿苦战，不愿苦熬”，并挑选了 300 名青年组成突击队，坚持继续施工。当时每人每天只有六两粮食，为了填饱肚子，就上山挖野菜，下漳河捞草充饥，很多人得了浮肿病，仍坚持战斗在工地，以愚公移山的精神，终日挖山不止。他们创造了“连环炮”、“三角炮”、“瓦缸窑炮”等爆破方法，使挖洞日进度从 0.3 米提高到 2 米多。经过一年零五个月的奋战，于 1961 年 7 月 15 日将洞凿通。为纪念青年们艰苦奋斗的业绩，将此洞命名为“青年洞”。1973 年全国人大常委会副委员长郭沫若为此工程亲笔题写了洞名。登临青年洞红飘带廊桥，可俯看三省风光、漳河奇观。行走在不足两米宽的渠墙上，向前看不见头，向后看不见尾，抬头是陡立的峭壁，俯首是数丈高的悬崖。不经意间，已与英雄擦肩而过，号角嘹亮、踏遍青山、推独轮车等英雄的形象已凝固为雕像，融入太行红岩。蓦然抬头，青年洞就在眼前，这里昭示青春，也展示巍峨，更有江泽民、李先念、郭沫若等题词摩崖石刻点缀期间。“铁姑娘打钎”、“凌空除险”现场表演，怀旧，惊险，与英雄再次握手，进行一次心灵的交流，浮躁的心情也会变得平静。

游过红旗渠景区，不少人都会感受到，梦想并非可望而不可即，只要大家心向一处、不懈努力，总有一天梦想会成真。

鹤壁市

好人增辉风景线

——鹤壁市博物馆

鹤壁市博物馆位于淇滨区湘江路12号，是一座集陈列展览、收藏保管、科学研究、社会教育为一体的综合型博物馆，占地面积60亩，为国家二级博物馆，河南省爱国主义教育示范基地。这个博物馆里的鹤壁好人馆，是河南省建设的首家“好人馆”，已成为城市建设的一道亮丽的人文风景线。

鹤壁市博物馆创建于1976年3月20日，新馆于2002年9月6日奠基，2004年竣工，2005年1月正式对外开放。建筑面积18400平方米，其中博物馆展厅面积8300平方米，欧式建筑风格的主体与宽阔广场上的苍松翠柏、花坛绿地和新颖别致的休闲长廊交相辉映。

鹤壁市博物馆馆藏文物总数有5万余件，分别有瓷器、陶器、铁器、铜器、玉器、钱币、古字画、化石、铜镜、石刻、银器、蚌贝、木器等13类，其中珍贵文物1600多件，以历代鹤壁窑陶瓷器最具特色。博物馆基本陈列“鹤壁长歌——鹤壁古代文明陈列展”，展出精美文物500多件，以历史为序，展示了从远古时期到清代的鹤壁历史文明，其中对鹤壁当地的制瓷、冶铁、采煤技艺做了重点介绍，给广大观众还原了一个较为贴切的历史图景。“鹤壁市城市建设成就展”，生动形象地展示了鹤壁市历史的悠久、辉煌以及美好。从鹤壁市的基本情况、历史文明开始讲述，展示了鹤壁建市以来的发展变迁与辉煌成就，并描绘了鹤壁市的未来图景。

博物馆内的“鹤壁好人馆”是河南省首家“好人馆”，也是一个向全社会传播向善向上文明正能量的社会主义精神文明教育阵地。近年来，鹤壁市坚持

鹤壁市博物馆

把评选“鹤壁好人”作为群众性精神文明创建的重要载体，出台了“鹤壁好人”评选办法等多个文件，先后开展了“做志愿表率 · 为党旗增辉——党员志愿者进社区集中服务月”、“打造示范亮点、树立文明标杆”、“认星争优、做美德少年”、朗诵中华经典等活动，举办了好婆婆、好媳妇、星级文明户、文明教师、文明医生、文明警察等评选活动，推动了先进典型在不同行业、不同层面发挥示范带动作用，形成了大张旗鼓评好人、立足岗位学好人、踏踏实实当好人的良好环境，使全社会争当好人成为风气，为办好好人馆打下了基础。

“鹤壁好人馆”于 2017 年 5 月开馆，面积约 2770 平方米，分为 10 个展区，具体为展馆大厅、文明沃土、敬业奉献、助人为乐、诚实守信、见义勇为、孝老爱亲、群星璀璨、机制建设、展馆尾厅。共收录该市 126 位各级道德模范和好人的典型事迹，其中，荣获国家级荣誉 42 人，省级荣誉 36 人，市级荣誉 48 人。全馆以凝聚文明力量、弘扬好人精神为主题，综合运用声光电多媒体技术，以图片、文字、实物、视频、多媒体互动等形式，充分展示了鹤壁从古至今的好人精神。在展览馆里，有“第一届全国文明家庭”庞留安夫妇，“全国先进个体工商户”张灿仁，“中国好人”刘彦彬，“河南十大三农新闻人物”李树祝和“河南好人”彭兵先、周金见、韩学明、齐昊、杨文茂，拥军造林模范靳月英，玉米育种专家程相文，退休不离岗民警李应喜的事迹介绍。还有电影放映人刘厚忠，自筹资金购置设备为留守儿童放映电影，2009 年至今已有 600 余场；教师庞留安、朱素红夫妇，创建留守儿童之家陪伴 3000 余名留守儿童健康成长；留守儿童关爱中心负责人袁静，将爱心与德育美育课程、生活文体用品一起送到山村学校。这些“鹤壁好人”用行动传播大爱与文明，带动更多志愿者参与其中。参观者在这里可以收获满满的感动，也为全社会树立了“善待好人”“礼遇好人”“关爱好人”的鲜明导向。

八丈佛爷七丈楼

——大伾山风景名胜区

大伾山风景名胜区位于河南浚县城东南约 1 公里处，其中最有名的是全国最早、北方最大的距今已 1600 余年之久的大石佛，有“八丈佛爷七丈楼”之说，为国家 4A 级旅游景区。

大伾山风景名胜区包括大伾山、浮丘山两座山，虽然海拔只有 135 米，但因当年大禹治水登临此山，被载入我国最早的史书《尚书 · 禹贡》篇中，历代称为“禹贡名山”。大伾山上现有大石佛等国保级文物 1 处 10 项，道观佛寺古代建筑群 7 处，名亭 8 座，石窟 6 处，各式古建筑 138 间，历代摩崖题刻 460 余处，汉唐古柏 400 余株。风景区随山筑势，错落有致。有吕祖祠、天齐庙、兴国寺、天宁寺、龙洞、观音岩等景点及王阳明、王铎等历代名家的摩崖题记碑刻。

大伾山风景名胜区大石佛

大伾山的山门在大伾山的西麓，现存平楼 1 间，建于清康熙十五年（1676）。前门横额题“青坛紫府”。所谓“青坛”即青坛山，“紫府”指神仙所居之处。后门横额题“三别四壶”。“三别”指大伾山上的三个别墅，“四壶”指在大伾山上的四个“壶天”仙境。这两道横额，意在引人向往。进门进入百猴路，路两边的栏杆上面刻有100个猴子头，形态各异。西侧倚崖筑有建于清康熙十五年（1676）的吕祖祠。吕祖即吕洞宾，全真教奉其为北五祖之一。祠院坐东向西，整座建筑由山腰直达山顶，在中轴线上一字成行，是道教的杰作。院落长200余米，宽28米，面积5600平方米。祠内有浴鹤池、落虹桥、云台亭、乾元殿等建筑。南、北两廊各四间，塑有“六丁、六甲”（道教所奉的神名）12个神像与四值符。拜殿五间，因殿门朝西北，按八卦方位，西北为乾，故名乾元殿，殿内供有吕祖像。两旁各有厢房，内塑“天干地支”中的10个天干像，外塑雷公、风婆、司云、司雨等神像。乾元殿紧倚山崖，就崖壁凿有吕祖洞，增加了道教神秘的色彩。洞高2米，宽3米，深5米，券形顶。洞内雕有吕洞宾坐像及石桌、石凳。沿洞外曲径通幽道可达杏花岩、张仙洞、云溪桥。越过园门，山势陡峭，拾级而上，可达山巅，上有“太极宫”，宫前立一石坊，上书“小壶天”，太极宫为八角攒尖顶建筑，墙分八面，分别以八卦图示以方位，又叫“八卦楼”，楼高三层。宫后有阁，因过去阁内塑有大小神仙万余，所以又叫万仙阁。

天齐庙又名东岳庙，位于大伾山南端，坐北向南。现有山门三间，东、西两廊各五间。天齐庙的主神是东岳大帝，为道教所奉的泰山神。传说东岳大帝掌管人间生死。两廊塑有“十殿阎王”。十殿阎王本是中国佛教所传十个主管地狱的阎王之总称，十王分居地狱十殿，故名。后道教也沿用此说。山门内塑有四位镇山门神。禹王庙在大伾山东南麓，明万历年间（1573—1620）建。传说大伾山上的“锁蛟石”“挂船橛”，就是大禹治水、锁蛟的遗迹。龙洞是三个天然洞穴，位于大伾山东崖上。最大的洞口有50厘米。三个洞均通向山顶的罅隙，阳光射入石隙，映入洞中，非常壮观，为浚县“八大景”之一。天将下雨，洞中先有云气冉冉上升，人们嘉其名曰“龙洞吐祥烟”。龙洞前的悬崖上精雕五条滚龙，洞口前紧靠石崖建有丰泽庙三间，庙内存有一些祈雨碑，记载了大旱的年月、情况。

北魏的天宁寺是大伾山的最主要建筑，始建于北魏太和年间（477—

500），位于大伾山东麓山腰，因保存有八丈石佛七丈楼而闻名遐迩。这里东瞰黄河故道，西倚大悬崖，背山面水，峻秀壮观，现存为明、清建筑。布局为东西、南北两条轴线，形成十字形，殿宇20余间，总面积2600平方米。现存大佛楼为明代正统十年（1445）所建。面阔3间，高21米，内坐大石佛却高22.29米，佛的下部为天然岩石，有近一丈不在楼内，被人们传为"八丈佛爷七丈楼，还有一截地里头"奇观。坐佛依山凿就，高与崖齐，整躯为岩石，其外形为泥皮彩绘，是大型的弥勒佛，面方端庄，两耳垂肩，二目平视，两唇微闭，颈壮肩平，服饰楚楚，绕发覆顶，左手小搭左膝，右手微扬，手心向外，脚踏仰莲，似在讲经。据明史记载，早在北晋时，印度高僧佛图澄到中国传播佛学，以幻术取得了后赵主石勒的信任，当时浚县是后赵的重要城邑，石勒按照佛图澄的意图，大兴佛教，遍建寺庙。古代黄河流经大山东侧，黄河水经常泛滥，造成无数百姓背井离乡，无家可归，佛图澄借"兴佛镇河"之名，促成了这尊大佛的雕造。考古工作者根据大佛雕凿刀法的不同，认为这样的巨作非一代而成，是历经几代人完成的。到北魏时，佛教更盛，为了保护这尊大佛不受风霜之苦，建造楼房遮盖，后因战乱，焚于兵火。到了明朝，重建了此楼，依山就势，建了三层架在左右山岩之上的楼房，佛的下部仍为天然岩石。这种建筑十分罕见，好像今日民间的旱船游戏，半身在其里，半身在其外，很有戏剧色彩。楼房内有小梯可以攀登，登楼视佛，佛则更为壮观。在建筑工具比较落后的中国古代，这样的巨雕，从设计到施工，无不充满了劳动者的智慧。工匠要身贴石面作业，各管局部，那整体结构又是如何统一的，也很值得后人研究一番。正所谓"人造了佛，佛显示了古代人的石雕艺术"。因其比乐山大佛早建400年，比洛阳龙门石窟奉先寺大佛高5米多，所以人们说它是中国最早、北方最大的摩崖造像。

浮丘山上有碧霞宫、千佛洞、尼姑山等。唐代的石刻瑰宝千佛洞是中原石刻艺术的经典之作。碧霞宫则是道教的圣地，始建于明代，规模宏大，构造精美。万仙客用悬塑、壁塑等手法，塑造出道家典籍中记载的神仙人物3000余位，成为集中国官方与民间神仙人物之大成的艺术殿堂。

风景区内每年正月都举办古庙会，声势浩大，长达月余，日客流量逾几十万人，是观瞻豫北一带纯朴民风民俗的绝好机会。

“第一军校”山中隐

——云梦山

云梦山又名青岩山，位于鹤壁市淇县城西 15 公里的北阳镇，处于太行山东麓，主峰高 584.5 米，峰峦叠嶂，山起云浮，飞瀑流泉，素有“云梦仙境”之称，是一处以战国军事文化为特色的历史文化类人文风景旅游区，为国家级文物保护单位，国家 4A 级旅游景区。

历代志书及碑刻都记载春秋纵横家之鼻祖王诩（自称鬼谷子）曾在这里隐居讲学，教育和培养了一大批战国时期的优秀军事家和谋略家，传说孙膑、庞涓、苏秦、张仪、毛遂、尉缭、茅蒙、徐福等名家皆出其门下。因此，人们又把这里看成是我国历史上第一所古军校。

鬼谷子姓名传说不一，一说名王禅，又名王诩，战国时人，长于持身养性和纵横术。传说其母亲是食谷子怀的胎，因其无父，就给他取名“鬼谷子”；亦有说隐于鬼谷，因以自号。鬼谷子从小聪慧过人，看书一目十行，过目不忘，及后学问渊博，天文地理无不精通。官家王侯请他做官，他不肯前往，待家中老人去世之后，他独身一人隐居于太行山东侧的云梦山中，靠著书教学为生。传说归传说，历史上实有鬼谷子其人，并著有《鬼谷子》一书传世。据《鬼谷子》序言介绍，《鬼谷子》共有十四篇，其中第十三、十四篇已失传，常见版本有道藏本及嘉庆十年江都秦氏刊本。“潜谋于无形，常胜于不争不费，此为《鬼谷子》之精髓所在。《孙子兵法》侧重于总体战略，而《鬼谷子》则专于具体技巧，两者可说是相辅相成。”俗话说名师出高徒，鬼谷子在云梦山隐居讲学时，

云梦山

授兵法，传韬略，培育的一批著名的军事家各有特长。孙膑、庞涓皆著有兵书。毛遂身为赵平原君门下食客，出使楚国，施展了外交才华，促成了楚赵合纵战略，一举成名，留下了“毛遂自荐”的成语典故。苏秦、张仪更是凭借了战国大舞台，实施了合纵、连横方针，发挥了外交才智，导演了丰富多彩、绚丽多姿的既联合又进攻的战争戏剧。鬼谷子的著述也作为奇书流传后世。民间传说张良在圯桥遇黄石公，拜为师傅。黄先生授他《鬼谷兵书》。张良得其要旨，佐高祖，败项羽，定天下，成为一代帝王之师。

云梦山由主景区战国古军校、上圣占庙及云梦五里鬼谷大峡谷游览区、云梦大草原游览区三部分组成，面积约 26 平方公里。存有鬼谷子授徒的水帘洞、舍身台、映瑞池、孙膑洞、庞涓洞、毛遂洞、仙泉，以及传说中的孙庞演武的石八阵，苏张比试的说泪井，鬼谷降虎的伏虎坡，墨翟采药的卧龙山，鬼墨赏月的宴月崖，还有鬼谷墓、孙膑墓、王母墓、试剑石、镇奸石、演兵场、传书洞等 20 多处名胜古迹。

山门青石为基，券拱而成，是明清时代重修的遗物。水帘洞亦称鬼谷洞。

位于云梦山阴半山崖上，系鬼谷子隐居之所，又是他聚徒讲学的地方。清代顺治年间何士琦在山上撰写的《云梦山游记》碑刻中有“……水帘一洞尤极幽玄，乃鬼谷先生仙栖之处”的记载。此洞呈狭长状，高 10 米，宽 6 米，进深 80 米，是天然洞穴，洞顶奇形怪状的钟乳石琳琅满目，水珠顺着倒垂的钟乳石滴落石上，叮咚有声，犹如古人抚琴弄筝，串串水珠恰似一幅珠帘悬于洞口，故曰“水帘洞”。洞之深处有一泉潭，每到夏秋之季，泉水溢出洞外，形成一道飞瀑，颇为壮观。洞口左上方刻有《鬼谷先生隐处水帘洞》题记，洞口右侧塑有 3.5 米高的鬼谷子站像，相传鬼谷子经常乘坐牛车出入洞内外。山门楹联写着“出门帘跨扶青牛，执拐杖驾起祥云”，现在洞中还留有当年的两道车辙和牛蹄痕迹。

舍身台位于云梦山盆地东侧，指一道南北长 80 米、高 15 米的悬崖峭壁上 2 米多宽的平台。相传当年鬼谷先生在云梦山聚徒讲学，凡来投师者，必先攀绝壁而上，再由台顶跳下，以测试他们的武功和有无舍身求学的诚心。

映瑞池亦称九龙池，为云梦青龙、火龙等大大小小九条山涧汇流处，位于云梦峡谷东段垭口。鬼谷先生当年在云梦山隐居讲学时，常携弟子在此学艺习武，有迎霞聚瑞之意，故又名映瑞池。

孙膑洞亦称洗尘洞，位于水帘洞东侧，建于明代，依山凿就，面阔三间，洞内奉孙膑塑像。孙膑是孙武后裔，传与庞涓从鬼谷子同时学习兵法。因其勤奋好学，忠厚待人，颇受鬼谷子宠爱。后庞涓为魏惠王将军，因忌妒孙膑才能，将其骗至魏国，施以膑刑（割去膝盖骨）。后来孙膑被齐使秘密带回齐国，经将军田忌举荐，重用为军师，在齐魏争雄具有决定意义的桂陵之战、马陵之战中，孙膑与田忌指挥齐军两次击败魏军，庞涓陷入重围，在树下自杀，使齐国成为当时的强国之一。孙膑善于在作战中运用避实击虚、攻其必救的原则，创造了著名的“围魏救赵”战法，为古往今来兵家所效仿。他和弟子所撰《孙膑兵法》，继承了孙武的思想，总结战国中期以前的战争理论，丰富了中国的军事理论。

庞涓洞位于云梦山半山腰，相传庞涓为人尖刻，诡计多端，故其住的地方从不见人去过。毛遂洞在鬼谷祠左下方，是一天然洞窟，约 20 平方米，洞内奉毛遂塑像一尊。毛遂是鬼谷子最小的弟子，有胆略，善言辩，有一则成语“毛遂自荐”说的就是他。

仙泉位于舍身台下面，是一池清澈见底的泉水，甘洌可口，四季不竭，此泉水是云梦山主要饮水之源，不管有多少游客，从未发生过水荒。更可贵的是此泉水药用价值极高，可以治疗多种疾病。

“铜镠玉石之美，必有卓异幽隐之士。”自古以来，各地骚人墨客纷至沓来，留下许多脍炙人口的诗章和流韵飘芳的石刻。1994 年 10 月和 2009 年 8 月，这里分别举行了中国首届和第三届鬼谷子学术研究会，许多政治、军事、外交专家在此聚集一堂，研究探讨鬼谷子及其军事学说。

新乡市

牧野华章多回味

——新乡市博物馆（平原博物院）

新乡市博物馆位于河南省新乡市人民东路697号，其新馆名叫平原博物院，这是一座集博物馆、档案史志馆、城建档案馆于一体的综合性建筑，为河南省馆藏量第二大博物馆，仅次于河南博物院，为全国重点博物馆之一。

熟悉历史的人，想必都对公元前周武王与沉迷于酒色的商纣王那场牧野大战印象深刻，商军惨败，纣王逃回都城后自焚而亡。自此商亡周建，开启了中国上古史周王朝790年的基业。牧野大战所在地新乡，在古时称为鄘国，春秋属卫，战国属魏，汉为获嘉，至隋文帝开皇六年（586）始置新乡县。新中国成立之初，新乡曾是平原省省会所在地。平原省（1949年8月—1952年11月）历时三年零三个月。由山东的鲁西、河南的豫北、河北的冀南三大部分组成。当时全省共辖新乡、安阳、濮阳、聊城、荷泽、湖西6个专区，56个县，两个直辖市。新乡市博物馆前身是成立于1949年的原平原省博物馆，平原省于1952年11月撤销后改为新乡市图书馆文物馆，1958年改称为新乡市博物馆。现有藏品24369件，藏品数量、价值在全省市级博物馆排前列。藏品包括陶瓷、骨角、铜铁、玉石、漆木、书画、碑帖等种类，尤以商周青铜器、明清书画、历代碑帖拓片等著称。2007年当地总投资约3亿元，于2011年合并建成集博物馆、档案馆、史志馆、城建档案馆于一体的平原博物院，总建筑面积52585平方米，地上三层建筑。首层为库房、技术用房及设备电气用房；二、三层为展览空间和办公用房。其建筑独特，以“太行山势”“华夏之光”“历史年轮”

新乡市博物馆（平原博物院）

为设计理念，体现了新乡特有的文化气质。

平原博物院设文物展厅 19 个，档案展厅 6 个。包括牧野华章一厅、牧野华章二厅、牧野华章三厅、牧野华章四厅、专家研讨厅、多功能厅；书画厅、拓片厅、造像艺术一厅、造像艺术二厅、青铜器一厅、青铜器二厅；瓷器一厅、瓷器二厅、纪念品厅、互动厅；临展一厅、临展二厅、临展三厅、4D 影院等。举办的长期展览有基本陈列“牧野华章”——新乡历史文物展，以时间为序，采用新乡本土出土文物来讲述新乡的历史沿革。专题展览有造像艺术展、馆藏书画精品展、古代青铜器展、古代瓷器展、馆藏精品拓片展和新乡市城市发展规划展等。

其中六件藏品被评为“镇馆之宝”。其一是商代的牛首爵。就是古人用的酒杯，因爵带牛首盖而珍贵。出土自辉县褚邱，一起出土的还有“酒瓶”“分酒器”“盘”“碟”等。以牛首爵为代表的顶级青铜器，充分向世人展示了当年当地的经济繁荣与市井奢华。其二是商代的青玉鸮。其高 5 厘米，宽 3 厘米，作站立状。形状似猫头鹰，极品和田玉籽料，玉质莹润，纹饰精美，形态传神，既有高古玉器的拙朴，又灵性十足富有神韵。其三是明代的德化窑白釉观音坐像。明天启只有 7 年（1621—1627），存世的文物没几件。此尊坐像气定神闲、白衣飘飘、安之若素、垂目安详，每道衣褶都匠心独具。其四是清代关羽铜造像。

此尊造像为戎装坐像，造型威风凛凛，高 172 厘米，宽 130 厘米，铜质真人版。其五是赵孟𫖯行书条轴。赵孟𫖯，楷书四大家，成就非凡，传世作品不少，行书作品也有，但像这件高 129 厘米、宽 48 厘米的行书大字极为罕见。其六是郑板桥的水墨竹石兰图轴。提起郑板桥，很多人都会想到“难得糊涂”，也有不少人把这四个字当成座右铭。可如果见到郑板桥的字画真迹，恐怕就会对这四个字有新的解读。郑板桥曾在原平原省所辖的范县当过县令，留下了不少故事和墨宝。

五大美景醉太行

——新乡南太行旅游度假区

新乡南太行旅游度假区位于新乡市西北侧，面积达1188平方公里之大，园区包括八里沟·天界山·九莲山、万仙山、关山、秋沟、齐王寨五大景区，其中有的是国家5A、4A级景区，有的是国家地质公园、国家森林公园，故被称为太行山最美的一段景色。

八里沟景区（含天界山、九莲山游览区）位于河南省新乡市西北部辉县境内，地处太行山南麓、豫晋两省接壤处，总面积109平方公里，系国家5A级景区、全国首批旅游标准化示范单位、国家猕猴自然保护区、国家地质公园、河南省十佳景区。

八里沟总面积42平方公里，荟萃了太行山水精华，集奇、险、峻、秀、幽于一谷，号称"太行之魂、中华风骨"，年平均气温14℃，三伏盛夏，午前如春，午后如秋，夜如初冬，非常适合消夏避暑。包括桃花湾、山神庙、羊州地、红石河和玉皇峰五个景区，有150多处景点。有渠瀑、帘瀑、沟瀑等大小瀑布100多处，是华北地区绝无仅有的瀑布群体，其中八里沟大瀑布落差200米，四季流水，气势恢宏，被誉为"太行天瀑"；有山体观音、马武神像、钟山九佛、石人迎客、老子布道等山体景观；有仙人洞、龙凤洞、八宝洞等洞体景观；更有一线雄关、五彩泉等人间奇观。主要景区红石河碧水横溢，红绿相映，色彩斑斓，明丽如画，因海拔1100米被誉为"太行天河"；太行主峰玉皇峰，东观日出，西望云海，南眺黄河九曲，北览千峰竞秀。真正是步移景异，各有所奇。

新乡南太行旅游度假区八里沟

八里沟早在远古时期就是共工氏等原始部落的重要活动区域。魏晋时期的竹林七贤，隋唐时期的王通、王勃，宋代大学者邵庸，诗人范成大、陆游，金代诗人元好问，元代山水画家牛守贞，清代名儒孙奇逢等，或卜地隐居，或观光游览，留下了众多的韵事佳话。民国时期，袁世凯、徐世昌、冯玉祥等历史名人也都曾经来此游览过。这里在抗日战争和解放战争时期是八路军和解放军革命斗争的重要根据地。

天界山景区也称“回龙 · 天界山”，位于新乡辉县市上八里镇境内，总面积 43 平方公里，是国家森林公园、国家地质公园、国家太行猕猴保护区、国家级红色旅游景点。这里是全国劳动模范、全国人大代表、2002 年度感动中国十大新闻人物——张荣锁就工作生活在这里，被誉为“现代愚公”的他捐出百万家产，身先士卒，带领党员、民兵、村民，在千仞绝壁上修通了 8000 米盘山的绝壁天路，创造了乡村筑路史上的一项奇迹，成为感动中国的教科书。景区包括红色景观、自然景观、人文景观等上百处。回龙大峡谷形若巨盆，貌比苍龙。一落千丈的红岩绝壁，绵延无际，可谓鬼斧神工。景区五个主要景点包括：纵深 4000 多米的龙吟峡、360 度看太行的云峰画廊、海拔 1763 米的南太行巅峰十字岭、休闲度假的胜地张沟，以及海拔 1570 米、被誉为“天下第一铁顶”的云际孤峰老爷顶等。

万仙山风景名胜区位于新乡辉县市南寨镇沙窑乡郭亮村，总面积 64 平方公里，最高海拔 1672 米，由郭亮村、南坪、罗姐寨、三湖四个风景区组成，为国家 5A 级旅游景区，国家地质公园，国家级攀岩公园，著名的影视基地、写生基地、拓展基地、避暑基地。万仙山既有雄强而苍茫的石壁景观，又有妙曼而秀雅的山乡风韵，集雄、险、奇、秀为一体。主要景点有红岩绝壁大峡谷、影视村、绝壁长廊、天池、莲花盆、白龙洞、喊泉、日月星石、黑龙潭瀑布、五峰山林海、磨剑峰瀑布、七郎峰、蚂蚁山等 200 多处，完全由人工开凿的 1250 多米的绝壁长廊，更被誉为“世界第九大奇迹”，也被誉为“太行明珠”“华夏奇观”，先后有《清凉寺钟声》《走出地平线》《倒霉大叔的婚事》《战争角落》《举起手来》《天高地厚》等 40 多部影视片在这里拍摄。郭亮村也因此被誉为“华夏影视村”“中国第一影视村”。郭亮村是为纪念东汉义军将领郭亮而取的村名，是万仙山景区的主要组成部分。郭亮村现有 83 户，320 口人，辖郭亮、另山、回逃站、不跌凹四个自然村。面积 7.2 平方公里，最高海拔 1672 米。据考证，自秦汉时期，就成为两省客商往来休息的驿站。1941 年，皮定均将军率八路军在此驻扎，进行抗日革命活动。1972 年，不甘苦熬的郭亮人在党支部书记申明信同志带领下，在无电、无机械的条件下，凭手工用五年的时间一锤一钎地凿出 1250 米长、6 米宽、4 米高的隧道，1977 年 5 月 1 日竣工通车，被来此的外国朋友称为世界第九大奇迹，为郭亮村的发展奠定了基础。郭亮人在开凿绝壁长廊的同时修建了郭亮水库，坝高 39 米，蓄水量 9 万立方米，成为太行山上最高的一池碧水，被人称为天池。在郭亮村内可看到汉柳、红石桥、华山石人、龙王庙、谢晋居、红龙洞、魔岩石画、白龙洞、三叶虫化石等景点，向南沿绝壁行走可看红岩大峡谷全貌，看千米绝壁长廊的雄姿，看雪山潭瀑布的落差，向北在马头山观景台遥看万仙山座座秀峰翘首云天，浓雾天气还可看到罕见的佛光景象。南坪是万仙山的一个清幽山乡景点，由 11 个自然村组成，这里有高 120 多米的磨剑峰瀑布，也是万仙山里最高的瀑布，还有被誉为“太行氧吧”的五峰山万亩松林。将军峰的旁边是练习攀岩的最佳点，1996 年，全国第四届攀岩锦标赛曾在这里举行。位于万仙山景区的最北边的罗姐寨可谓人间仙境。据传，隋唐时期一位叫罗桂香的女将军在此山上筑寨练兵，称为罗姐寨。面积 6.5 平方公里，最高山峰蚂蚁山海拔 1672 米，是万仙山里最高的山峰，山沟内长满了野桃树，是名副其实的桃花沟，这里完整地保留着古朴的自然的村容村貌、村街小道。

关山景区位于太行山南麓，河南省辉县市上八里镇境内，面积约 34 平方公里。关山是一座 25 亿年前山崩地裂形成的地质遗迹奇观，景区内以一线天、柱状峰林、天生桥、大绝壁为主体，沟壑交错，崖台环抱，飞瀑流泉和清溪幽潭相互辉映，是具有南太行特色的关山地质地貌公园。景区内分为花山、盘古河、百宝洞三大景区和峰景苑、石景苑、迷宫苑、石柱苑、桥洞苑等十一个苑区。景区以红石峡、石柱林为代表，堪称“太行至尊灵水世界，华夏第一滑塌奇观”，集南太行水体景观和滑塌峰林这一独特的地质地貌于一体，融飞瀑流泉、清溪幽潭、石奇崖秀、峡险苔鲜、群柱耸峙、峰林竞秀、云海飞渡于一身，构成完整的风景体系，是南太行壮美与柔美的典范，宛若一幅立体山水画长卷，对联“岩重崖叠铭志海陆变迁著太行史卷，山崩水蚀雕塑峰石奇观绘北国画廊”，是对关山国家地质公园旅游资源的高度凝练和概括。中国历史上伟大的谋略家张良和关山有着不解之缘。公元前218年，秦始皇巡幸天下，行至原阳博浪沙。张良雇刺客用大铁锤阻击秦始皇，刺杀失败后张良只好向西北逃至关山的一条沟里，即张良沟，也就是今天的盘古河，隐居了三年半时间，时常静坐在白龙潭边反省自己的前半生，最终悟出不能用一身之勇去撞“天柱”，只能用谋略取胜，后来出山辅助汉刘邦，击败西楚霸王项羽，成就了一代汉朝帝国帝成之师。孤峰山上、张良沟内与张良有关的历史文化遗迹比比皆是：子房宫、藏书阁、抚琴台、弈台、驸马坟……，散落民间的历史传说故事与关山精妙绝伦的山水自然景观交相辉映，相得益彰。

秋沟景区位于豫晋两省交界的辉县市南寨镇境内，总面积24平方公里，境内山高林密，峡谷壁垂，三步一潭，五步一瀑，怪石洞穴，古庙传说，景观奇丽，山区风貌至今保留着原始自然特色。尤其是秋沟的山桃花面积之大，花期延续之长，可谓太行山之最，故“春赏桃花，秋观红叶”是景区一大亮点。特别是景区内新近发现的大量古海洋动植物化石和神奇的天然石缸、冰穴等神秘莫测，千古之谜无人知晓，成为景区新的亮点；纯朴的民风民俗与太行风情兼备，被誉为“人间仙境、世外桃源”，是一处休闲、度假、观光、避暑、写生、绘画之胜地。

齐王寨景区位于辉县市南寨镇境内，相传战国时期齐王曾隐居于此。齐王寨景区由齐王寨、三郊口水库、佛爷沟和天柱沟等多个景区组成。景区内高低错落分布50余座山峰，最高海拔1654米。峰峦叠嶂，峡幽谷深。地势高差很大，北观群山起伏，南视黄河金带，东望层林染翠，西瞩秀云飘渺，风光秀美，如临人间仙境。这里也是喜剧大片《举起手来》的拍摄地，是一座天然的“影视城”。

残酷悲伤摘心台

——比干庙

比干庙位于河南省卫辉市城北7公里，始建于北魏太和十八年（494），建筑面积达4.7万平方米，是古人为纪念中国历史上第一个以死谏君的忠臣、商朝宰相比干而修建的纪念性庙宇，为国家重点文物保护单位，国家4A级旅游景区。

比干，殷朝沫邑（今河南淇县）人，出生年月不可考。据《孟子杂记》载："王子干，封于比，叫比干"，比干其始祖为商契，是帝乙的弟弟，所以比干既是皇帝的少师（丞相）又是封王。帝乙在位时间很短，病重时，宣比干、箕子进宫商议继承王位之事。箕子劝帝乙立不是帝乙的正妻所生的微子为王位继承人，比干不同意，主张帝辛继承王位，也就是纣王。帝乙病重的时候，比干向鬼神祷告，只要哥哥帝乙恢复健康，自己情愿代哥哥一死，他这种好心肠深深感动过纣王。纣王对他的比干皇叔，也格外尊敬、亲近。帝乙死后，比干辅佐纣王，为巩固殷商的统治，费尽了心血。但随着殷朝的逐步强盛，纣王的心却变得冷酷暴虐。他特别宠爱一个叫妲己的妃子。妲己尽出些坏主意，她叫纣王制一种叫炮烙的刑具，来惩治反对他的人。纣王还不惜耗费大量资财，在宫苑里建造一座高十丈的鹿台，在王宫里设了酒池肉林，专门找一些青年男女裸体淫乱，供他开心。纣王如此残暴无道，遭到许多大臣的反对。比干冒着丧命灭族的危险，向纣王犯颜强谏，要求纣王废除炮烙酷刑，不建鹿台，以惜民力。其忠谏却引起了纣王发怒，对比干说，"吾闻圣人心有七窍，剖比干观其心"。公元前1028年夏，比干被纣王摘心而死，享年50余岁。周武王灭商以后，感到比干是一位了不起的英雄，应当予以褒奖，就在比干被杀害的卫辉市为比干封了墓，迄今已有3000余年。后人为了纪念比干，在此又修建了一座比干庙，此庙成为中国第一座含墓祭人之祠庙，称为“天下第一庙”。比干庙后来数次遭到战火和自然的破坏，几经修葺。

比干庙前的比干塑像

现存比干庙建筑，为明代弘治七年（1494）明孝宗皇帝重建。主体建筑有影壁、山门、二门、木枋、碑廊、拜殿、大殿、石坊、墓碑亭等，在比干庙正南方有比干的石雕像、神道、牌坊，环境幽深。

走进比干庙，登上山门石阶，即看到殿堂楼阁鳞次栉比。仰观山门对面，巍然矗立着琉璃影壁，影壁正中由24块方砖烧制而成的绿色琉璃花卉，色彩绚烂。绕过影壁，两尊威严高大的石狮，立于庙前。

过了头门，跨入二门，只见两旁石碑林立，有百余幢，大都出于历代帝王将相官吏和著名诗人学士的手笔。二门过庭，有一通草书“题壁诗”刻石，最著名的是北魏孝文帝的《吊比干文》碑，文内颂扬了比干“千金岂其吾珍兮，皇与宝余所中”的爱国主义节操，世传为南北朝著名书法家崔浩所书。另一通是唐太宗的《贞观碑》，铭载唐太宗追封比干为“太师”、谥“忠烈公”的诏文及《祭比干文》。

顺庙中心甬道前进，穿过三门，便是比干庙大殿。这是一座古老的九脊殿，红黄色的琉璃瓦在阳光下金光灿灿，殿内置高达4米的比干塑像，气势昂然。佛阁两侧是四大金刚的塑像。殿的顶板和四壁，画有彩色壁画。正殿前，有巍峨的拜殿，匾额“殷太师庙正殿”，该殿内有一口重750公斤的大铁钟，系明代之物。

绕过比干庙正殿的后面，便可来到墓前的亭子。亭前有石坊，旁有古柏参天，石坊上题：“孤忠心不死，故社柏犹存。”亭内竖立着一块墓碑，上面刻着“殷比干莫”四个字，上方留款为“至圣先师孔子书”，是后人加上去的。据专家考证，当年孔子亲率弟子临墓凭吊，挥剑刻下“殷比干莫（古时莫、墓通用）”四字，立石于墓前。这是目前国内发现的唯一孔子真迹。至今已历经 2000 多年风雨。对此新华社 2002 年 4 月 11 日还专门发了消息予以证实。

走出古亭，面前豁然开朗。在空旷的天宇下，便是比干丞相的高大墓冢了。据说比干墓就建在当时比干惨遭挖心时的摘心台上。墓前有一八字形青石砌成的祭位，两侧还有殷太师比干墓的双线铭文。右前方有一小径，盘旋可达墓顶。墓顶是一块平地，野菜青青覆盖着 1 万多平方米大的墓体。

古往今来，无数炎黄子孙以比干为典范，激励自己高风亮节，为民族振兴、祖国昌盛，勇赴国难以死报国。从 1993 年以来，卫辉市连续举办了比干诞辰 3085 年和 3090 年纪念活动，先后有 26 个国家和地区 60 多个团体游客到比干庙寻根问祖，旅游观光，悼念这位敢直言进谏的爱国者。

千窠并出画栏前

——百泉景区

百泉景区位于辉县市市区西北 2 公里处的苏门山南麓，因湖底泉眼无数而得名，是河南省最大、保护最好、集南北方建筑风格于一体的古园林建筑群，素有“中州颐和园”“北国小西湖”之美誉，为全国重点文物保护单位、国家 3A 级旅游景区。

据历史记载，河南辉县，汉为共县，也是共工氏居住的地方，“共”是“洪”的初字，故洪水原当为共水。可见“共”之来源很古老。辉县百泉湖开凿于商，已有 3000 多年的历史。百泉由苏门山和百泉湖组成。苏门山是太行山的一道支脉，是万仙山根部向东延伸到这里形成的一座山头。太行山中的各道水系沿着万仙山的石隙向东挤压而来，形成了这碧波荡漾的百泉湖。因泉水自湖底喷涌而出，累累如贯珠，故又名珍珠泉，泉水甘冽，志书上有“甘泉之父”的称谓，面积 3.4 万平方米。清乾隆十五年（1750），绕岸砌石，成一长方形泉湖，湖中心有一条青石板铺成的小径，曲曲折折，将湖中的亭阁小桥联在一起。百泉湖水温常年保持在 17℃左右，冬暖夏凉，清澈见底，毛发可鉴。元代词人王磐在《咏百泉灵源泉》中赞曰：“济南七十二泉，散在坡迤百里川，未似共城祠下水，千窠并出画栏前。”历代名人在此游览、隐居，留下了许多活动遗迹，如北宋文学家苏轼在涌金亭中挥毫疾书了“苏门山涌金亭”六个大字；著名爱国将领冯玉祥在 1928 年所建的湖心亭中高高矗立的“人民百泉”碑上镌刻了百泉饱经沧桑的履历；始建于元朝的清晖阁，原是元朝郭子忠的花园，阁四周古柏环绕，绿柳婆娑。另外魏晋时期的孙登，北宋时期的邵雍，元朝王磐，明末清初孙奇逢以及清乾隆皇帝等，留有啸台、安乐窝、饿夫墓、三碑亭、清晖阁、卫源庙、孔庙、邵夫子祠等遗址。

新中国建立以后，特别是改革开放以来，百泉湖历经整修、改建，已成为中原地区著名的古典园林。景区有北湖和南湖，两个区域内大大小小、各种类型的古建筑有 90 多处。主要有百泉湖、苏门山、啸台、清晖阁、邵夫子祠等 50 多个景点。景区建筑风格既有南方的小巧玲珑、清新秀丽，又有北方的雄伟壮观、富丽堂皇，集南北方建筑艺术于一身。湖水碧波荡漾，清澈纯净，风光绮丽，景色宜人。南湖内兴建了国家级标准游泳池和儿童游泳池，湖中央各种游艇、小船等游乐设施应有尽有，体现了“北湖游览，南湖游乐”的特色。南北两湖，清涟荡漾，像两株出水的并蒂莲花，争芳斗妍，竞相媲美。每逢佳节，灯会、水鸭、烟火等民间娱乐活动高潮迭起，游人摩肩接踵。

除了游览之外，每年 4 月，这里还要召开有着 600 年传统的全国中药材交

百泉景区

流大会。会期持续一个月，全国各地的中草药材在这里交易，场面之大、药材品种之多，以至于人们用“不到百泉药不全”的语句来形容。为了适应交易的需要，辉县市在百泉湖的东侧建起了目前全国最大的药材市场。以中草药材为主，除了来自全国各地的名药外，河南的四大怀药（地黄、菊花、牛膝、山药）和山萸肉、金银花、天麻、车前子、丹皮、柴胡、土元、麦冬、赤芍、白芍、枳实、生姜、女贞子等名贵药材应有尽有，另外还有中成药和化学药品，种类之多当以万计。

宝泉秘境何处寻

——宝泉旅游度假区

河南宝泉旅游度假区位于两省（河南、山西）三县（辉县、修武和山西陵川）交界处的辉县市薄壁镇境内，北依太行，南临黄河，景区总面积110平方公里，为国家4A级旅游景区、国家森林保护区和太行猕猴保护区。森林覆盖率98%，平均海拔1150米，年平均气温18℃，是理想的休闲、度假、戏水和避暑胜地。

宝泉旅游度假区也叫宝泉秘境。其名称据说来源于一段江湖上的故事。自古民间有把钱币称为“宝泉”之说，“宝”是富贵的图腾，“泉”是财富的象征。此故事也是与钱币有关。说是南蛮商人来此山中住宿，发现一泉眼涌出金元宝，由此致富，后为感恩将其转给房东。房东夫妻也因此过上了富裕的生活，但由于贪心作祟，把泉眼挖大，希冀获得更多的金元宝，结果金元宝变成了滚动的石头，从山崖落到了宝泉谷中。这个故事告诉人们幸福的生活要靠劳动来创造，更告诉大家贪心不能有。

宝泉旅游度假区内高山林立，峡谷万丈，森林繁茂，水源充沛，涧潭、瀑布、凉亭密布，保留着让人叹为观止的灵山秀水和原始美态。这里集雄、秀、奇、幽于一体，揽山、水、林、洞于一身，特别是雄奇峡谷中分布着双龙瀑、见龙瀑、跃龙瀑、飞龙瀑、青苔瀑、川字瀑、叠瀑、三连瀑、龙浴湖瀑、珍珠帘瀑等十大瀑布，号称豫北最大瀑布群，是清代乾隆御赐“泉盈水灵”之地。这里的游龙湾，峡湾蜿蜒、碧水横溢，堪称原始山水之精品画廊，曾荣登《中国国家地理》

封面。故多名专家赞誉宝泉景区是“贵在原始，美在天然”，游客也称其为“中原小九寨”。

宝泉旅游度假区整个分为大西沟景区和小西沟景区两大部分，主要景点按旅游路线顺序有桃花坪、游龙峡、天瀑谷、千瀑谷、飞虹谷，游完全程至少需四到五个小时。

桃花坪是集游玩、转运为一体的综合景点。这里既有紧张刺激的水上飞人

辉县市宝泉旅游度假区

秀和摩托艇竞技，让人仿佛置身于蔚蓝色的大海边，又有悠闲自在的竹筏小舟，船桨犁开一池碧绿，那清风徐来，那碧波荡漾，加上你的走入，那就是一道定格的大美风景。

游龙峡，从高空俯瞰犹如一条蜿蜒巨龙，游走在崇山峻岭间。这里沟多滩浅，潭水清澈，波光粼粼，水中各类野生小鱼优哉游哉地来回游动，而且各类造型奇特的巨石分布其中，让人感叹大自然的鬼斧神工，造化之美。因而这里是儿

童天然游乐场，是欢乐的戏水天堂。（《中国国家地理》杂志封面图也曾在这里拍摄。）

天瀑谷因见龙巨瀑而得名，见龙瀑从海拔 580 米的断崖上跌落到海拔 260 米的沟底中，落差达 320 米，瀑布最大流量可达 3000 米^3／秒，似云龙在天空飞腾，气贯如虹，震撼人心，号称“中原第一瀑”。天瀑谷中连连碧潭，水位较深，碧绿的色彩犹如上帝打翻了颜料盒，色差的美感更为强烈，给人以视觉冲击。翡翠潭碧绿无瑕，明丽如画，潭水荡漾，犹如人间仙境，被誉为“太行第一潭”。美食一条街、木屋别墅、音乐喷泉广场与山水融合在一起，这里是山水精华荟萃之地，也是餐饮、住宿、人文的中心。美食一条街位于聚龙广场对面，集太行山野风味之精华与回族清真特色于一体，特色菜品多样，打造了舌尖上的太行山。

千瀑谷是宝泉景区的核心景点，谷内多叠瀑，数以千计，因而被誉为“中华千瀑谷”。千瀑谷中潭水清澈无瑕，水源为上游暗泉，泉水甘甜，是大自然无私的馈赠。猿人峰已存上千年，穿越了时光的隧道，见证了人间的喜怒哀乐。

从千瀑谷可经由青云梯进入到飞虹谷中，飞虹谷居深山，深山藏幽地，既有飞流直下三千尺的飞龙瀑，又有温文尔雅的青苔瀑，更有刀削斧砍一般的悬崖峭壁。峭壁高耸入云，峰峦叠嶂，岩石朱红，美不胜收。飞虹桥像一道彩虹，横跨在碧水之上。走过这里，寓意着可解开生活之迷境，克服各种困难，走上幸福美好的生活大道。宝泉秘境，至此也可说是探寻过了。

焦作市

太行之冠坠雾中

——云台山

云台山地处太行山南麓，河南省修武县境内，面积约196平方公里，是太行山最具旅游特色的山，被列为河南省级风景名胜区之首，为世界地质公园、国家地质公园、国家森林公园、国家5A级旅游景区。

云台山由于山势险峻、陡峭，瀑布落差大，常年云雾缭绕，故称云台山。景区有36峰、24泉、10大洞天和5处飞瀑，含白龙潭、小寨沟、老潭沟、百家岩、农秀谷、万善寺、子房湖、温盘峪、叠彩洞、茱萸峰等各具特色的景点。另外还留有汉献帝陵墓及避暑台，“竹林七贤”隐居著述地，嵇康淬剑池，唐代医学家孙思邈采药炼丹的“药王洞”，刘伶醒酒台等民间传说及遗迹。

云台山景区入口处的景点叫白龙潭，潭上边是白龙瀑。传说白龙在此居住过，瀑布日夜不息地落入白龙潭，潭水却不增长，也不外流。原因是潭下有一条暗河，出口在30里外的海蟾宫。郦道元的《水经注》上有“潜流三十里复出”的记载。

从白龙潭前行不远，是著名的小寨沟景点，总长约2公里。这里高山对峙，中为峡谷。谷底巨石矗立，溪流涓涓；三步一泉，五步一瀑，十步一潭，被誉为“潭瀑川”。沟内冬春温和，夏秋凉爽，又称“长春沟”。最为壮观的为丫瀑潭，瀑高20余米，上下相连，形成一个“丫”字形，瀑下积水成潭，翡翠碧绿，面积百余平方米，潭周围有大片开阔地，可供游憩。还有“水帘洞”、“凤尾串珠”、“白蛇出洞”、“神龟吐珠”、“苍龙喷雾”等水景。初春时看“水帘洞”煞是壮观。洞中渗出的山泉结成巨大的冰坝，宛如一幅玉石屏风，融化

云台山

的冰水从天然的山凹上像水帘般从几十米处高落下，沙沙作响，汇集成一条溪流，翻过一处十多米宽的巨石，直跌进两米以下的潭中，激起无数浪花。爬上水帘洞，只见泉水顺着无数块石牙不停地滴落着，像是乡间巨大的织布机上垂下的经线。

老潭沟是云台山的又一个著名景点。相传天上有位解救民间干旱之苦的龙王，不顾玉帝旨意，私自降雨，被贬下凡间栖身在这里的一个深水潭，人们称为龙潭。后有人为表示对龙的敬意，将“龙”字改为“老”字。老潭沟总长约3公里，两岸高峰耸立，气势恢宏。山中花木似锦，清溪如云。奇石、山泉、花香、飞瀑组成沟谷交响曲。沟的尽头就是落差310米的云台大瀑布，它号称中国第一、亚洲第二。另外，在老潭沟，还可看到“五老峰”“路功”“观瀑台”“仙渡”“孔雀泉”“私语泉”“独秀峰”“双秀峰”等景观。

百家岩古人称“柏岩”，高170米，隙缝间古柏苍翠。有“岩下平坦可容百家”之说，此处有号称“北国龙湫”的天门瀑布和叠立在悬崖边沿上的百家岩寺塔两大胜景。汉朝末代皇帝刘协被贬为山阳公后，经常在此赏景游玩，留下了“避暑台”、“二乐台”遗址。魏晋时期的“竹林七贤”——嵇康、阮籍、刘伶、向秀、阮咸、山涛、王戎，相与友善，在这里隐居活动20多年。至今尚存“嵇康淬剑池”和“刘伶醒酒台”。历史上的著名寿星王烈和贤士孙登在此同游隐居，现存有“孙登啸台”、“王烈泉”等遗迹。另外，百家岩赤壁陡立，场面宏大，是开展攀岩活动的极佳场所。1989年9月，国家体委曾在此举办了全国攀岩赛。

农秀谷位于茱萸峰东南，素来享有“植物王国，动物世界”的美誉，谷窄处如蛇之腹，传说谷内常有黑色蟒蛇在森林上空往来飞旋，风声大作，威心慑胆，又称“龙蛇谷”。这里有柳泉山、樊氏山、白石岭、狮头峰、仙人峰、猪首峰和玉女泉、柳泉、黑婆泉等，可谓一步一景，美不胜收。

万善寺坐落在阎王鼻峰下，始建于明朝万历年间，相传是朝廷为了镇治此处帝王风脉而建，寺名也属御赐。现在的寺院是1992年重建的。住持为我国金刚法大师——释海空。寺内有2米高的铜佛和一线泉、聚宝盆、枯井、仙家洞、敬德试鞭石、望亲台等诸多景观。

子房湖长约4公里，水最深处70多米。湖名因汉代张良（字子房）而起。传说张良帮助刘邦成就霸业之后，执意解甲归隐，在这里躬耕，一天骑马飞奔摔了下来。马鞍落入水中化作了一块巨石沉在湖底。湖的北端，有一座山峰酷似大佛，晴天时，山水间烟雾飘渺，大佛若隐若现，神妙无比，堪称云台山一奇观。

温盘峪位于子房湖南，峡谷长 1 公里，宽 3—10 米，深 80 余米。潭水一年四季保持在 10℃左右，故称温盘峪，被风景园林专家称赞为“自然界山水的精品”。谷里分布“九龙”溪，传说古时黑龙王和白龙王在此下棋，山便叫作棋盘山，山上有瀑高 50 余米的白龙瀑布。

叠彩洞是连接豫晋两省的公路隧洞，是修武人民战天斗地的杰作，前后历时 8 年开筑而成。大小 23 条，首尾相连，总长 4000 多米，在峭壁间重叠直上。洞之间隙，可远观平川，近观悬崖，上观奇石，下观沟谷。出叠彩洞便到三秀峰，其峰含山秀、石秀、花木秀之意。过三秀峰即到西瀛观。向西俯视，高峡平湖，尽收眼底，有“已入瀛州远，谁言仙路长”的诗意。向南恰有佛龛峰迎面而立，又有佛祖升西天，“佛去龛空留”之意境。

茱萸峰是云台山的主峰，又名小北顶，海拔 1304 米，由于山上遍生茱萸而得名。这里是古时人们重阳登高的地方。山峰半腰有厨灶洞、阎王洞、黄泥洞等十余个溶洞，峰腰间有药王洞，洞深 30 米，直径 10 米。史载唐代药王孙思邈来云台山采炼草药，在此居住。唐代著名诗人王维在此游览，有感而发，写下了著名的《九月九日忆山东兄弟》一诗：“独在异乡为异客，每逢佳节倍思亲。遥知兄弟登高处，遍插茱萸少一人。”

“中原第一”大峡谷

——青龙峡风景名胜区

修武县青龙峡风景名胜区位于焦作市北部25公里处的修武县西村乡的深山处，总面积约108平方公里，由100多处景点组成，主峰青龙峰1323米，有“中原第一峡谷”的美誉，为世界地质公园、国家5A级旅游景区。

青龙峡因一个美丽传说而得名。相传唐朝天宝年间（742—756），黄河边有一位姓高的员外，家有良田百顷，有一年找一小伙来当长工，适逢干旱少雨，不少庄稼枯萎旱死，但高员外家的庄稼却郁郁葱葱。高员外暗中观察是新来的小伙子晚上变成一条青龙缠在井台的辘轳上往田里喷水。后员外把自己收养的一名义女嫁给了他，成亲后一对新人化作两道白光飘然而去。当天晚上村民都梦见那位小伙说他是天上的青龙王，住在太行山深处的一处山洞里。从那时起，每逢大旱年万花庄村的村民都要到洞中祈雨，倒也十分灵验。人们就把山洞取名叫青龙洞，洞前边的那条峡谷就取名叫青龙峡。青龙峡沿线群山通称青龙山，主峰叫青龙峰。

青龙峡风景名胜区含青龙峡大峡谷、净影峡大峡谷（峰林峡景区）、双庙民俗村、猕猴谷、马头山国家公益林场、大山脑探险区六大游览区，风光确实如传说一般美丽。一是这里原始植被完整，动物繁多。原始森林、次生森林等植被覆盖率超过90%。植物生长茂密，成分复杂，有80类600余种。古树名木有千年槲榆林、千年牛荆和寄生树，均属国内罕见；常绿树种有油松、侧柏、白皮松等；山珍有野木耳、鸡头参、何首乌、观音茶等；野山果有桑葚、野葡萄、山木瓜、野草莓、野山桃等。珍禽异兽主要有金钱豹、野猪、黄鹿、太行猕猴、松鼠、黄尾锦鸡等。故这里又有“聚宝盆”之美誉。二是这里泉多水清。凝翠泉水质清冽，色泽如翠；青龙泉水流细腻，柔美清冽；三官泉奔涌湍急，飞珠溅玉。三是这里还有着独特的溶岩景观，共有大小溶洞 20 余处，主要有青龙洞、黄龙洞、两亲家洞、三官洞等，这些溶洞地貌奇特，使人称奇。其中青龙洞位于陪嫁妆村前悬崖下，分南北二洞，北洞为主洞，洞口宽 8—10 米，高 2 米，洞内常年水流不断。洞深 40 余米处有一水潭深入洞内，潭水如墨，伏于水面可望见洞内大厅，但洞深几许连当地百姓也无人知晓。南洞为副洞，由于洞内外温差的缘故，盛夏清晨或傍晚，会有缕缕白雾从洞中涌出，飘浮于山腰，形成云海，如同仙境一般。当然，最吸引游客的还是它的峡谷和瀑布。整条峡谷全长 11.5 公里，谷底海拔 500—600 米，山峰与谷底垂直高差 700—800 米，有“百潭峡谷”、“迷宫峡谷”之美称。山谷两侧是两三百米的山峰，相距最多不到 20 米。峡谷中水流湍急，蜿蜒跌宕。由大大小小 9 个瀑布组成的著名的

青龙峡

九连瀑，从山上鱼贯下行，高高低低，形成无数水潭。其中以第四瀑布气势最大，溪水从 20 米的高空一跃而下，发出轰轰的声响。青龙峡谷底是一溪清流，碧绿碧绿的，不少去过九寨沟的游客看了这里的水都感觉有点九寨沟的味道。青龙峡索道为单线循环吊篮式，总长 966 米，落差 368 米。从高处俯看，峡谷中好似有一条被人驯服的青龙在无拘无束地穿行。

除了大峡谷外，青龙峡风景名胜区内文物古迹星罗棋布，附近风景比比皆是。主要有静影寺遗址、摩崖石刻造像、青龙祠、九寨关城堡等文物景点。九寨关城堡是古代屯兵的关隘营寨遗址，位于青龙峡西南西村乡平顶窑村一带的崇山峻岭上。据专家初步考证为明代驻军的军营，从传递信号到供水、供粮、宿营等设施功能完备，为研究古代军事兵防提供了宝贵的实物材料。

“北方三峡”青天河

——青天河风景名胜区

博爱县青天河风景名胜区位于博爱县城西北 37 公里处的太行山南麓，面积 106 平方公里，是一个集雄、险、奇、秀、幽于一体，可同时进行风光旅游、生态旅游、文化旅游、农业旅游的综合性风景名胜区，为世界地质公园、国家级风景名胜区、国家水利风景区、国家级猕猴自然保护区、国家 5A 级旅游景区。

青天河风景名胜区历史悠久，这里曾发现龙骨化石，区内的下伏头村发掘出龙山文化时期的石铲。说明四五千年前我们的祖先就在这里休养生息，勤劳耕作。史册所载：这里夏为覃怀地，周代为野王邑属地，秦为野王县之域。南北朝时已在青天河两侧的山崖上修建官道，全长约 80 余公里。时至今日，人们仍能感受到当时修筑道路的艰辛。

青天河风景名胜区素有“北方三峡”之称和“奇泉异洞盖中原”之美誉，由天井关、大泉湖、三姑泉、佛耳峡、观音峡、靳家岭、月山寺七大游览区和 308 个景点组成。

天井关是历史上著名的古战场。如战国时秦赵之战，后汉阳夏侯冯异攻天井伐上党之战都与此处有联系。清代文学家、地理学家魏源曰：“自丹河清化镇入谷数十里，四山环垣，自此逾羊肠坂九折至天井关，则太行绝欹，天下之脊矣。”更说明天井关是丹河峡谷古道上一个险要的关口。

大泉湖游览区为青天河景区之精华。既有一川碧水之灵秀，又具幽谷深峡之奇观，湖长 7.5 公里，宽近 100 米，水深 60 余米，峡谷一线青天，烟波浩淼，巍巍壮观。湖水主要来源于雄居“华夏第一泉”的三姑泉。主要景点有：九曲涧、天然长城、卧鹰岩、骆驼峰、立驼峰、仰天大佛、百鸟巢、石榴峰、佛手岩、鲸鱼湾等。尤其是景区依山就势修建了滨水栈道，使游人可近距离观赏大泉湖、骆驼峰、千奇洞、鲸鱼湾等精品景点。

佛耳峡游览区是一个以奇峰秀石为主的峡谷景区，步道全长 2 公里，以雄奇险幽而著称。索道全长 1000 米，乘索道沿山势上下，风光尽收眼底。主要景点有：七彩瀑、圣人瀑、金龟望月、浮屠峰、佛珠石、迎宾峰、大石壁、三戒门、佛耳潭、佛耳瀑等。

观音峡游览区全长 2.5 公里，主要景点有：将军岩、将军瀑、北魏摩崖石刻、青天河大佛、观音灵容台、天河瀑布等。在此可观赏、垂钓、游泳、划船。

靳家岭游览区系太行山国家级猕猴自然保护区，是豫北南太行山罕见的绿色长廊，覆盖着区内 3868 座峰岭沟崖。这里珍奇动植物无数，奇花异草遍布，有数万亩人工松林，近十万亩连天红叶，是焦作秋季太行红叶的最佳观赏地。

月山寺始建于公元 1158 年，是历史上著名的佛教圣地。

青天河山水钟灵毓秀，古丹道观音灵验秀美。当您徜徉于青天河，一定会品味人生之真谛，体会别样之意境。

青天河

明月清风拂庙寺

——月山寺风景区

月山寺风景区位于博爱县城西北7.5公里的太行山南麓，紧靠月山火车站，是青天河七大游览区之一，也是历史上著名的佛教圣地，面积约9平方公里，与少林寺、白马寺、相国寺并称为中原四大名寺，属省级重点文物保护单位、国家3A级旅游景区。

月山又名明月山，因山似一弯新月而得名。据现存《大明禅院碑记》记载，月山寺始建于金代正隆三年（1158）。少林游僧空相和尚自南京东明报恩禅院云游来到月山，登高南望，见“银江二带（黄河、沁河），且正对祖师（少林寺）”，遂在明月山“筑茅垒石，结庵其中”，初名曰“清风庵”，空相和尚自为第一代住持，以后名声越来越大。金世宗完颜雍敕赐“清风庵”为“大明禅院”。明天顺二年（1458），英宗皇帝敕赐为“明月山宝光寺”，清代改寺名月山寺并沿用至今。

月山寺鼎盛时期有僧侣五百、房舍千余间，经版、经书收藏甚多，尤其是藏经阁中收录的佛经最为完整，明代学者李濂在其所著的《明月山记》中曾提到“读道藏于天坛，读佛藏于明月”，句中的明月即指月山寺。月山寺为豫北地区最大的佛教活动场所。明永乐皇帝登基前曾在此幽居，明朝大乐律学家、数学家郑王朱载堉曾在此著书立说，亲为寺院山门题“明月山城”。清朝乾隆皇帝曾三游月山，在此居住数月，御题三匾，一对联，诗七首。其中一诗写道：“月地由来号月山，蜿蜒一径入云关。真成七宝光无定，消受三秋趣以闲。平

月山寺风景区

野色含菁峭外，飞泉声在翠微间。心疑开士幽居处，欲辨残碑藓已斑。”

景区仙山琼阁，胜迹荟萃，景致奇异，风景秀丽。近年来当地政府和群众投入巨资对月山寺进行了修缮，基本上恢复了原有的风貌。现存有金鸡叫、入云牌坊、碑廊、藏兵洞、天王殿、御碑亭、大雄宝殿、连环井、大佛殿、藏经楼、大士阁、课蜜泉、六公塔、七星塔、望景台等景点。

金鸡叫是月山寺的第一景观，游客至此，无论击掌、敲石，均能听到金鸡之鸣。入云牌坊是取清乾隆皇帝游月山时所作的诗句“月地由来号月山，蜿蜒一径入云关”而立。牌坊至顶，一弯新月初露于大山之巅——即是月山的标志。

碑廊。整个月山寺截至目前发现尚存的各式石碑计 70 余块，这里镶嵌的只是有代表性并易于挪动的石碑计 28 块，有历代记事、名人题字、题诗等。藏兵洞位于寺院西北崖下，为明燕王朱棣准备起兵造反夺取皇位前所设的藏兵洞。月山寺第二代方丈苍公曾在此创立了天下闻名的“月山八极拳”。八极拳现在在日本非常盛行，1984 年日本武术队曾到此认祖归宗，表演八极武术。

天王殿为寺院的第一进大殿。面阔三间，进深两间，殿中央供奉弥勒佛，背后站着韦驮天将，两侧则是护法神将——四大天王。御碑亭是河南省保存最完整的一处砖石仿木结构建筑，乃明嘉靖四年（1525）所建，两亭内各有盘龙首龟趺汉白玉碑一座。碑首为“敕赐宝光寺藏经碑”，碑文主要介绍了中国佛教的由来、发展以及宝光寺（月山寺）的传教情况。

大雄宝殿面阔五间，进深四间，始建于金代，重修于明清，清乾隆皇帝曾为此殿御笔亲题“六通圆满”。殿中央供奉着三尊高大精美的三世佛，俗称横三世佛，即释迦牟尼佛、药师佛和阿弥陀佛。传说当年朱元璋出家避难来到他舅舅家（现焦作市李封），后投身月山寺，负责在大雄宝殿打扫卫生。他每次打扫之前要说：“离开，离开，我来扫尘抹灰了。”各佛像纷纷离开殿堂，等他打扫完了之后，又说道：“各照本位。”诸佛像又各回到原来的位置之上。于是民间就流传下这样一句话：“朱元龙（朱元璋奶名）扫庙，各照本位。”

连环井为月山奇观之一，亦称神井，又叫灵井，系开山空相大师手凿而成。两井分南北排列，相距 2.3 米，均为石砌桶形，深约 4 米。两井虽不相通，但一井投掷硬币，另一井随之波动，两井此动彼应，十分奇妙。更奇者一井水甜，而另一井水却苦不能食（南井为苦水井，北井为甜水井）。甜水供寺院僧众食用，苦水浇花，则枝叶繁茂，花香沁人心脾。

大佛殿始建于金代，重修于明清，乾隆皇帝亲为此殿题匾为“无尽光明”。大佛殿供奉主尊是释迦牟尼，两边的两位菩萨是文殊和普贤。

另外，藏经楼、大士阁、课蜜泉、六公塔、七星塔也是月山寺的名景。月山寺后的制高点是望景台，在此晴天夜游，游客定可以领略到唐代大诗人王维所写的“明月松间照，清泉石上流”的意境。

万里黄河第一观

——嘉应观

嘉应观，俗名庙宫，又称黄河龙王庙，位于河南省焦作市武陟县嘉应观乡，占地 140 亩，是黄河流域现存规模最大、规格最高、保存最为完整，科学、历史、艺术价值最高，全国独有的黄河河神庙，被世人称为“万里黄河第一观”，为全国重点文物保护单位、国家 4A 级旅游景区。

嘉应观始建于清雍正元年（1723），是雍正皇帝为了纪念在武陟修坝堵口、祭祀河神、封赏治河功臣，不惜耗资 288 万两白银，仿北京故宫建造的一处集宫、庙、衙署三体合一的淮黄诸河龙王庙，雍正皇帝封其“四渎称宗”。从公元前 602 年至 1938 年的 2540 年间，黄河在武陟以下共决口 1549 次，其中康熙末年至雍正元年，黄河 4 次在武陟决口，淹华北，逼京畿，从天津入海。洪水曾淹新乡、卫辉、彰德，经卫河入海河，直逼京畿津门，危及整个华北。而且大量泥沙淤塞运粮河道，严重影响国计民生，成为当时清朝的心腹之患。康熙皇帝惊叹：“河涨河落，维系皇冠顶戴，民心泰否，关乎大清江山。”特传谕雍亲王胤禛督办河工。为治黄安民，雍亲王在康熙帝病重期间到现场亲自指挥了堵口、筑坝工作。继承皇位后的雍正元年，他派知名匠师，并调豫、秦、晋、鲁、皖五省民工，仿效当时北京皇宫的标准样式及满族风格，开始营建这座规模宏大的全国治黄指挥中心——清雍正行宫（嘉应观）。雍正登基后命兵部侍郎、河道副总督嵇曾筠加固堤坝，并为堤坝题碑名为“御坝”。雍正五年（1727），嘉应观竣工。1950 年，嘉应观西院设立傅作义和苏联专家治理黄河指挥部，开发黄河水资源，

武陟县嘉应观

修建人民胜利渠。1952 年 4 月，人民胜利渠举行开闸放水典礼；同年 6 月，灌溉农田；10 月 31 日，毛泽东亲临视察。后不少国家领导人前来视察。

嘉应观现存古建筑 249 间，分南、北两院和东、西跨院。北院为祭祀河神、巡河行宫建筑群。中轴线南北依次有山门、御碑亭、严殿、大王殿、恭仪亭、舜王阁；两侧对称有掖门、御马亭、钟楼及鼓楼，更衣殿、龙王殿、风神殿及雨神殿；东西跨院为河台、道台衙署。南院原有戏楼、牌坊。观西原有陈公祠。

嘉应观整个建筑群体富丽豪华、巧夺天工。中大殿天花板上有 65 幅圆形彩绘龙凤图，是满族艺术风格（故宫的龙凤图为满汉合璧，嘉应观的龙凤图是清一色的满族文化风格），天花板材料是檀香木，不见蛛网，不粘灰尘，鸟虫不进，所以又称作“无尘殿”。

山门位于嘉应观南端，为单檐歇山顶，顶部覆盖蓝色琉璃瓦，檐下为五踩重昂斗拱，外檐木质上均有彩绘，门前门牌上书有“敕建嘉应观”，为雍正帝手书。

御碑亭位于嘉应观南部，外形似清代皇冠，内立雍正帝撰文的大铜碑，高 4.3 米，宽 0.95 米，铁胎铜面，碑周 24 条龙缠绕，象征 24 个节气，又代表大清各个疆域中主要水系的大小龙王。底座为蛟，俗称独角兽，被认为是黄河泛滥的祸根，巨碑压之。蛟卧青石须弥座，座下有口水井，与河通。河涨它涨，河落它落。河蛟头上有一水眼，人们往里丢铜钱，可以听到悦耳的叮咚水声。根据水声大小，可以预测洪水的涨落。此碑之高大，皇帝书、文、印之真迹，治黄史料之翔实，在全国实属罕见，应列诸铜碑之首。既是镇观之宝，也是国之珍宝。

严殿，位于嘉应观南部，是王公大臣祭祀河神的仪殿，“嘉应观”匾额是雍正帝题写。大王殿，又称中大殿，位于嘉应观中部，为重檐歇山回廊式建筑，殿内正立“钦赐润毓”金牌，“润毓”是雍正帝御赐在武陟治理黄河的都御史牛钮的封号（牛钮是皇帝的皇叔，也是嘉应观的首任主持），殿前有一碑为水清碑，也叫灵石碑。恭仪亭，位于嘉应观北部，为王公大臣祭拜禹王前整理衣冠的地方。穿庭而过，可望禹王阁。禹王阁又名后大殿，面阔七间，进深三间，楼内两头有梯可盘旋而上。1988 年由省石刻艺术馆重塑大禹坐像及二神童站像于楼下。坐像高大、庄严、肃穆。禹王阁东西两侧群房各九间，东为风神殿，西为雨神殿。与阁相连的东西各三间为香客房。

道台衙署，位于嘉应观西院，是清朝河北道道台处理治河及灭蝗事务的办公场所，有黄沁厅、2 间河兵房、2 间厢房，衙署北端的院子是傅作义和前苏联专家治理黄河指挥部的旧址。

河台衙署，位于嘉应观东院，是雍正帝及有关官员治理黄河的办公衙署，有议事厅、2 间执事房、马厩等。

治理黄河指挥部旧址，位于嘉应观西北端，第一任水利部长傅作义曾在这里办公，同住于此的还有首任黄委会主任王化云、前苏联驻中国首席水利专家布可夫、清华大学教授张光斗、地质学家冯景兰。

嘉应观规模宏伟壮丽，布局对称严谨，凝聚着我国古代劳动人民卓越的创造才能与高度智慧。当地正在规划建设嘉应观黄河文化旅游区，规划总面积 22 平方公里，集历史文化、科普教育、休闲度假、娱乐观光、田园劳作为一体，建成后将充分展示黄河文化和大河风光。

陈氏太极名中外

——陈家沟太极拳文化旅游区

温县陈家沟太极拳文化旅游区位于温县县城东六公里的清风岭中段的赵堡镇陈家沟，是国家 4A 级景区。

陈家沟南临黄河，北依太行，与伏羲画卦台、河洛汇流处隔河相望，处于浓厚的华夏文化氛围之中。村中居民 2600 余人，以陈姓为主。因这里是陈氏太极拳的发源地，而陈氏太极拳又是我国太极拳的鼻祖，故而村子不大但天下闻名，是全国乡村旅游模范村、美丽文化传承村、省级生态文明村、中国第三批传统村落，中国第一批特色小镇，全国先进武术之乡。

明朝初年，陈家沟陈氏始祖陈卜从山西移民到此，便带有家传武术。这里沟壑交错、兵匪出没。为了保卫桑梓，村里成立了武学社，自此陈家沟人习武成风。至明末清初，温县陈家沟陈氏第九世陈王廷（1600—1680）依据祖传拳术，博采众家之长，创编并传授下来五路拳、炮捶一路、108 式长拳，双人推手和刀、枪、剑、棍、锏、双人粘枪等器械套路。自陈王廷之后，陈家沟练习太极拳之风甚盛，老幼妇孺皆练习，当地流传的俗语“喝喝陈沟水，都会翘翘腿”、“会不会，金刚大捣碓”，在一定程度上反映了当时的情形。陈氏太极拳传至 14 世有了长足的发展。14 世继承人是陈长兴，字云亭，著有《太极拳十大要论》《太极拳用武要言》《太极拳战斗篇》等。长兴以保镖为业，走镖山东，在武术界享有盛名。他在戏台前看戏，站立在千百人中（当时农村演戏，身强力壮者挤在台前，无座位），无论众人如何推、揎、拥、挤，脚步丝毫不动，凡近其身者，如水触石，

陈家沟

不抗自颓，时人称为“牌位大王”。1771 年，陈长兴将此拳传给了外姓人杨露禅。后经历了长期的发展、衍变，逐步形成了太极拳的四大流派，即以陈发科为代表的陈氏太极拳，继承了太极拳古老的拳法；以杨露禅为代表的杨式太极拳，着重姿态舒展稳重；以吴鉴泉为代表的吴式太极拳，力求简练，紧凑柔和；以孙禄堂为代表的孙式太极拳，动作轻柔，小巧灵活。

太极拳是一项意气运动，要求以心行气，以气运身，意动而后形动；意到气到，气到劲到。它具有一系列的螺旋运动形态，一动全动，贯穿整体，一气呵成，如行云流水，绵绵不绝。用力方法以缠丝劲为主，讲求“寸劲”的锻炼。太极拳用功，灵捷无形，手到劲发，未击中对手之前无劲，只在击中对手一刹那发劲，一发便收，疾如闪电。在实战技击中，太极拳讲求以静制动，以柔克刚，以顺避害，以“听、化、拿、发”四种后劲，后发制人。

在各种太极拳流派中，陈氏太极拳首屈一指，现在流行最广的陈氏太极拳

一、二路，是陈氏太极拳17世传人陈发科于20世纪50年代传下来的。第一路拳，共八十三式，动作较简单，柔多刚少，速度较慢，适合于体弱有病者和老年人练。第二路拳又名炮捶，共七十一式，急速紧凑，刚多柔少，着重锻炼寸劲，适于青壮年习练。陈氏太极拳第19世嫡传掌门人陈小旺，深得拳法奥妙，1980年，他在全国武术观摩会上一举夺魁，以后的两届冠军，也都为他一人独占。陈小旺还潜心著书，先后撰写了《三十八式陈式太极拳》《世传太极拳》等著作，受到国内外太极拳爱好者和武术界的高度评价，后当选为河南省陈氏太极协会主席。

为了使更多的人学习太极拳，健身强体，经国家体委、教委批准，陈家沟先成立了武术学校，后又成立了武术院。培养的运动员在全国和国际比赛中荣获金牌24枚，银牌16枚，铜牌23枚。参加学习的除国内学员外，还有来自美国、英国、法国、德国等20多个国家的学员。陈家沟的所在地温县，太极拳更为普及，13个乡均有太极拳协会，工矿企业都有群众性的组织。经过几百年的传承与发展，太极拳已在世界150多个国家或地区广为传播，习练者达3亿之多。

陈家沟太极拳文化旅游区规划面积35平方公里，核心区3.5平方公里，主要景点包括：太极拳祖祠、太极拳祖林、太极拳博物馆、太极文化园、武学社、东沟创拳处、中华太极馆、陈照丕陵园、古皂角树、名人故居、太极拳文化国际交流中心等。每年来陈家沟寻根问祖、拜师学艺、健身养生、感受太极文化的游客络绎不绝。太极圣地——陈家沟正在努力朝着“世界太极城·中原养生地”核心区的目标前进。

万壑千峰紫气深

——神农山（坛）风景名胜区

沁阳市神农山（坛）风景名胜区位于河南省焦作沁阳市西北的紫陵镇赵寨村与晋城泽州县山河镇狄河村交界处西北 25 公里处的太行山南麓，其上的神农坛为远古时神农炎帝的祭礼场所。为国家猕猴自然保护区，国家级风景名胜区，国家 5A 级旅游景区。

神农山（坛）历史悠久，相传远古时期，炎帝神农氏就在此辨五谷，尝百草，设坛祭天，故名神农山或神农坛。其后从神农、帝喾、夏禹直到周武王，都在这个祭坛举行过祭祀活动。神农山海拔在 250~1116.9 米之间，山上自然景观雄伟秀丽，共有植物 129 科 474 属，1199 种。其中经济树种主要有山楂、核桃、柿子、花椒、五倍子等。药用植物有石韦、灵芝、三参、山药、地黄等。珍稀保护植物主要有太行菊、野大兰、黑壳楠等。动物有香獐、红嘴海鸭等珍禽异兽 40 多种，鸟类 200 多种。被列为国家级保护动物的有金雕、麝、大鲵、猕猴等。特别是云阳河和白松岭的仙神河两侧的太行猕猴群，约有 700 多只，最大的一群 130 多只，最小的一群 40 多只，成群结队，攀崖蹿树煞是可爱。

神农山（坛）风景名胜区有 8 个景区 136 个景点，共九山二河二十八峰。风景名胜区以雄、险、奇、绝著称。“雄”是指百里景区，高山巍峨，峰峦叠嶂。景区中部临川山、紫金山耸立，左部与悬谷山、沐涧山对峙，右部与大雄山、云阳山相望，主峰紫金顶巍峨挺拔，海拔 1028 米，被誉为“中天玉柱”。“险”是指径险、崖险、石险。“奇”是指峰奇、石奇，神雕峰威风凛凛，神

神农山（坛）

母峰安逸慈祥，伏羲峰壮硕阳刚，女娲峰秀丽阴柔。“绝”在松绝、石绝、洞绝。升仙洞贯通紫金顶中部，可透过山洞看日出月落。优美的风景使这里不仅为历代佛门仙道修炼的场所，而且是历代帝王将相、文人学士流连忘返的胜地。清代萧瑞苞游此山时作《夜宿悬谷寺》诗：“竹里泉声送远音，平照起坐对遥岑。日光欲上星初没，万壑千峰紫气深。”描绘了内心的感叹。这里的文物景观始建于魏晋，历隋唐五代、宋元明清，形成多处建筑巍峨、规模宏大的古建筑群，其中有纪念帝尧狩猎的尧庙、尧池，商代的鄂侯故城，战国时代建造的赵长城、贺村古城，盘旋在太行山腰上的汉代羊肠坂道，风格别具的紫陵唐城，保存完好的九渡宋代石城，明代端清世子、世界著名的自然科学家、音律学家朱载堉的墓葬，太平天国北伐军围攻怀庆府总指挥部，闻名中外的“狼牙山五壮士”之一宋学义的故居，等等。

景区内文物景观共分三个区。东区从云阳河谷至紫金顶；西区以仙神河为中心，东至老龙沟，西达窄涧谷；南区为捏掌村中的尧圣庙和尧泉池。

东区。下起云阳寨，上至三清大殿，包括9处景点。云阳寨为清代建筑，是进入景区的唯一通道，傍河接峰，横亘于临川山和云阳山之间。石造寨墙，长约200余米，高6米多，形似长城，拱门上有题额“云阳寨”；云阳寺，包括寿圣寺、胜果寺、云阳寺、清静宫四组建筑。进入山门，正中为三皇阁，左为王母殿，右为玉帝殿，均为双层楼阁式建筑，上为石刻仿木结构顶。各殿门口石柱上皆刻有“道理”的对联，三皇阁石柱上刻“欲知五帝以上事，须问盘古以下人”。小塔林位于清静宫东的云阳河西岸台地上，现尚保存有方形密檐式砖塔3座。伏羲殿位于始祖峰下，供奉人类始祖伏羲、女娲像。三仙洞，位于桃花溪中部，分别为王母娘娘、水母娘娘的行宫和道徒修炼之所。一天门，通高4.5米，位于海拔900米的山脊上，是进入紫金顶的咽喉要道。中天门，位于神农天梯之间，这一段道路陡峭、狭窄，像荡漾在九霄云外的天梯，异常惊险。南天门，位于紫金顶南端；紫金顶古建筑群，海拔1028米。相传太上老君曾在此筑炉炼丹，峰顶常有紫气缭绕，金光笼罩，故名，还相传神农氏曾在此祭天。山顶平面呈不规则长方形，南北长约500米，东西最宽处约15米。从南向北，依次建有祖师殿、太极殿、玉帝殿、三清殿等。

西区。文物景点包括临川寺、二仙庙、沐涧寺和窄涧谷太平寺摩崖造像。临川寺位于仙神河东2公里处的老龙沟北端山腰平台上。三面环山，面积约6000多平方米。溯老龙沟而上，山神坡上有一山神庙。二仙庙本名静应庙，位于仙神河河口东岸，这里左悬谷，右紫金，前小库，后沐涧，水环翠拥，自然景色十分优美。传说唐代唐高祖李渊和李世民曾逃亡到此，遇二仙，为其解决了粮草并点化前景。现存的文物点有石坊、飞来石等。后坐落着太岳真人院和瑶池圣母院。院后为重檐阁楼，现仅存一层，有唐、宋、元、明、清碑碣100余通。沐涧寺，位于二仙庙北1公里处的仙神河西岸，沐涧山山腰上，寺前一涧自西而来，逆水而上，可达西石瓮。西石瓮位于山涧之尽头，圆形，上小下大，游人至此，如在瓮中，故名。沐涧寺是自唐以来的佛道圣地，石刻题记尤多，有很高的历史价值。出二仙庙，西渡仙神河，越仙人桥，迂回绕过一个山头，即可到达窄涧谷太平寺摩崖处。有限的空间内留下了众多的佛教遗迹：隋唐时期的摩崖和石窟造像，五代后晋的石刻莲花经，宋金的游人题记，明清的寺院遗址及20余通碑刻。沿着山壁的摩崖造像和石窟造像计有像龛6个，未成龛2个，千佛洞1个，石窟2个，造像题记8处，摩崖刻经1处，线刻佛塔1座，分布在东西长约150米的范围内。千佛洞洞口朝南，窟内共雕佛1012身。最大特点在于每个小佛龛均刻出佛名，现可看清的有460多个，这在其他以千佛为题材的造像中是极为罕见的。

南区。包括尧圣庙和庙外的尧泉池。现存建筑四组：中轴线上有山门、过庭、尧王殿。过庭与尧王殿之间左厢房为牛王殿，右厢房为马王殿。在主体建筑群左侧有蔡伦殿，右侧有三义殿及两组建筑群。山门南有尧泉池，池南有戏楼。尧泉池位于尧圣庙山门南8米处，池为方形，边长10米。清人范照黎作诗《尧泉池》，对其进行了考证："处处清泉绕绿畴，帝尧遗迹著千秋。尧池流出台渟水，小沁城东合沁流。"

明代“乐圣”隐何处

——朱载堉纪念馆

朱载堉纪念馆位于沁阳市北寺街薛街 1 号，占地面积 3000 多平方米，是一处以历史名人和历史载体为主题，弘扬优秀历史文化的爱国主义教育场所，为河南省爱国主义教育基地。

朱载堉，字伯勤，号山阳酒狂仙客，又号狂生。生于公元1536年，卒于1611年，谥端清，史称“端清世子”，他是明太祖朱元璋九世孙，郑藩第六代世子，也是中国明代伟大的自然科学家和艺术科学家。他创建的十二平均律曾轰动欧洲，由此揭开了世界音乐史的新纪元，被业界奉为“乐圣”。他在天文历法、数学、计量学、物理学和绘画等学科领域中都有令世人瞩目的成就，被西方学者誉为东方文艺复兴式的文化巨匠。朱载堉是中华民族灿烂文化的杰出代表之一，是人类灿烂星空中一颗耀眼的巨星。

他生活在明嘉靖、隆庆、万历时期，一生在沁阳经历了府邸优裕、筑土室于宫门外、重入王府、隐居九峰四个生活阶段。然而他不贪恋王宫奢华生活，却忘我探寻科学的奥妙，成为东方文艺复兴时期的杰出代表人物。他首创了十二平均律的弦乐器和管乐器，为世界上相同律制乐器的始祖；谱写了世界上最早的平均律曲谱，比德国作曲家巴赫《平均律钢琴曲集》早 300 年；提出了严格的管乐器的管口校正方法和校正公式，比西方同样的理论早 300 年；第一个提出了“舞学”一词，并为之规定了内容大纲；首创了求解等比数列的计算方法；第一个解决了不同进位制的换算方法；第一个在珠算上进行开方运算。

他还精确地测算出北京的地理纬度和地磁偏角；精确地计算出回归年的长度值和水银比重。他的《醒世词》在河南、山西一带民间被辗转传抄。

朱载堉纪念馆原为元仁宗落难居怀的处所，明郑藩由陕西凤翔迁至怀庆（今沁阳市）之后占用，属郑藩在怀庆机构设施的一部分，为朱载堉和他父亲共同生活与进行乐律研究的地方，故又称“郑王乐府”。1986 年，沁阳县人民政府在其仅存的前序部分筹建朱载堉纪念馆，1991 年 10 月建成开馆。

朱载堉纪念馆现有馆藏文物200余件，通过陈列100多件文物和大量的照片、图表，辅以模型、雕塑、音像，充分展现了“乐圣”朱载堉落寞坎坷的一生及其在科学领域所取得的超人成就。

朱载堉纪念馆整体建筑为明清混合式大四合院布局，主房 28 间，分四个展室：

第一展室：展现沁阳市历史悠久、地灵人杰和诞生在这民族文化土壤中的世界文化名人朱载堉的生活时代及其郑藩家世。

第二展室：展现朱载堉从青年时代到晚年隐居的四个不同生活阶段，反映朱载堉高尚的品德和苦读寒窗、穷追不舍的治学精神。

第三展室：展现朱载堉平生呕心沥血，在全世界首创十二平均律理论，并加以应用的重大学术成果。解决了中外学者一两千年来想要解决而无法解决的用数学式表示的旋宫转调历史课题，完成了世界音乐史上的一大革命。同时反映了朱载堉在数学、物理、计量、天文、历法、音乐、舞蹈、美术和文学等方面研究的巨大学术成就。

第四展室：展现朱载堉高尚的思想情操和伟大的学术贡献在国内外的重大影响。

朱载堉纪念馆现已成为音乐爱好者的旅游打卡之地，慕名来这里参观的人络绎不绝。

猖狂恣睢韩昌黎

——韩愈陵园

韩愈陵园位于焦作孟州市西虢镇韩庄村向北 300 米处，是为纪念我国唐代著名的大文学家、思想家、政治家、教育家韩愈而建，为河南省文物保护单位，河南省爱国主义教育示范基地，国家 3A 级旅游景区。

韩愈（768—824），字退之。唐代文学家、哲学家。河南河阳（今河南孟州南）人，因其常居郡望称昌黎，世称韩昌黎。他 3 岁时失去父母，由嫂子郑氏抚养成人，少时刻苦好学，7 岁读书，13 岁能文。自称“前古之兴亡，未尝不经于心也，当世之得失，未尝不留于意也”。及长，尽通六经百家之学。贞元进士。他在任监察御史期间，为天旱人饥，田禾无收，曾上疏请免徭役赋税，指斥朝政，被贬为阳山令。公元 817 年，因助裴度平定淮西叛乱，升为刑部侍郎。公元 819 年，又因谏阻迎佛骨，触怒宪宗，几乎被杀。后裴度等人救援，遂改贬为潮州刺史。穆宗长庆时，因奉命宣抚平息镇州兵变有功，升任吏部侍郎，故又有韩吏部之称。长庆四年（824），病逝，追赠礼部尚书，谥号“文”，又称韩文公。

韩愈比较关心人民疾苦。思想上尊儒排佛，强调自尧舜至孔孟一脉相传的道统，将人性分为上、中、下三品，提出了性三品学说。在其所著《师说》一文中，认为“人非生而知之者”，并提出“弟子不必不如师，师不必贤于弟子”的著名观点，对后世影响甚大。他倡导和发起了“古文运动”，大力提倡秦汉以前的“古文”，并以自己的实践实现了自己的主张，树立了一代文风。文学上提出“文以载道”和“文道合一”的观点，与柳宗元同为古文运动创导者。

韩愈陵园

杜牧把韩文与杜诗并列，称为“杜诗韩笔”。叙事文在韩文中比重较大，如《柳子厚墓志铭》《祭十二郎文》。散文各体兼长，后人尊称他是“文起八代之衰”、“百代文宗”。韩愈位列“唐宋八大家”之首。诗亦有独特风格，境界雄奇，如“天街小雨润如酥，草色遥看近却无。最是一年春好处，绝胜烟柳满皇都。”[《早春呈水部张十八员外》（其一）]。长庆四年（824），韩愈病卒于长安，终年56岁。次年归葬家乡。据不完全统计，韩愈共为后世留下著作40余卷，载文390余卷（篇），诗、赋300余首。其中传世集本有宋廖莹中《昌黎先生集》等。

韩愈陵园始建于唐敬宗宝历元年（825），距今约有1000多年的历史，南濒黄河，北倚太行，丘陵环抱，古柏苍翠，雄伟庄严。陵园的主要建筑有牌楼、神道、石阶、山门、飨堂、碑廊、雕塑、展厅、亭阁等，气势宏伟壮观，中国国际韩学研究院就设在这里。

牌楼是一座宏伟高大的仿唐式建筑，为双层挑角式歇山建筑，楼高25米左右，大门青砖绿瓦、朱柱、画廊。据称是目前所见庙门最大的一座。里面两侧有大厅和登楼阶梯。从楼顶向四周望去有欲穷千里目之感，北望是长1公里的神道。走过神道，迎面有一座巨大的纪念碑，正面为江泽民题写的“韩园”二字。往后是一座清代中期建筑——飨堂。面阔三间，古朴雅致，内有韩愈的手迹“鸢飞鱼跃”、“白鹦鹉赋”以及清代乾隆皇帝的手迹。飨堂后面有两株参天古柏，为唐代遗物，系建墓时所植，这便是世人所称的“唐柏双奇”。历经千余年风霜寒暑，仍然生机勃勃，枝繁叶茂，是古河阳八景之一。柏下有一通石碑，一碑双作。正面为“神道碑”，是韩愈门生皇甫湜撰文，碑文陈述了韩愈的经历；背面的碑文陈述了考证墓地的经过。

墓祠的后院便是韩愈的墓冢，冢高 8 米，围长 100 米，墓周翠柏拥簇，枣树成林，墓前有青砖碑楼两座，正面碑楼内嵌青石碑一通，高 1.7 米，宽 0.7 米，镌刻 30 厘米见方隶书“唐韩文公墓”五个大字。靠右稍后的碑楼内有一高 1.61 米、宽 0.62 米的青石碑一通，上有“谕祭文”。

韩愈墓祠的东跨院为名家题词碑廊，碑廊内四壁镶嵌碑刻，镌刻有 100 多位国内外名家学者的题词评论。西跨院为韩愈事迹陈列室，陈列着有关韩愈生平事迹和逸事的图片资料 100 余件。

步入韩园，犹如迈入了丰厚的文化圣地，文化芳香扑面而来，处处显示着韩园的历史印迹。特别是 1992 年第一届韩愈国际学术研讨会召开以来，韩园已成为世界韩学研究的中心与基地。

濮阳市

桑间濮上观巨龙

——戚城文物景区

戚城文物景区位于濮阳市华龙区京开路南段134号，占地面积760亩，建筑面积6.6万平方米，绿化面积500余亩，是一处集知识性、观赏性、游乐性于一体的历史文化景区，为全国重点文物保护单位，国家4A级景区。

戚城最初是春秋时期卫国的第十代国君武公之孙孙耳的采邑，孙氏在此袭居六代，为卫世卿，他们世代掌握着卫王室的实权，演出一幕幕历史话剧来。最大的政治事件发生在公元前496年，太子蒯聩谋害灵公夫人南子未遂，逃到晋国避难，13年后潜入戚城，与其子辄（已立为卫出公）争国。蒯聩勾结其妹控制了执政的外甥孔悝，卫出公辄被迫出逃鲁国，蒯聩自立为庄公。子路是孔悝的邑宰，为救孔悝而惨死在与蒯聩的甲士的厮杀中。今戚城东北里许有子路墓冢。戚城遗址、子路墓祠、蒯聩台遗址（在油田供应处院内）三处文物古迹，同是这一事件的产物，形成一个自然景区。

戚城文物景区依托戚城遗址而建。戚城遗址俗称孔悝城，为四方交通必经之地，因此从公元前626年到前531年的近一个世纪内，为春秋卫国重要城邑和各国诸侯会盟胜地。各诸侯国在卫会盟15次，其中7次会盟于此。这里保留着中原地区保存最完好、延续时间最长的古代聚落城池。戚城古城垣周长1520米，残高最高处8.3米，最厚处16.5米，城内面积14.4万平方米。现存东、西、北三面墙体。濮阳城东80米处有一夯土台，就是当时诸侯会盟的盟坛基址，距今已有2700多年的历史。经考古钻探，地下依次叠压着自裴李岗、仰韶、龙山

濮阳戚城文物景区

至汉文化层，上下七八千年历史遗存绵延不断，是濮阳悠久历史、古老文明的历史见证。

戚城文物景区主要有纪念景点5处，文物及遗址展示3处，设计建设了反映濮阳古代辉煌历史的设施，用壁画、塑像、文物陈列和采用现代声光电技术布置的场景，来形象地展现古代濮阳的著名人物、重要事件和故事传说，构筑出濮阳历史文化大观。

玄宫。古书记载，淄阳上古名叫帝丘，是传说中五帝之一“颛顼”和他的部落生活的地方，所以，濮阳又被称为“颛顼遗都”。颛顼最大的历史功绩是观天象、制历法、改革原始宗教。文物景区内的玄宫，就是展现人文初祖颛顼功德的。战国时期哲学家庄子在《大宗师》中说：“颛顼得道，以处玄宫”，意思是说，颛顼悟出了天地之道，在玄宫主持了宗教改革，玄宫因此而得名。

铸鼎轩。文献所记载著名青铜礼器——九鼎，传说是由大禹的儿子启用九州所贡之铜在昆吾铸造的。戚城文物景区有一座水榭式建筑——铸鼎轩，即为纪念这一历史事件而建，中间彩塑有夏启人像。

龙宫。戚城遗址中，收集全国关于龙的文物，布置有大型龙文物展览的龙

戚城文物景区展出的中华第一龙

宫最引游人注意，这里展出的“中华第一龙”，形象为蟒身、马头、鹿角、鹰爪、鱼须，标志着许多部族的同化与融合。它是1989年在濮阳市老城的西北隅西水坡仰韶文化遗址挖修“引黄供水调节池”时发现的，距今6500年左右，如今那个地方已是一片水面。在一个墓室中部的壮年男性骨架的左右两侧，有用蚌壳精心摆塑的龙虎图案，龙图案身长1.78米，高0.67米，昂首、弓身、长尾，前爪扒、后爪蹬，状似腾飞。虎图案身长1.39米，高0.63米。虎头微低，环目圆睁，张口露齿，虎尾下摆，四肢交替，如行走状，形如下山之猛虎。这个用蚌壳精心摆塑的龙虎图案，被考古学者验定为“中华第一龙”。从中国龙的艺术发展历程来看，它的颈、爪、角以及整体构图，已经具备了发展到后来中国传统文化龙的大部分要素和创意。蚌龙身上所特有的精、气、神，正是几千年来中华民族征服自然、自强不息、团结统一的写照。濮阳也因此被有关部门命名为“龙乡”。

壁画。在东、西、南三面回廊中有26幅春秋卫国史壁画，形象地再现了自公元前11世纪末卫康叔受封立国，之后都城三迁一直到定都帝丘（即今天的濮阳），后于公元前 239 年为秦国所灭这 800 多年波澜壮阔的历史，中国著名的成语典故如大义灭亲、退避三舍、螳臂挡车、好鹤失国、桑间濮上、郑卫之音等就出自卫国史。还有《孔子在卫十年》壁画 26 幅、《子路生平》壁画 10 幅及《颛顼功德》壁画等。彩塑了古代濮阳及卫国名人 25 尊。另外还有战国秦汉风格的东阙门和唐代风格的北大门，还整修了广场、道路，开挖了玄湖、龙湖，优化了环境，加以每年举办各种临时性展览，戚城文物景区已成为一处道地的戚城遗址博物院。加之绿杨、垂柳、草坪的映衬，再现了春秋卫国“桑间濮上”、“郑卫之音”巨幅历史田园画卷，使戚城文物景区成为文物保护、历史展示与现代园林完美和谐的统一组合。

峥嵘岁月永难忘

——单拐革命旧址

濮阳单拐革命旧址位于河南濮阳市清丰县双庙乡单拐村，包括中共中央平原分局革命旧址、中共中央北方局革命旧址、冀鲁豫军区纪念馆以及兵工厂旧址等，占地面积6010亩，建筑面积7648平方米。为全国重点文物保护单位，国家级抗战纪念设施、全国红色旅游经典景区，国家4A级旅游景区，国家和河南省爱国主义教育示范基地。

单拐村抗战时期不靠近公路，地理位置比较偏僻隐蔽，仅有村民400余人，是冀鲁豫边区建党较早的地区之一。全面抗日战争爆发后，这里又是地方党组织发动抗日救亡运动和开展游击战争的中心。黄克诚率领太南地区组成的八路军第二纵队和三四四旅、独立游击支队及华北抗日民军第一旅到达冀鲁豫地区，与冀鲁豫支队整编，仍称第二纵队，后成立了冀鲁豫边区军政委员会。1943年11月，为了加强冀鲁豫与冀南两区的统一领导，中共中央决定成立冀鲁豫分局（平原分局），领导冀南、冀鲁豫两个区党委。1944年5月11日，冀鲁豫和冀南两区合并，两个区党委机关撤销，各地委（12个）直接由分局领导。合并后的冀鲁豫军区，宋任穷任司令员，黄敬兼政治委员，下辖11个军分区和水东独立团。1944年7月黄敬回延安治病后，宋任穷代理平原分局书记。1944年9月，分局和军区机关迁单拐办公。抗日战争后期，冀鲁豫边区是联接华北、华中，联系华东、太行和大后方延安的战略枢纽，也是我党领导的最大敌后根据地。单拐村作为冀鲁豫边区的政治、军事指挥中心，领导着东至津浦、南跨陇海、

濮阳单拐革命旧址（中共中央平原分局革命旧址、中共中央北方局革命旧址、冀鲁豫军区纪念馆等）

西临平汉、北靠德石的广大区域，辖 116 个县，近 2000 万人口。1945 年 1 月 23 日，中共中央提议北方局及时进至冀鲁豫工作，普遍发动群众，进行彻底的减租减息，利于根据地进一步巩固。并强调北方局必须亲自到平原去工作，协助分局完成这一伟大任务。经过 2 月份的准备，北方局代理书记邓小平于 3 月上旬由山西麻田带领北方局组织部长刘锡五、宣传部长李大章等 20 余机关人员来到冀鲁豫边区革命根据地中心区——濮阳，先住在分局附近李家楼，半个月后，进驻单拐村。1945 年春到 1946 年 10 月，军区政委邓小平和司令员杨勇、宋任穷等同志先后在这里居住长达一年之久，积极对日伪发起攻势作战，不仅领导了有名的锡山战役和解放阳谷、封丘、延津等战役，还积极发动这一带贫苦农民建立农民政权，领导农民开展减租、减息、增资、增佃斗争，共收复县城 75 座，解放人口 500 余万，尤其是清丰之战有力打击了日军，扭转了战争局势，拉开了抗日战争胜利的序幕，为刘邓大军强渡黄河、挺进大别山奠定了坚实基础。解放战争初期，军区第一兵工厂在这里成功制造了我军兵工史上第一门大炮——“盖亮号”九二式七十毫米步兵炮，对解放战争和抗日战争的胜利作出了积极贡献。

濮阳单拐革命旧址保护开发工作是从1980年开始启动的，当地政府先后整修了中共中央北方局旧址、邓小平旧居、宋任穷旧居、平原分局旧址、军区第一兵工厂旧址等，征集革命文物2000多件，设立了冀鲁豫根据地抗战史迹、邓小平生平、边区百名将军、边区民俗、减租减息、大生产运动等8个专题展室。布展面积2100平方米。在纪念邓小平诞辰100周年之际，又修建了4000平方米的革命旧址广场。经过多年的开发建设，单拐革命旧址这一宝贵历史资源得到了较好的保护利用。

许昌市

魏都览胜话曹汉

——许昌市三国遗址

许昌地处中原腹地，因东汉建安元年（196），曹操迎献帝建都于此，“挟天子以令诸侯”，许昌成为当时全国政治、经济、文化中心，故称许都，也称魏都。这里曾是曹操父子抗衡蜀、吴和最后统一中国北方的大本营。公元220年，曹丕在这里登基创建魏国，改许县为许昌，为五都之一。这里曾经留下繁若星汉的名胜古迹，据不完全统计，全国三国名胜古迹500多处，许昌就占有80多处。比较有名的有春秋楼、灞陵桥、小西湖、射鹿台、受禅台等，其中春秋楼、灞陵桥都为国家3A级旅游景区。

春秋楼又名大节亭，位于许昌市中心文庙前街中段，为明清风格建筑群。“身在曹营心在汉”的故事就发生在这里。据史书记载，关羽（字云长）和张飞投奔刘备后，刘备投靠军阀公孙瓒，做了平原相，袭杀徐州刺史车胄，派关羽领徐州，守下邳。建安五年（200），曹操攻破徐州，刘备兵败投奔袁绍。曹操在下邳俘虏了关羽和刘备两位夫人。曹操深爱关羽之才，盼其归降，先拜关羽为偏将军，又封为汉寿亭侯，并赐宅一座，让关羽同二位皇嫂居住。关羽将一宅分为二院，让二位皇嫂住内院，自己居外院，晨夕进内问安，秉烛夜读《春秋》。但关羽身在曹营心在汉，“降汉不降曹”。为报曹操知遇之恩，他策马于万军之中，杀颜良，诛文丑，解曹军白马之围。曹操更加喜爱关公，派关羽同乡张辽劝说，但关羽誓不叛刘，曹操无可奈何。之后关羽打听到刘备下落，拜书告辞曹操，“千里走单骑”，“过五关斩六将”，终于找到刘备。后人为赞颂关羽大义节操，就在此建起了春秋楼和关帝庙。清代许州知州甄汝舟写诗赞曰：“秉烛中宵暂避嫌，宅分两院亦从权。依曹已久仍归汉，留得英风在颍川！”

春秋楼始建于元至元年间（1264—1294），多次修葺。现在的春秋楼景区是1995年修复的，规模为历代之最，总占地面积20000平方米。外院有山门、春秋楼、关圣殿、刀印楼；内院为园林建筑风格，有甘糜二后宫、问安亭、水榭、挂印封金堂，另外还有文庙院的大成殿、东西廊等。

新修建的关圣殿，面阔七间，进深三间，总高度33.1米，三重檐，歇山式高台建筑，顶饰黄色琉璃瓦，汉白玉栏板，青石铺地，廊柱上书写着“身在曹营心在汉，心如日月义同天”一副对联。殿内彩塑13米高关羽夜读《春秋》的坐像，气宇轩昂，一副儒将雄风，另有关平、周仓、王甫、廖化塑像。在这座殿堂的东、西内壁上绘有两幅精美的壁画《关公封侯图》和《关帝神游图》。《关公封侯图》主要描绘了关羽徐州之战归附曹营之后，帮助曹操解白马之围，曹操向汉献帝刘协表封其为“汉寿亭侯”的宏大场面。而西壁的《关帝神游图》则显示了关帝在周仓、关平的护卫下浏览万里山河，惩恶扬善，赐福于民。

灞陵桥位于许昌市城西4公里处的后梁河上，此河三国时又称灞水，故叫灞陵桥，也称“汉关帝挑袍处”，为许昌市十景之一。原桥高出水面3米，为三孔青石桥。桥面宽能并行两车。桥长90米，两侧各有石雕栏杆16根，桥旁有数通石碑，一刻“汉寿亭侯挑袍处”7字，据传出自明将左良玉手笔；一为《辞曹书》，是明代书法家滕之湖所书；还有一通《关公挑袍图》石碑，传为唐代画圣吴道子所绘。这些石碑记述和描绘了关羽对曹操辞其金而挑其袍的过程，歌颂了他视高官厚禄若粪土、情深义重垂千秋的高风亮节。后人推崇关羽“忠义仁勇”的品格，遂在桥西建关帝庙设像以祀。如今，这里已建成融桥、庙、园为一体的文物苑区，占地8.4公顷，古运河贯穿其中，水禽相戏。灞桥飞架，如长虹卧波。河东为园林式仿汉建筑青梅园和秋湖垂钓村，河西有清代建筑群关帝庙及新辟建之桃园。

春秋楼、灞陵桥两处名胜，记叙了一个完整的事件和传说。它既反映了关羽对刘备“义不负心，忠不顾死”的君臣之义，又再现了曹操对关羽不杀且放，封金赐袍，爱才惜才，礼贤下士的宽阔胸怀。

许昌市春秋楼

许昌市灞陵桥景区

小西湖位于许昌市西北隅，也是一个有关曹操重要活动的览胜景点。据《许州志》记载，东汉末年，镇守许昌武将曲环筑城壕取土，致地面成坑，导入漯水积而成湖，后取名西湖。相传曹操把西湖辟为皇家园林，并在岸边一片梅林的地方建有青梅亭。曹操曾和刘备在此青梅煮酒，纵论天下，留下了青梅煮酒论英雄的千古美谈。

射鹿台位于许昌市东北25公里许田村西，台高约10米，占地1500平方米。台前有石碑两通：一为清康熙年间许州吏目滕之瑚书“射鹿台”，另一通系清乾隆十二年（1747）立，碑文记载了许田射猎的史实。曹操迎汉献帝都许后，常陪同献帝到许田一带游猎，并建亭筑台，世称此台为“射鹿台”。东汉建安三年（198）曹操东征徐州，白门楼斩吕布后，刘备、关羽、张飞投奔曹营，献帝认刘备为叔，遂拜其为左将军，封宜城亭侯。谋士荀攸对曹操说：“天子认刘备为叔，恐对明公不利。”曹隧产生几分疑虑，接受了程昱的建议，请天子带领刘备、关羽、张飞等文武大臣到许田狩猎，以观动静。当时曹操用汉献帝的金翎箭射中一鹿，众人以为是皇上箭法高超，齐呼万岁，曹操却放马遮在献帝面前，迎受欢呼。这惹怒了刘备身后的关羽，他提刀拍马欲杀曹操，刘备急忙制止。其实射鹿台当时也有练兵方面的意义。射鹿台不远处还有一个点将台，也是曹操进行军事演习的指挥台。据说曹操出于军事上的需要，在台下修有一个巨大的藏兵洞，绵延20公里，作为行军地道直抵许都，以备机动调遣部队之用。从这里就可看出作为三国著名军事家曹操的战略思想和军事远见。

皇家钧窑又重现

——禹州钧官窑址博物馆

禹州钧官窑址博物馆位于禹州钧官窑路 60 号，占地 47000 平方米，建筑面积 15200 平方米，是以国家级重点文物保护单位——北宋钧官窑遗址为基础，集遗址保护、文物陈列、技术研发、学术交流、钧瓷制作、宣传教育为一体的遗址类钧瓷专题博物馆，是全国唯一的钧瓷专题博物馆，为河南省爱国主义教育示范基地、国家 4A 级旅游景区。

钧窑址始于唐、盛于宋，金元时期在北方形成了庞大的钧窑系，影响波及今河南境内诸窑及河北、山西、内蒙古等省区。北宋钧官窑，是北宋徽宗时期 (1101—1125) 专门为皇帝烧造宫廷用品的官办窑场，是钧瓷艺术鼎盛时期的瑰丽宝库，已有 900 多年的历史。钧官窑瓷器胎质细腻，坚实致密；造型典雅、端庄古朴；釉色莹润，五彩缤纷，尤以多种窑变为其他窑口产品所不及。宋代钧窑首先创用铜的氧化物作为着色剂，创造性成功烧造出铜红釉，产生出美妙绝伦的窑变釉色，打破历史上单一釉色格局，极大丰富了陶瓷艺术的装饰效果，在中国陶瓷工艺美术史上具有极其重要的意义。

钧官窑遗址于 1964 年被发现，1974 年对该遗址进行了发掘保护，1988 年被国务院公布为国家级重点文物保护单位。目前，已发掘清理出两座完整的窑炉（编号分别为一号和七号），一号窑为长方形窑室双乳状火膛窑炉，造型独特，极为少见，七号窑则是北方常见的馒头窑。这是研究宋代钧瓷文化、艺术、工艺的重要实物资料。

禹州钧官窑址博物馆所展钧瓷

为了加大对全国重点文物保护单位钧官窑遗址的科学保护和合理开发力度，1991年，禹州市委市政府在宋钧官窑遗址保护区内成立“中国禹州钧官窑址博物馆”和“禹州市钧瓷研究所”。2008年，禹州市委市政府扩建禹州钧官窑址博物馆，扩建后的博物馆总面积达47000平方米，由主体展馆、宋钧官窑遗址展示馆和钧瓷工程技术研发中心三部分组成，博物馆主题建筑由东南大学著名建筑设计大师、两院院士齐康教授主持设计。建筑均为仿宋风格，青砖灰瓦，雕梁画柱，八角风铃，巍巍壮观；门楼、厢房、展厅、迎壁和钧官窑保护房与院内的草木山石、鸟语花香交相呼应。构成了庄严、肃穆、完整的仿宋建筑群，再现了北宋皇家钧窑的建筑风貌。博物馆标识的中心设计理念来自古语“九天之中曰为钧”，禹分天下为九州，中为豫州，而钧台为豫州之中。标识外围的图案是中国汉字“宋”、“官”、“窑”、“宝”的共同部首“宀”的艺术加工，又像是一个烧窑的窑口，里面是满满当当的瓷器，用图案的不同突出“中为钧”的含义。因此，此图标不仅寓意钧瓷之弥珍华贵、宋钧官窑之卓尔不凡，更寓意着钧瓷之原产地——禹州，历史渊源之久远、人文积淀之深厚、历史地位之重要。

禹州钧官窑址博物馆馆藏国家重点保护文物宋代钧瓷官窑窑炉两座及各类古瓷标本，主要有宋钧官窑瓷片300余片、宋元时期钧瓷民窑瓷片3000片和宋元时期青花、影青瓷片，磁州窑系白地黑花瓷片6000余片。展览馆由主体展馆、宋钧官窑遗址展示馆和钧瓷工程技术研发中心三部分组成：

主体展馆。东西跨度126米，建筑面积11000平方米，分为六个展厅：四个钧瓷文化展厅、一个禹州历史文化展厅和一个临时展厅。

一是大禹之州，主要展示禹州悠久的历史和灿烂的文化；

二是浴火千年，主要追溯禹州陶瓷发展的历史，展示钧窑产生和得以迅速发展的宋元时期我国制瓷的主要特点；

三是御用官钧，主要展示宋代钧官窑器物特点及其在中国陶瓷史、工艺美术史上的地位和广泛的文化影响；

四是成器之道，主要展示宋代钧官窑器物产生的地理环境、自然资源、人文背景及各种先进的制作工艺；

五是万彩永辉，主要展示现代钧瓷发展的辉煌成就和钧瓷鉴赏的有关知识；

六是文苑雅集，为临时展厅。

宋钧官窑遗址展示馆主要展示宋代官办钧瓷窑场完整的制瓷作坊，即现存的一号窑“双火膛窑炉”和七号窑“倒焰窑炉”，是国内外陶瓷专家研究考察的热点，是中外游客观光、交流、学习中国陶瓷文化的胜地。

钧瓷工程技术研发中心，建筑面积2400平方米，2009年被河南省科技厅确定为“河南省艺术及实用钧瓷工程技术研发中心”，具备成果转换、制作工艺展示和古陶瓷研究功能，是钧瓷工程技术研发、文化研究、工艺传承的前沿阵地。

中国禹州钧官窑址博物馆独特之处在于参观游客除了在主题展馆领略到钧瓷的产生、发展、辉煌及制作工艺、成器道，式而工的绚烂文化魅力之外，还可以亲手设计制作属于自己的钧瓷艺术品，从而体验中国古老艺术的神奇与魅力。

漯河市

“说文解字”世无双

——许慎文化园

漯河市许慎文化园位于河南省漯河市召陵区龙江路与中山路交叉口向东800米（漯河市召陵区姬石乡许庄村东），占地150余亩，是以全国重点文物保护单位许慎墓为依托，集文物保护、汉字文化展示、儒家经典教育于一体的文化园区，为国家4A级旅游景区。

许慎（约58—约147），字叔重，汝南召陵（今河南省漯河市召陵区人），是东汉经学家、文字学家。他一生著作很多，因编撰了《五经异义》、《孝经孔氏古文说》等被时人誉为“五经无双”；特别是许慎历经30年时间编撰了世界上第一部字典《说文解字》，十五卷。其中收单字9353个，异体字1163个，均按540个部首排列，是我国第一部以六书理论分析字形、说解字义、辨识声读的字典，也是书面语言、文字、音韵、训诂学研究方面的一部集大成之作。中华汉字的形、音、义从此趋于规范和统一，所以他被后人尊称为“文宗字祖”、“文化宗师”、“中华字圣”等。《说文解字》一书成稿于东汉和帝永元十二年（100）。安帝建光元年（121），许慎生病在家期间将书稿修订完毕，并派遣儿子许冲将书献于朝臣，书中保存了大部分先秦字体以及汉代和以前的不少文字训诂，反映了上古汉语词汇的面貌，比较系统地提出分析文字的理论，是我们今天研究古文字和古汉语的必不可少的材料。如果没有这部书的流传，我们将不能认识秦、汉以来的篆书，更不要说商代的甲骨文和商、周的金文与战国时的古文了。因此，它不但对过去的汉字研究产生了巨大的影响，对现在和将来的汉字研究仍有巨大的意义。

许慎去世后，陵墓建在了故乡漯河市召陵区许庄村。墓冢高5米，底径16米，墓前立清康熙、光绪年间碑刻二通，正中是清代康熙十六年（1677）郾城知县温德裕立的“汉孝廉许公之墓”，右为光绪二年（1876）郾城知县王凤森立的“许夫子从祀文庙记”，墓后苍柏林立。1984年，河南省文化厅、文物局拨专款重修许慎墓，并征地6.9亩辟为许慎陵园，陵园内植柏树180多株。1996年，许慎陵园扩建。扩建后许慎陵园南北长156米，东西宽49.5米，陵园面积12.6亩，四周为高3米的仿古围墙，南面正中为陵园大门，门两厢建仿古式保卫室。由许庄村许氏后裔组成保护小组，常年守护。

2008年9月，当地以许慎墓为核心建许慎文化园，占地150亩，建筑面积4200平方米。园区建筑按传统规制对称布局，三区一轴，12个节点。由南向北分布在三级台地之上，共分三大功能区，即广场服务区、中心展示区、墓冢保护区。许慎文化园遵守中国传统建筑模式，采用中轴对称布局。

漯河市许慎文化园

广场服务区 3.2 万平方米，有六书石柱、文字大门、翰林阁、许慎文化研究中心、旅游纪念品商店等建筑。

中心展示区 3.3 万平方米，有汉字大道、字圣殿、叔重堂、说文馆、文化长廊、魁星亭、字形牌坊等主要建筑。

墓冢保护区 4.3 万平方米，主要为文物本体以及部首方阵、字形解义、字源石、蟾桂山等景观小品。

六书广场中间立有六根红色花岗岩石柱，上面分别刻有指事、象形、形声、会意、转注、假借等许慎在《说文解字》中归纳总结的六书理论，每根柱子上分别刻有例字和用小篆、隶书、楷体书写的的注解说明。翰林阁主要用来展览多年来收藏的以许慎文化为题材的名家字画。汉字大道由黑、红、灰三色花岗岩制成，呈展开的画轴状。由南向北依次镌刻远古符号、甲骨文、金文、简帛文、篆书、隶书、楷书、行书、草书和 3000 个常用汉字。字圣殿立许慎青铜贴金坐像。叔重堂主要用来展示许慎生平。说文馆主要用来展示许慎的学术思想及学术贡献。按汉字简说、说文解字、历代研究、字书、辞书五个部分进行展览。文化长廊选取 13 个汉字发展故事和儒学故事场景，刻制成木雕版画，配以文字说明，悬挂在长廊上方。另有字形牌坊、蟾桂山、字形解义、部首方阵、字源石、魁星亭、金榜石等景观。字圣碑林展出的《说文解字》碑刻、历代名碑名帖、现当代名人名家书法碑刻达 1000 余块，具有很高的艺术价值和观赏价值。

许慎文化园建成后，以其独具魅力的景观特色吸引了大批海内外游客。每五年一届的许慎文化国际研讨会，每年举办的许慎文化庙会、“清明祭先贤　全城诵经典”等都在这里举行拜祖朝圣活动。

历史画卷实地看

——河上街古镇、受禅台

除了许慎文化园之外，漯河市还有两个有名的地方：一是河上街古镇，二是受禅台。

河上街古镇位于漯河市泰山路南段西侧，与开源神州鸟园毗邻，是一个以漯河河上街历史为背景，汇聚中原民俗文化，集旅游、聚会、商务、民俗、文化、娱乐、时尚为一体的综合性文化广场。

河上街古镇历史悠久。早在新石器时代，先民就在漯河定居生息。南北朝时，北魏在此筑奇雒城，设南颍川郡。明嘉靖十九年（1540）建螺湾河镇；嘉靖二十一年（1542），改“螺”为“漯”；曾是郾城县11个集镇之一，为重要津渡。清咸丰二年（1852）修源汇寨。民国初年改称“漯河镇”，俗名“河上街”。该地出土的国宝七音骨笛，是世界最早的乐器；发现的甲骨契刻符号是迄今为止世上最早的文字雏形；出土的酿酒遗留物将人类酿酒史推到了九千多年前；编纂了世上最早字典《说文解字》的许慎也曾经生活在螺河湾河上街古镇。

古镇建筑群占地面积11.2万平方米。建筑面积26.6万平方米，分为炎黄、大汉、盛唐和民国4个建筑群，具体有牌坊楼、员外村、游客服务中心、悦来客栈、源汇寨墙、受降亭、炮楼、钟楼、鼓楼、绣球楼、演武场、书场、皮影、戏台、茶馆、沿街店铺等。

河上街庙会活动以文艺表演为主要形式，以喜庆、热闹为主旋律，以展现民间艺术、经典民俗节目为主要内容。在河上街古镇全国旅游特色产品展销中，

漯河市河上街古镇

有辽西化石、阜新玛瑙、天津泥人张泥人、衡水内画，还有吹糖人、剪纸、民间字画、舞龙、动物表演等原汁原味的民间艺术表演，另外，沿泰山路两侧可以品尝到特色美食名吃和风味小吃。

河上街古镇有两处历史景观非常引人向往。一是受降亭。1945 年日本战败，漯河作为全国 16 个受降区之一接受了日军的投降。为纪念这一让中国人民难忘的历史时刻，抗战胜利后漯河人民自发捐建了受降亭，现在重建的受降亭是根据原样复建，从地平线到亭顶 19.45 米，寓意纪念 1945 年抗战胜利；从地平面到亭子有八大台阶，象征八年艰苦的全面抗战历程，每一大台阶有四个小台阶，象征全国工人、农民、共产党、国民党四股力量八年全面抗战；亭内4块复原石碑采用原碑文内容，分别记载了受降和建亭经过。配套建设的受降纪念广场，主要展览有退役飞机、坦克、大炮及各类机械等重型兵器。二是位于古镇中段、受降亭所在的抗战纪念广场西南侧的中州抗战纪念馆，这是以漯河受降建亭立碑这一重要历史事件为背景而建立的反映中原儿女八年全面抗战进程的大型综合性专题纪念馆。纪念馆建于2015年9月2日，建筑面积1312平方米，共分三层。一层是红色记忆，主要展览与抗战有关的各类物品。二层、三层为展览厅，展览内容以河南的抗战活动为主线，内容分七大部分：一、日本蓄谋已久的大陆政策；二、全面抗战的爆发和如火如荼的中原救亡运动；三、日寇向中原的疯狂进攻；四、中原儿女的奋力抗争；五、日本法西斯的全面失败；六、中原抗战英烈录；七、后记。整个展览厅陈列有历史文物、照片、报刊电文以及中原抗战、漯河抗战等历史资料以及防毒面具、土造枪、各种刺刀等300多件。通过实物与文图相结合的方式，形象展现了中原儿女艰苦抗战的历史画卷。

受禅台位于河南省漯河市临颍县的繁城镇，筑成于东汉延康元年（220），是当年魏王曹丕接受汉献帝的禅让，登基称帝的地方，也是我国唯一的禅让活动纪念地，距三国古都许昌市只有17公里。受禅台台高20米，长宽约30米，底周长368米，总面积8448平方米，为全国重点文物保护单位。

据历史记载，建安十八年（213），曹操封魏公，建魏国。魏国拥有冀州十郡之地，置丞相以下百官。三年后曹操晋爵魏王，此时他名义上还为汉臣，实际上已是皇帝。建安二十五年（220），曹操去世，其子魏王曹丕于冬十月在繁阳（今繁城镇）筑灵台，举行受禅大典，接受汉献帝的禅让，代汉立魏，改年号为黄初，是谓魏文帝。从此结束了刘汉王朝400年的历史，开始了我国历史上的魏、蜀、吴三国时代。受禅大典的盛况，裴松之引《献帝传》注云："魏王登坛受禅，公卿、列侯、诸将、匈奴单于、四夷朝者数万人陪位。"可见其炫赫隆重。台前有两碑，即《受禅表》和《公卿将军上尊号奏》，具体详细地记述了这一历史事实。《受禅表》碑，高3.22米，宽1.02米，厚0.28米，圭形，上有碑穿，额题篆书阳文"受禅表"三字。碑文22行，每行49字，字1寸2分，隶书阴镌。内容首先阐明禅让乃自古之美德，接着颂扬曹丕"齐光日月，材兼三级”，有“尧舜之姿”、“伯禹之劳”、“殷汤之略”、“周武之明”。在公卿将军固请下，他才在繁阳（今繁城镇）筑灵台举行受禅大典。《公卿将军上尊号奏》碑文内容为魏文武大臣奏请曹丕代汉称帝事。两碑均系王朗文、梁鹄书、钟繇镌字，谓之三绝，即文表绝、书法绝、镌刻绝，有较大的史料价值和艺术价值。自古亡国之君下场都很惨，但曹丕并没有杀汉献帝，以此向天下颂扬其仁爱和大度。

三门峡市

虢国车马惊中外

——虢国博物馆

三门峡市虢国博物馆位于三门峡市春秋路北侧的上村岭，是在西周虢国贵族墓地遗址上建立起来的一座专题性遗址类博物馆，占地 10 万平方米，为国家二级博物馆，国家 4A 级旅游景区。

虢国是周王朝的重要姬姓封国之一。开国之君是周文王之弟、周武王之叔。公元前 655 年，晋献公派人到虞国，送上一匹千里马和一对名贵的玉璧，说："虢国老侵犯我们，我们打算跟他们打一仗，贵国能不能借一条道给我们走呢？"虞公一边玩着玉璧，一边抚摸着千里马，连声说："可以，可以！"大夫宫之奇拦住说："不行，不行！虢国跟咱们那么近，好像嘴唇和牙齿一样，俗话说'唇亡齿寒'，万一虢国灭了，虞国也保不住。"虞公说："晋国送来这么好的东西跟咱们交好，难道咱们连一条道也不准人家走吗？"于是答应了晋国的借路要求。结果晋献公派大将里克带领大军经过虞国灭了虢国，回来时顺手把虞国也灭了，俘虏了虞公，将千里马和玉璧又取了回去。这就是后人常说的"假虞灭虢"。

随着时代的变迁，虢国的历史已经尘封了几千年了。1956 年至 1957 年，为配合三门峡水库建设工程，黄河水库考古工作队在三门峡市区北面的上村岭发掘古墓时发现了周代诸侯虢国国君及贵族墓地。从那时起墓地先后经过五次钻探，两次大规模的考古发掘。1956—1958 年进行的第一次发掘，共清理各类墓葬 234 座，车马坑 4 座，出土文物 14000 余件，其中青铜器皿 181 件，有铭文铜器 14 件，成为新中国考古重要成就之一。出土的车马坑有许多保存完整的车与马，经郭沫若先生提议，得以在原地整体保留，并于 1984 年建立了车马坑博物馆。进入 20 世纪 90 年代，发掘工作继续进行，又出土了 19000 多件文物。截至目前，虢国墓地总面积 32.45 万平方米，墓地已探明各类遗迹近 800 处，已发掘墓葬 250 多座，出土文物 3 万余件。特别重要的是虢仲、虢季墓的发掘，出土文物数量之多、种类之全、制作之精、价值之高，都是新中国成立以来两周考古中极为罕见的，如有“中华第一剑”之称的玉柄铜芯铁剑，精美华丽的多璜组玉佩，体现高超制玉水平的人龙合纹玉璋等，具有重大的历史、科学和研究价值。因此虢季和虢仲两座国君大墓分别被评为 1990、1991 年“全国十大考古新发现”。2001 年 4 月，虢国墓地入选“中国二十世纪百项考古大发现”。

2000 年建成对外开放的三门峡西周虢国博物馆，占地近 10 公顷，是一座集文物陈列、遗址展示、园林景观为一体的现代化、多功能博物馆。不少游客参观后被其气势和内容所折服，认为可与秦始皇兵马俑博物馆相媲美，当地人有“西游秦皇兵马俑，东游虢国车马坑”之誉。

“虢国博物馆”馆名系国家文物局原局长张文彬题写，基本陈列“周风虢韵——虢国历史文化陈列”分为虢旗猎猎、吉金灿灿、美玉灼灼、奇珍熠熠、车马辚辚、古墓秩秩六个部分。游客在这里不仅可以欣赏到墓地出土的精美文物，领略级别最高的国君墓的气势，还可步入 2800 年前真车真马陪葬的气势恢宏的地下车马军阵。

第一部分“虢旗猎猎”，通过迎风招展的旗帜，展示虢国跌宕起伏的发展演变、赫赫有名的人物和历史故事，以及震惊世界的虢国墓地和上阳城的考古发现，体现虢国曾经的强大和辉煌。

第二部分“吉金灿灿”，通过厚重华丽的青铜器，展示青铜器背后蕴含的政治、外交、军事等方面的文化内涵，体现了虢国崇文尚武、恪守礼制、国力强盛等文化特质。

第三部分“美玉灼灼”，通过瑰丽璀璨的玉器，展示玉器背后蕴含的宗法、礼仪、丧葬等方面的文化内涵，体现了虢国敬天法祖、注重品德、祈望永生等精神追求。

第四部分“奇珍熠熠”，通过陶、铁、骨角牙及纺织品等其他材质的器物，展示文物背后蕴含的文化，体现了虢国精于制造、敢于创新、敢为天下先的文化特质。

第五部分“车马辚辚”，通过展示紧密相连的三座车马坑遗址，并在周边墙上辅以大量图片，表现虢国军事力量的强大以及先秦时期的车马文化。

第六部分“古墓秩秩”，通过展示虢季组墓群的四座身份不同的墓葬及陪葬马坑，表现虢国的丧葬习俗，从而管窥周代的丧葬制度。

虢国博物馆

博物馆展出的一号车马坑为长方形，坑底南北长15米，东西宽3.82米，深4.1米，坑内保存有战车5辆，战马10匹，由北向南排列。车为木质结构，独辕双轮，车上施漆，由车轮、车箱、车辕等部件组成。每辆车的下边压有两匹马，马头朝北，排列整齐。车箱底下还发现有狗的骨架。博物馆展出的缀玉面罩和铜柄铁剑是我国考古首次发现。玉柄铜芯铁剑制作精良，剑体为铁，剑柄镶铜，嵌有美玉和绿松石。将铁、铜、玉等材料配制在一体，堪称一绝。其含铁部分经北京科技大学专家鉴定，是我国古代人工用固体还原法所冶铁。它的发现将我国人工冶铁的历史向前推进了两个世纪，因此专家们将此剑誉为“中华第一剑”。

虢季墓墓主的身份是国君，玉柄铜芯铁剑、缀玉面罩和大型组玉佩就是在这座墓中出土的。由12件金器组成的黄金带饰，其工艺之精令人叹为观止。最为重要的是虢仲组墓群，出土青铜礼乐器120件，其中50余件铸有铭文，均是虢仲的自用器。用和田白玉精制而成的龙纹玉璧、凤鸟纹玉戈等，显示了墓主的威严与奢华。出土的200余件仿生动物玉雕，几乎囊括了北温带地区常见动物的所有品种，雕工细腻，精美绝伦，是中原地区继妇好墓之后的又一重要发现。

黄河儿女梳妆来

——三门峡大坝旅游景区

三门峡大坝旅游景区位于三门峡市湖滨区崤山东路，是一处依托万里黄河第一坝——三门峡大坝而建成的风景名胜和人造景观相结合的水库观光游憩类人文景观，为河南省爱国主义教育示范基地，国家3A级旅游景区。

三门峡大坝是新中国成立后在黄河中游下段兴建的第一座以防洪为主，兼防凌、灌溉、发电和供水等综合利用的大型水利枢纽工程，入选中国工业遗产保护名录。黄河常被誉为“中华民族的摇篮”，又被称为“黄金河流”。然而黄河又是一条水旱灾害严重的河流，从公元前602年至1949年的2500多年间，黄河决溢了1590余次，改道26次，素有“三年两决口，百年一改道”之说。三门峡原是黄河中游的著名峡谷，是指万里黄河进入华北平原前最后一个长峡——晋豫峡谷中险要的一段，长700多米，宽阔的黄河河面至此骤然收缩到400米宽，三座石岛横立水中，将黄河劈为三股激流。三岛之间的水流通道，宛如三个阴森森的门阀，故被人们称为鬼门、神门和人门，三门峡即因此得名。三门峡曾是我国古代漕运的重要通道，隋唐时期，京都长安（今西安）需要的粮食和财物，一部分要从东南部经通济渠（唐人称汴渠）至黄河漕运，而三门峡是必经之地。为了克服这个天然巨障，当时的统治者曾多次诏令对三门峡险段航道进行整治。隋开皇十五年（595），“六月戊子，诏凿砥柱”。唐显庆元年（656），高宗李治“发卒六千人”，“开砥柱三门，凿山架险”。玄宗开元二十九年（741），为使游船避开三门天险，陕郡太守李齐物亲自主持，在北岸的岩壁上，凿出一

三门峡水利枢纽

条长 280 米、宽 6 米至 8 米、深 5 米至 10 米的人工渠道，开挖山石 1 万多立方米，想靠此解决逆水行舟之难。但因河水大时渠水急湍，河水小时渠道干涸，行船难的状况仍未改变。黄河三门峡，始终是当时劳动人民的鬼门关。据记载，唐高宗显庆年间，雇用拉纤的民夫，“落栈着石，百无一存”；天宝年间，“岁漕经砥柱覆者几半”。后人在三门附近河底发现的许多人骨和元宝，便是古时船覆人亡的见证。中华人民共和国成立后，毛泽东主席 1952 年亲临河南视察了黄河，发出了“要把黄河的事情办好”的号召。1953 年，国务院领导制定了黄河规划。1955 年 7 月，第一届全国人大第二次会议通过了黄河规划的原则和基本内容，确定兴建万里黄河上的第一个大型水利工程——三门峡水利枢纽。1957 年 4 月 13 日，三门峡水利枢纽工程开工兴建。周恩来、彭德怀等国家领导人亲自主持对工程建设进行协调。1958 年 12 月截流成功，水库于 1960 年 9 月至 1963 年 3 月蓄水投用，最高库水位达 332.58 米。1962 年 2 月第一台 15 万千瓦水轮发电机组安装完成。后由于库区淤积的严重程度大大超过了预计，在黄河、渭河汇流区形成拦门沙，严重威胁了西安和关中平原的安全，原运行方式被迫改变，原已安装的发电机组也被迫拆除。1964 年 12 月周恩来总理亲自主持了专门解决三门峡问题的治黄会议，进行了 3 次大的改建工程。改建后水库水位在 315 米时泄流 1 万米^3/秒，比初期提高 2 倍以上，从而使水库的淤积得到了控制，恢复潼关以下河槽库容约 10 亿立方米。1973 年 12 月 26 日，第一台国产水轮发电机组投产发电。1978 年底，全部 5 台发电机组安装完毕。建成后的三门峡大坝，坐落在原三门岛的河床上，主坝为混凝土重力坝，最大坝高 106 米，坝长 713.2 米，坝顶高程为 353 米。枢纽建筑物包括：混凝土重力坝、斜丁坝、表孔、底孔、泄洪排沙钢管、电站厂房等。主坝长 713.2 米，最大坝高 106 米，坝顶高程 353 米，水库总库容 162 亿立方米。三门峡水电站现有装机 40 万千瓦，年发电能力可达 14 亿千瓦时。自 1973 年 12 月第一台机组发电至今，已累计发电 235.2 亿千瓦时，创产值约 20 亿元。同时，使河南、山东沿河 200 多公顷农田得到灌溉。

三门峡工程建成后，在全国率先推出以“探索中华民族之魂”为主题的“黄河游”。景区内的主要景观有：三门峡大坝和黄河展览馆、大禹公园、中流砥柱、张公岛、梳妆台、水晶宫、炼丹炉、黄河古栈道等。

三门峡大坝是万里黄河的第一坝。每年的10月至次年的6月库区蓄水时，黄河便在三门峡谷形成了一个美丽的湖泊，面积约200平方公里，一望无际，似天池银河。而每年的6月至10月，大坝泄洪放水，怒涛翻卷，蔚为壮观。参观了记述黄河历史和当年修建大坝历程的黄河展览馆，然后走上大坝漫步，你会惊讶这里峡谷险峻、景色秀美，昔日三门岛已不复存在，代之而起的是巍峨雄伟、挺拔突兀的三门峡大坝，密如蛛网的高压电线从这里通向远方。登临坝顶向西远眺，高峡出平湖，水天成一色，山水相偎依。大禹公园里的大禹雕像巍峨高大，似乎也在赞叹新中国的伟大成就。

自古以来就被世人传颂、被誉为中华民族不屈不挠精神的中流砥柱屹立在三门峡大坝下方激流之中。相传这块石头是大禹治水时留下的镇河石柱。砥柱石是成语“中流砥柱”的出处。它高出水面20多米，专家考证，它形成于1.8亿年前中生代地质时期，属于从地层深处冲出的岩浆凝成的闪长玢岩，这种岩石非常坚硬，一块指甲大小的面积，即可承受近2000公斤的压力。古时的三门峡谷，石岛、暗礁犬牙错落；悬崖绝壁，森然耸立。过往的船工们要想将船顺利撑过三门峡谷，必须要在船过三门时朝砥柱石直驶过去，在船与石几乎将要相撞的一刹那间，石前的回水就会将船轻轻拨划，从而使船工们获得九死一生的成功。中流砥柱石作为黄河上的一大奇观，千百年来，无论是遭遇的侵袭，还是经受惊涛骇浪的冲刷，砥柱石都巍然屹立在这里，永远淹不没冲不垮。历史上无数的文人学士，对它推崇备至，并为它吟诗作画。唐太宗李世民也曾对这里的雄伟壮观赞叹不已，尤其仰慕大禹治水剑劈三门的丰功伟绩，欣然命笔写下了“仰临砥柱，北望龙门，茫茫禹迹，浩浩长春”的诗句，命大臣魏征勒于砥柱之阴。

黄河古栈道位于三门峡大坝下游北岸紧靠黄河的陡壁悬崖上，共有两条。一条离河面较高，一条离河面较低，当年船夫们在路断处石壁上凿的一排排深深的四方洞仍然清晰可见，大约有八九百个。在石洞上钉进木桩，铺上板子，才能继续拉纤行路，栈道上还有魏、隋、唐、宋、明、清的石刻。

张公岛、梳妆台、水晶宫等景点也都各有特色，向人们诉说着三门峡的过去、现在和未来，值得游人摄影留念。

有惊无险乐无穷

——豫西大峡谷风景区

卢氏县豫西大峡谷风景区位于河南省三门峡市卢氏县官道口镇新坪村。这是一个以瀑布群、潭池群为特色，集游览观光、休闲度假、登山健身、特色漂流等功能于一体的生态型自然风景区，被中国黄河旅游大会评为“中国黄河50景”，是国家4A级旅游景区。

卢氏是一个具有2116年历史的古县，属我国河洛文化发祥地的重要组成部分。相传秦末博士卢敖避战乱于熊耳，炼丹治病，扑灭瘟疫。死后百姓立庙祀之。至西汉武帝元鼎四年（前113）建县，即以其姓氏命为县名。这里还是我国著名散文家、翻译家曹靖华的故乡。县域横跨黄河、长江两大流域，旅游资源丰富，境内有山雄、水碧、林茂的玉皇尖森林公园，全国独一无二的汤河温泉裸浴，幽险神奇的九龙洞溶洞，还有十里百瀑、山水秀美的豫西大峡谷。

豫西大峡谷呈东西走向，像一条由西向东延展的飘带，总长30余千米，宽30米到50米，深50米到200米，两侧山峰最高海拔1372米，最低620米。狭长而深邃的峡谷河流滩多水急，由大大小小99级瀑布及300多个潭池组成。每当汛期来临，潭上飞珠溅玉，气势磅礴；风和日丽时节如白练悬空，精美绝伦。景区分为中心养生服务区、运动养生体验区和森林养生体验区三大养生体验区，主要景点有大淙潭瀑布、三叠峡谷以及根据刘秀传说起名的濯足池、挡箭石和挡箭石崖、龙浴潭、卧龙溪、刘秀湖等名景。大淙潭瀑布，落差40余米，宽约5米，可见溪水从悬崖绝壁上飞流直下，气势雄伟，声音恢宏，远听如雷。

卢氏县豫西大峡谷风景区

瀑布下有一个大深潭，潭中鱼龟虾蟹众多，潭碧水澈，风景迷人。

三叠峡谷，指珍珠潭与上游的贞女潭、玉渊潭。三瀑叠绕，群潭相连，巧夺天工。刘秀湖，总面积近 3 万平方米，深达 8 米，湖上泛舟，别有情趣。

龙泉沟原始林区位于景区中南部，属雄耳山系，是黄河流域与长江流域的分水岭，植被古老而茂密，是一个带状峡谷，延伸近 20 公里，宽 50 余米，狭长而深邃。山上植被丰富，内有“草药谷”，被誉为“天然药材库”，山上不仅有景区内最高峰——海拔 1372 米的望夫楼，更有金蛙望月、神鳄问天、子母蟾等多处神态各异的奇石。

豫西大峡谷漂流更是充满刺激浪漫。漂流河道全长 6 公里，总落差 170 多米，全程约需 120 分钟，纵横峡谷，飞越瀑布，具有“岩洞漂流、暗河漂流、瀑布漂流、峡谷漂流、回旋漂流”五大特色。双人漂流船安全系数高，操作简单，虽有惊但无险，堪称天下最爽的漂流。许多游客驾着双人漂流船穿越壮美的三叠峡谷、穿过 160 余米隧道，体验伸手不见五指的北方特有的飞龙洞“暗河漂流”，穿过两个落差达 40 米的溶洞，体验落差达 50 米的回旋漂流，越过浪漫刺激的瀑布，一路欢呼，一路尖叫，过后如同梦幻一般，纷纷称道“天下漂流，爽在豫西”！

天开函谷壮关中

——函谷关古文化旅游区

灵宝市函谷关古文化旅游区位于灵宝市北 13 公里处的函谷关镇王垛村。函谷关距三门峡市 75 公里，因关在峡谷之中，深险如函而得名，是历史上豫、陕著名的雄关和军事要地，豫、陕往来必经之地。景区是一处融军事文化和老子文化为一体的人文游览区，占地面积 5000 亩，为国家 4A 级旅游景区。

春秋时，秦孝公从晋国手中夺取崤函之地，在此设置函谷关，成为我国建置最早的雄关要塞之一，是东去洛阳、西达长安的咽喉，素有“天开函谷壮关中，万古惊尘向此空”、“双峰高耸大河旁，自古函谷一战场”、“一夫当关，万夫莫开”之说。因其险，函谷关从商朝起，就成为刀光剑影之地，上演了一曲曲激昂悲壮的战歌，其中比较著名的有：公元前 1029 年，武王伐纣，守塞司险为武王替天行道之举所感动，献塞资助。于是武王率军出函谷关会诸侯于“孟津大会”。两年之后，天下归周，武王又在这里解散军队，刀枪入库。城楼南侧的“剑库遗址”，就是当年放刀枪剑矢的仓库。公元前 318 年，魏相公孙衍推楚怀王为纵约长，联合关东五国，发起历史上第一次合纵攻秦之战，联军打到函谷关前，被严阵以待的秦军打得“伏尸百万，流血漂橹”，大败而返。第二年，五国再一次向秦国进攻，合纵国在函谷关前被秦军杀死 82000 人。秦国的势力得到进一步发展。面对强秦咄咄逼人的东进，六国再一次联合起来，先后在函谷关进行了六次战役，企图打开西进的大门，但没有一次破关。公元前 241 年，即秦始皇六年，楚联合赵国、魏国、韩国、卫国合纵攻打秦国，秦依函谷天险，开关迎敌，结果，五国军队大败而归，从此合纵彻底失败。公元前209年，陈胜、吴广“斩木为兵，揭竿为旗”，在大泽乡起义。陈胜手下的大将周文奉命率十万兵马杀抵函谷关，破关后进至咸阳附近。公元前207年，刘邦率部西进灭秦，避开函谷，出兵于辕关，绕道商洛，由武关攻入关中灭秦，转而派兵扼守函谷关以拒项羽。项羽大怒，命黥布强行攻关，破关后，进军新丰，由此演出了著名的“鸿门宴”。唐朝时，安禄山发动叛乱，多次从函谷关进攻潼关，被唐军统帅哥舒翰击退，但唐玄宗听信杨国忠谗言，迫使哥舒翰放弃守关拒敌计划，率兵出战，结果大败，20万人仅有8000人脱逃，以致潼关、长安相继失守。函谷关也是农民起义英雄李自成从失败走向胜利的重要见证。商洛整军后，李自成率部二出函谷，与明军激战于函谷关前的弘农河沿线，明军悍将左良玉不得已败退陕西，农民起义军由此名声大震。近代史上，函谷关仍然有着重要的地位和辉煌。1944年5月，日本侵略者8万余人大举西犯，中国军队以函谷关周围有利地形为依托，与日军展开激战，毙伤日本鬼子2000余人，给日本侵略者以沉重打击。

函谷关不仅是一处军事重地，而且是古代中原腹地与西北地区文化、经济交流的要点。围绕着这座重关名城流传着“紫气东来”、“老子过关”、“鸡鸣狗盗”、“公孙白马”、“唐玄宗改元”等历史故事和传说。老子在这里写出了千古流传的《道德经》，唐太宗、唐玄宗、司马迁、李白、杜甫、白居易、司马光等历史名人临关吟诗作赋，流传至今的有100余篇。

现在，函谷关已被灵宝市修复开辟为古文化旅游区，游人们可以看到的文物古迹或旅游景点有关楼、太初宫、鸡鸣台、瞻紫楼、尹喜故宅、箭库亭、碑林、500米函谷古道、文物陈列室等20余处。

函谷关东门关楼。为1992年修建的复古建筑，双门双楼悬山顶式三层建筑，楼顶各饰丹凤一只，所以又叫“丹凤楼”。楼南北长71.2米，高21.5米，呈凹形，坐西向东，控制着入关的要道。

太初宫。即老子著经处，位于函谷关东城门右侧。太初宫坐北向南，砖木结构。正殿三间，硬山庑殿式建筑，进深7米，宽10.50米，高9米。宫中后部砌筑老子著经巨像，两边站着关令尹喜和书童徐甲。两山内壁书写《道德经》全文。庙院现存石碑两通，一通立于元大德四年（1300），一通立于清顺治年

函谷关

间，上面都记载着老子骑青牛过函谷关的故事。据清顺治十年（1653）《重修太初宫》碑文记载：周昭王二十五年（前971），关令尹喜望东方有紫气，知有异人通过，整日恭候，果见老子驾青牛而来，即迎邀留居，后老子在此著中国第一部道家经典著作《道德经》五千言传于世。为了纪念这件事，后人便在老子著经的地方修筑了太初宫。太初宫始建于西周，宋、元、明、清各代及近年均有修葺。现太初宫已经成为国内外信仰者祭奠老子的重要场所。

鸡鸣台，又叫田文台。据《史记 · 孟尝君列传》载，公元前299年，秦昭王拜齐国田文（孟尝君）为相，因听信谗言，欲杀田文。孟尝君的门客用“狗盗”之术潜入王宫，盗得已献于昭王的狐白裘，贿送给昭王宠妃幸姬，始得逃脱。孟尝君日夜兼程来到函谷关，因值半夜，关门已闭。按秦法鸡鸣方能开关。孟尝君的门客有能为鸡鸣者，引得关内金鸡齐唱，赚开关门，脱险出关。秦王追兵到函谷关，已不见田文踪影。此处即后人流传田文鸡鸣赚关之地，成语“鸡鸣狗盗”的故事就发生在这里。重建的鸡鸣台传说就是当年田文门客学鸡叫的高埠。

瞻紫楼，又叫“望气楼”。传说是函谷关关令尹喜登高望远、观察天象之地。“紫气东来”这一成语源出于此。

尹喜故宅。尹喜，春秋时代人，素识天象，曾为函谷关关令。传说他曾在此迎候老子。

箭库亭位于函谷城楼东城门右侧。城墙下端为一直径0.9米竖井窖穴式兵器仓库，于1986年7月发现，是战国时守关官吏储藏兵器的箭库。箭库像一口旱井，里面放着一捆捆箭簇，为研究战国时期的兵器提供了重要依据。另外，碑林、函谷古道等，也都是游人值得游玩的地方。

南阳市

三顾茅庐分天下

——武侯祠

南阳市武侯祠又名诸葛庐，位于南阳市区卧龙路766号，即西南卧龙岗上，占地15.3万平方米，是后人为纪念三国时期杰出的政治家、思想家、军事家诸葛亮躬耕于南阳而建的祠宇。为全国重点文物保护单位、河南省爱国主义教育示范基地、国家4A级旅游景区。

诸葛亮（181—234），字孔明，汉末琅邪阳都（今山东省沂南南）人。幼年丧父，随叔父诸葛玄到豫章，从豫章经荆州定居南阳，刻苦学习、晴耕雨读，研究历朝的政治及经济状况和各种学派的政治主张。公元207年，刘备三顾茅庐，诸葛亮出山辅佐刘备，后为蜀汉丞相。坚持与孙吴联盟，协助刘备火烧博望坡和赤壁，建立西蜀霸业，又七擒孟获，六出祁山，企图消灭曹魏，恢复汉室，但因力量悬殊而失败。建兴十二年（234），病卒于北伐前线，谥忠武侯，被后代封建统治者推为“鞠躬尽瘁，死而后已”的忠君典型。著有《诸葛亮集》，共24篇，10万余言。因诸葛亮曾在南阳结庐躬耕，南阳人就在卧龙岗上建祠修院进行纪念。

据史书记载，卧龙岗起自嵩山之南，绵延数百里，至此岗势隆起，盘结终止，回旋如巢，恰似伏龙纵卧，武侯祠就在其回旋处，是诸葛亮结庐居住、荷锄躬耕隐居之地和历代祭祀诸葛亮的地方，也是汉昭烈皇帝刘备“三顾茅庐”处，历史上著名的“三分天下”和“草庐对策”发源地。

南阳武侯祠初建于魏晋，盛于唐宋，有1800多年历史。武侯祠建成后历经

武侯祠

战火，屡建屡毁，直到清康熙年间才又按照原貌再次重建。近年来，经过有关部门的积极修葺，南阳武侯祠已焕然一新，基本上保持了元明的布局风格，成为一处遐迩闻名的旅游胜地。

南阳武侯祠现存明清建筑155间，历代题记、碑刻400余通，另有大量匾额楹联。主要建筑分为两重。山门之外有“诸葛井”。从山门至大拜殿是人们祭拜诸葛亮的地方。后半部是后人根据诸葛亮躬耕南阳时的生活情景而兴建的纪念性建筑。位于中轴线的建筑有石牌坊、仙人桥、山门、大拜殿、草庐、宁远楼，两侧有诸葛井、碑廊、古柏亭、野云庵、老龙洞、伴月台、躬耕亭等。其他有三顾祠、卧龙湖、龙角塔、汉碑亭、道房院、读书台、卧龙书院等。

武侯祠起点建筑为刻着金字匾额“千古人龙”的山门。意指诸葛亮是人中之龙，隐喻卧龙岗是藏龙卧虎之地。山门过去即为武侯祠的大门，上书郭沫若题写的“武侯祠”三个大字。接下来的坊为“三顾坊”，清道光年间所立，两面刻有“汉昭烈皇帝三顾处”和“真神人”，是为了纪念刘备三顾纳贤而立。

仙人桥桥头右侧有一“诸葛井”，井后是有名的“卧龙潭”。拾级而上，迎面就是祠院的老院门，院里是武侯祠的主体建筑大拜殿。殿前有一石坊，上书“三代遗才”大字（三代指夏、商、周）。台阶两侧有两棵近千年历史的古柏树。殿门上题有两副对联，内联为清代在河南南阳做知府的湖北襄阳人顾嘉蘅题写的“心在朝廷，原无论先主后主；名高天下，何必辨襄阳南阳”；外联为胡耀邦到此参观时题写的：“心在人民，原无论大事小事；利归天下，何必争多得少得”。额上方题有大字，中为“隐居求志”，左为“功盖三分”，右为“伊吕遗风”。殿内塑有诸葛孔明像，羽扇纶巾，神态飘逸，俨然如生。两侧是其子诸葛瞻、其孙诸葛尚的塑像。位于祠后的诸葛茅庐，亦称诸葛庵，是诸葛亮当年隐居攻读的地方。立于草庐门前的四块碑刻，记述了刘备当年三顾草庐的秘密。1800 多年前的东汉末年，朝政腐败，群雄逐鹿，争战不已。曹操、孙权在这场豪强争战中各得天时、地利，雄踞一方。势单力薄的刘备，寄住新野，难展大志。后来经过徐庶的推荐，刘备于公元 207 年，亲往南阳，敦请诸葛亮，连去三次才见到。这段历史，在《三国志》中有记载：“先帝遂诣亮，凡三往，乃见。”诸葛亮自己在《出师表》中也写道：“臣本布衣，躬耕于南阳……先帝不以臣卑鄙，猥自枉屈，三顾臣于草庐之中，咨臣以当世之事。”诸葛亮深感刘备求贤若渴，态度诚恳，又有“欲伸大义于天下”的志向，就在这草庐之中会见了刘备，并从政治、军事、经济、地理等方面，对当时的国家形势作了精辟的分析，建议刘备占据荆、益二州为根据地，和好西南各族人民，对外联合孙权，以对抗“挟天子而令诸侯”的曹操；对内革新政治，一旦时机成熟，就从荆、益两路北伐中原，以成统一大业。刘备听后，连连称赞。这碑刻上的文字，就是他们当年这次谈话的内容记录，它就是千古名篇《草庐对》。一番草庐对话，对以后三国鼎立局面的形成和发展起着积极的指导作用。

再往前走，左为伴月台，高数丈。台下为老龙洞。最后是宁远楼，亦名清风楼，是祠内最高的建筑物，流角飞檐，气宇轩昂，楼上正中有诸葛亮抱膝长吟的塑像。武侯祠右侧有清同治年间新增设的庭院，这是为纪念刘备三顾茅庐而特意修建的。三顾堂的门柱悬挂着“两表酬三顾，一对足千秋”的对联（注：“两表”指前后《出师表》）。武侯祠的廊壁间镶嵌有 400 余通碑刻，殿堂上数不清的匾额楹联，碑刻刀法细腻，在书法上有相当深的造诣。像岳少保书写的诸葛亮《出师表》碑刻，为清光绪二年（1876）所刻，共用石碑 21 块。“还我河山”碑刻，笔体苍劲，龙飞蛇腾，洒脱俊逸，历来受到国内外书法爱好者的推崇。祠内还有歌颂诸葛亮历史功绩的对联：“定三分，烧博望，出祁山，大名不朽；气周瑜，屏司马，擒孟获，古今流传。”直到现在，河南省方城县博望镇一带的地下，还有一层厚厚的灰土，据传是诸葛亮当年火烧博望坡曹兵留下的粮草灰，这就是他出草庐帮刘备立下的第一功，也不枉刘备屈驾“三顾茅庐”，问经邦治国之计于孔明，正如后人所书对联：“三顾频烦天下计，一番晤对古今情。”

观天测地忆科圣

——张衡博物馆

张衡博物馆位于南阳市北郊卧龙区石桥镇小石桥村，占地面积 16000 平方米，建筑面积 2200 平方米，依托我国东汉时期伟大的科学家、文学家、发明家张衡的墓园建立，是一座有关张衡的文献收集、科学研究、文物保护、宣传教育、观光旅游的专题性博物馆，为全国青少年教育基地、青少年天文科普教育基地。博物馆区的张衡墓为全国重点文物保护单位。

张衡（78—139），字平子，东汉南阳郡西鄂（今南阳市卧龙区石桥镇）人，“南阳五圣”之一。曾任尚书、河间相等职，是我国古代卓越的科学家、文学家、发明家，去世后葬于故土南阳。他在地震、天文、文学、数学、地理、机械制造、艺术等方面为人类作出了伟大的贡献。地震学方面，张衡发明创造了“地动仪”（132），是世界上第一架测定地震方位的仪器，比欧洲早 1700 多年。在天文学方面，他发明创造了“浑天仪”（117），是世界上第一台用水力推动的大型观测星象的天文仪器，著有《浑天仪注》和《灵宪》等书，画出了完备的星象图，提出了“月光生于日之所照”的科学论断。文学方面，著有《二京赋》《南都赋》《四愁诗》等。地理学方面，绘制有完备的地形图。数学方面，著有《算网论》，并计算出圆周率的值 3.1622，这一成果比欧洲早 1300 多年。气象学方面，制造出了“候风仪”，比西方的风信鸡早 1000 多年。机械学方面，制造的“独飞木雕”是世界上最早的飞行器，还制造有指南车、计里鼓车、土圭、活动日历等。艺术方面，他是东汉时期著名的六大画家之一。张衡在 20 世纪 50 年代就

张衡博物馆

被列为世界文化名人。1960年美国普林斯顿大学用多种文字出版发行了他的《二京赋》；1970年，联合国将月球上的一座环形山命名为“张衡山”；1977年把太阳系中一颗编号为1802的小行星命名为“张衡星”；2003年，又把编号为9092的小行星命名为“南阳星”。张衡名字上了太空，和天地共存，与明月同辉。张衡在科学技术、文学艺术等方面所作出的杰出贡献，不仅是中华民族的光荣和骄傲，也是留给整个人类历史的宝贵财富。

为了纪念张衡这位世界文化名人、科学界泰斗，南阳县于1986年12月成立了张衡博物馆。1994年撤销南阳地区、县级南阳市和南阳县，设立地级南阳市，张衡博物馆归属南阳市文化局，更名为“南阳市张衡博物馆”。新的张衡博物馆建设（包括墓园修缮）开始于20世纪90年代。整个工程由两部分组成：一部分为张衡墓园，占地15000平方米。坐北朝南，由汉阙、山门、门房、廊房、石象生、享堂、墓冢、角楼、围墙组成。另一部分为博物馆展厅，位于墓园西侧，主要建筑由门楼、综合展厅、古天文馆、碑刻长廊、模拟地震厅等组成，全面介绍张衡的生平事迹、科学贡献、创造发明及文学成就。

博物馆馆藏1030余件文物，三级以上藏品600余件，类别有石、陶、瓷、金银、铜铁、书画等。整个建筑为汉代陵园风格形制，坐北朝南，轴线对称。山门前是一对高大雄伟的汉阙，汉阙为砖石结构，上覆重檐屋顶，阙身饰有朱雀图形。山门两侧，各有面阔七间的门房，门房顶部各建望楼一座，东西对称，颇为壮观。穿过山门，神道两侧各立四尊石像生，雄浑拙朴、栩栩如生。石像生东西两边均为 30 多米长的回廊，回廊内常年举办各种临时性展览。

沿神道拾级而上，便是气势巍峨的拜殿，拜殿内有基本陈列《张衡生平成就展》，详细介绍了张衡的奋斗历程和伟大业绩，指南车、计里鼓车仿真模型列布其中。拜殿前为大理石铺砌的宽阔平坦的月台。拜殿东西两侧为通高 7 米、砖混结构的浑天仪、地动仪大型雕塑。绕过拜殿，穿过青砖拱门便是历经风雨沧桑、掩埋这位伟人 1800 多年的墓冢。墓冢为半圆形，高 8 米，周长 79 米，辟有环形甬道，供游人瞻仰游览。外有八角青砖花墙围之。墓前有明嘉靖四十三年（1564）墓碑一通。四周松柏簇拥，庄严肃穆。墓前有两座碑楼。墓北 200 米处，是平子读书台遗址，相传为张衡少年时代发奋读书的地方。墓东为碑林，竖立碑刻 30 余通。墓冢正前方的石碑正面刻着郭沫若先生于 1956 年 10 月撰写的题词碑：“张衡（78—139），东汉末叶杰出的文学家，他的两京赋在汉代文学中有优越地位。但在天文学方面，他也有独到的成就。年四十时（公元 117 年）制成浑天仪，以观察天体运行。其后十五年，又制成候风地动仪，以测候地震。如此全面发展之人物，在世界史中亦所罕见。万祀千龄，令人景仰。”墓之西侧安放着 1990 年全国人大副委员长严济慈先生为张衡墓的题词：“精仪揭天地，科圣著千秋。”

万代医宗后人敬

——医圣祠（张仲景博物院）

医圣祠（张仲景博物院）位于南阳市宛城区医圣祠街 7 号，南阳市东关温凉河畔，它是我国东汉时期伟大的医学家、世界医史伟人、被人们尊为中华“医圣”的张仲景的墓祠纪念地，占地面积 12030 平方米，其中建筑面积 6669 平方米，含各式房屋 136 间，为全国重点文物保护单位，全国中医药文化教育基地，国家 3A 级旅游景区。

张仲景，名机，南阳郡（治今河南南阳）人。他生活于东汉桓、灵、献三帝统治时期，自幼勤奋好学，博览群书。公元 196 年，南阳流行伤寒，张仲景一族 200 余口，不到 10 年，十之六七死于伤寒。在南阳郡内，十之七八举室皆空。看到这暴尸荒野、满目萧瑟的凄惨景象，他发誓：进则救世，退则救民，不为良相，定为良医。据史料记载，他“学医于同郡张伯祖，尽得其传”。后被举孝廉，官居长沙太守仍矢志不移。他一方面认真钻研《素问》《阴阳大论》等医学著作，继承发扬了战国名医扁鹊的望、闻、问、切的诊病术，善于观察病情的微末，探知人的生死转机。在治疗疾病的实践中，提出了“治未病”的理论，就是要保持人体强壮，增强抵御外邪对人体的侵害能力。同时广泛搜集整理民间流传的经验并参考名家医方，在临床实践中加以运用和检验，晚年完成了流传于世的医学巨著《伤寒杂病论》16 卷。后人将其改编成《伤寒论》和《金匮要略》两书。《伤寒论》共 10 卷，22 篇，论述了外感热性病“伤寒”的病理、诊断、治疗和用药，确立了“辨证论治”的基础，即根据病变的表、里、阴、阳、虚、实、寒、

医圣祠

热八纲，决定治病原则的一些理论，世称八纲辨证。《金匮要略》共6卷，25篇，包括治疗学的总论和内科杂病以及外科、妇产科、急救等40多科疾病的治疗方法。书中记载了300多个药方，列举了汤剂、丸剂、散剂等十余种做法。《伤寒杂病论》是我国第一部理、法、方、药兼备，理论与实践结合的临床医学奠基性的名著。它系统地总结了汉朝以前的医学理论和临床经验，奠定了中医治疗学的基础，在我国医学发展史上占有特殊地位。1800多年来，这两部大作为海内外医学家所推崇，被后世医者奉为立方之祖，推崇张仲景为“医圣”。《伤寒论》《金匮要略》《黄帝内经》《神农本草经》并称为“中医四大经典”。

张仲景去世以后，明嘉靖二十五年（1546），人们就在他所葬之地立碑建祠，称之“医圣祠”，后屡次重修。新中国成立后设立张仲景医史文献馆，1984年12月成立张仲景博物馆。医圣祠坐北向南，包括正院和偏院，正院有山门、中殿和正殿，偏院有医圣井、医圣桥、素问亭、内经楼等。

医圣祠（张仲景博物院）为仿汉建筑群，大殿则为清代四合院式砖木建筑，其“医圣祠”三字为郭沫若于1959年12月所题写。大门前双阙并立，门上有一对青铜“铺首衔环”，为虎嘴中叼一圆环，重约300公斤，是目前世界上最重的铺首衔环。门庭内有一个巨大的石屏，是由一块完整的石料制成的，长、高均为3.5米，重达6吨，是中国当代碑林一绝。其正面雕刻的是《张仲景传》，为已故名医黄竹斋先生撰写。两侧是由中国著名的老中医任应秋题写的对联：“阴阳有三，辨病还须辨证；医相无二，活国在于活人。”上联指治病必须依照辨证论治的学说，下联是说医生宰相没有区别，治理国家先要治人。背面雕刻的是张仲景的《伤寒杂病论序》，说明了他自己从医的原因。门庭内还有中国不同历史时期的四位大医学家的塑像，分别是医和、王叔和、华佗、李时珍。

进入前祠，庭院中间矗立着一座高大的医圣塑像，凝眉深思，忧国忧民之情溢于眉宇间。塑像后面紧接着的是六角碑亭，立有毛泽东、周恩来等我国领导人的题词。院内两侧的东西长廊，分别镶嵌着200余方中国自古以来的名医画像及事迹石刻。东长廊镶嵌着记述张仲景有关事迹的54幅画，再现了张仲景当年下荆襄、登桐柏、赴京洛、涉三湘，“勤求古训、博采众方”，终成“万世医宗”的辉煌一生。在这里，游客可听到有关张仲景治病的一些传奇故事。西长廊里镌刻着自伏羲以来至明清的历代名医117幅石刻画像，记载着他们的生平及主要医学成就。

医圣祠还有一著名景观“百寿亭”。从书圣王羲之到郑板桥，集历代书法家“寿”字石刻于一壁。青石大道两侧有两座阁楼。左为秋风阁，上书“长乐”大字。右为“春台亭”，上书“益寿”大字。寓意长乐即可长寿，长寿离不开长乐。上阁可观祠外风景。祠后就是医圣长眠的墓地，汉代风格的拜殿和墓亭前后攀连，结为一体，给人们清雅肃穆之感。墓前有清顺治十三年（1656）南阳府丞张三异重修陵墓时所立石碑，高2.6米，上书“东汉长沙太守医圣张仲景之墓”。墓呈俯斗形，四角各有石刻羊头，“羊”、“祥”谐音，代表吉祥如意。墓顶一莲花台座，象征着张仲景高尚的品德。

绕过墓亭，穿过过殿，一个古老的四合院建筑便展现在眼前，这是医圣祠的大殿及东西偏殿。大殿两侧有一副对联，格外醒目，令人深思。上联是：“善德善心善行尤缘善医至善”，下联“名山名水名胜更因名人而名”。殿内馆藏文物125件（套），名家书画题词275幅，碑拓40幅。另有书刊、文献10000余册，其中明清、民国时期的线装古医籍及名家捐赠医籍2984册。主要藏品最著名的要数医圣祠的“三宝”了。一是国家一级文物东汉针灸陶人，身高24厘米，胸宽7厘米。陶人造型质朴，浑身遍布排列成行的针灸穴位，具有极高的学术价值，比宋代针灸学家王唯一主持设计的针灸铜人要早将近1000年，其艺术价值很高，被编入《中国美术全集》。二是国家二级文物晋咸和五年医圣张仲景墓碑，晋碑立于公元330年，距医圣卒年只有111年，碑文线条流畅细腻，具有极高的学术价值、历史价值和艺术价值。三是白云阁藏本木刻版《伤寒杂病论》，为张仲景第46代孙张绍神所珍藏，几经辗转，才得以保存。1982年陕西省中医研究院院长米伯让遵照先师黄竹斋的遗愿，将其赠送医圣祠珍藏，医学家称这套木刻版为善版、珍版、绝版。

医圣祠（张仲景博物院）已同20多个国家和地区的学术团体进行了学术交流，建立了业务关系，并召开过“张仲景国际学术研讨会”，成为加强中国同世界各国医学界联系的桥梁。

“百科全书”石上刻

——南阳汉画馆

南阳汉画馆坐落在南阳市卧龙区汉画街 398 号，也是南阳市卧龙岗南端的龙首处，整个景区占地 53360 平方米，是目前我国建馆最早、藏品最多、规模最大的一座汉画像石刻艺术博物馆，被誉为一部形象化的汉代百科全书，为国家一级博物馆，河南省爱国主义教育基地。

汉画像石是汉代墓葬中的建筑材料，其内容和构图随着时代的发展而呈现出明显的变化。汉代的南阳是全国最大的商业城市之一。当时的达官显贵和巨商富贾认为“人死辄为神鬼而有知”。于是生时极尽其欲，死时更是厚葬，除

汉画馆

在墓中多埋珍宝、偶人、车马供死后“享受”外，还不惜血本为自己建造坟墓，并在墓室的石材上施以雕刻，以至推出了照仿地面建筑“周阁重门”式的大型画像石墓室。南阳汉画像石刻，就是依附这种石室墓而诞生、发展起来的一种独特的石刻艺术品。作为财富和身份的象征，汉画像石无言地表达了当时人们的情感，再现了当时的社会生活的方方面面。

由于历史原因，长期以来，无人知晓汉画像石为何物，直至20世纪20年代初，南阳籍学者董作宾等人首次在南阳城附近发现一些石刻画像，并确认为汉代遗物。1928年南阳籍著名人士、河南省通志馆编修张中孚发现南阳城内的一些墙基中使用有不少与山东汉画像石相类似的石刻画像，并拓汉画像石拓片数十幅带回省城开封，由当时的河南省博物馆馆长关百益选取40幅编成《南阳汉画像集》一册。从此以后，南阳汉画才开始流传于世并为学术界所关注。鲁迅先生为南阳汉画像石的收集也做出了突出贡献。1935年至1936年，他委托王冶秋、王正朔、杨廷宾等人代为收集南阳汉画像石拓片231幅。《鲁迅藏汉画像（一）》一书收录了他的南阳汉画拓片主要藏品。中华人民共和国成立以后，党和政府对南阳汉画像石很重视，1957年专门拨款改造南阳市内的魏公桥、七孔桥，拆下建桥的画像石100余块。中华人民共和国成立前后相继共发掘有汉画像石的墓50余座，历年来从中收集的画像石有上千块之多，其中大部分已被南阳汉画馆收藏。

南阳汉画馆始建于1935年，并于1959年、1976年、1999年三次重建。新馆位于南阳市卧龙岗龙首处，依岗坡而建，1999年12月27日正式开馆。2000年曾荣获“2000年度全国十大陈列精品奖”；2008年被国家文物局评定为国家一级博物馆。陈列大楼平面呈“T”字形，建筑总面积达6000平方米。汉画馆大门前两侧耸立着一对高达11米的仿汉门阙。入口处正中大理石墙壁上雕凿着由郭沫若题写的“汉画馆”三个金色大字。穿过两边如茵的草坪和平坦的广场，就是凝重典雅、气势壮观的二重楼仿汉建筑——主体陈列大楼。展厅总面积2400平方米。共有9个主展厅和3个临时展厅。

展览内容分为序厅、生产劳动、建筑艺术、历史故事、社会生活、车骑田猎、天文与神话、角抵、舞乐百戏、逐疫升仙等十大部分。大厅内是一对东汉大型圆雕石刻——天禄、辟邪，西壁上方是一幅仿汉大型雕塑“德汉雄风”。生产劳动画像主要有“耕耘”、“捕鱼”等。建筑类画像主要有双阙、厅堂、楼阁等，它是汉代建筑成就的具体体现。历史故事类主要有二桃杀三士、鸿门宴、西门豹除巫治邺、赵氏孤儿等，这些画像是对儒家忠孝仁义道德的极度宣染。社会生活类画像内容庞杂，有达官显贵投壶宴饮、车骑田猎、斗鸡走狗、往来拜谒等生活场景，也有拥彗、端灯、捧奁、执戟持盾等诸多奴婢侍吏的形象。天文与神话类有日月同辉、日月合璧、北斗星、彗星、牛郎织女星座、苍龙星座等具有天文学价值的画像，还有与天文密切相关的许多神话形象和故事，诸如日神、月神、嫦娥奔月、羿射十日、雷公、风伯、雨师、河伯以及伏羲、女娲等。这些画像融天象与神话为一体，具有自然科学与人文科学的双重价值。角抵类画像有击技、斗兕、刺虎、斗牛等，这些画像中的人和动物，形象夸张，富于感染力，充分展示了崇武尚力、富于挑战的时代精神。在舞乐百戏类画像中，有各种舞蹈、杂技和乐器演奏形象。建鼓舞、七盘舞各展风姿；飞剑跳丸、冲狭倒立异彩纷呈。这些画像展现了两汉时代歌舞升平的盛世景象，又是汉代南阳文化艺术空前繁荣的生动表现。祥瑞升仙画像类有龙、凤、鹿、龟等诸多祥禽瑞兽，更有羽人戏龙、乘龙骑虎的升仙场景。这些仙气弥漫、祥云缭绕的画像正是汉代盛行的天人感应、灵魂不灭思想的图像化反映。

南阳汉画馆展出的画像石几乎涵盖了汉代社会的方方面面，堪称为一部图画式的汉代史，具有极高的艺术欣赏价值，充分显示出一种震撼人心的力量、运动和气势之美。南阳汉画馆是一个艺术的宝库，被人们称为河南的敦煌。鲁迅先生曾说，“惟汉人石刻，气魄深沉雄大”。名画家吴冠中先生自述“我简直要跪倒在汉代先民的面前”。历史学家翦伯赞从历史的角度誉其为一部“绣像汉代史”。美学家王朝闻先生则称南阳汉画像石为“难以匆匆理解的文化现象”，并断言：“这一艺术宝库的价值在未来将更加光辉。”

长江黄河一岭分

——西峡伏牛山老界岭、恐龙遗迹园旅游区

老界岭、恐龙遗迹园旅游区位于河南省南阳市西峡县，主要由老界岭和恐龙遗迹园两大景区组成，是中国南阳伏牛山世界地质公园的精髓和核心，也是一个融科普、科考、观光、休闲、体验等多种功能于一体的综合性旅游区，为国家级自然保护区、国家 5A 级旅游景区。

据专家考察，西峡县伏牛山老界岭形成于 18 亿年前的震旦系。老界岭为伏牛山主峰，东西走向 400 余里，东端到达内乡宝天曼，西端到达卢氏县境内，山体巨大，横东西，隔南北，成为一条名副其实的自然分界岭。老界岭以南的河流流入长江，以北的流入黄河。所以有诗云："八百里伏牛凌绝顶，长江黄河分水岭。"它还是中国著名的气候分界岭。老界岭以南为北亚热带，在其河谷地带可以看到成片的油桐、柑橘、甘蔗园，老界岭北侧则为南暖温带。

老界岭景区占地面积 18 万亩，森林覆盖率为 98%，动植物资源丰富。植物约 2200 种，隶属 125 科 516 属，占河南省植物种类的一半以上。陆生脊椎动物有 4 纲 24 目 55 科 182 种，占全国动物种类的 8.6%，占河南省动物种类的 43.5%。被誉为"天然动植物王国"。老界岭旅游区由情人谷、仙人谷、日月谷及界岭主峰四大景区和老界岭休闲度假区组成。海拔 1800 米以上的山峰，主要有摩云垛、马鬃崖、和尚帽、尖山、帽盔山、乱中顶、老群山、犄角尖、玉皇顶等山峰。景区有 5 大特色，游览时不能错过：

一是伏牛山和中原最高峰犄角尖，海拔 2212.5 米，远看似向东引颈高歌之

雄鸡。晴日山体呈青紫色，清晰雄伟；阴时云雾缭绕，时隐时现。据明嘉靖《南阳府志》载：老界岭突峰悬崖，隐现云表，世传老子学道于此，药灶、丹炉遗迹俱存。二是有奇谷（情人谷、仙人谷、日月谷等）、奇峰（锯齿峰、骆驼峰等）、奇石（迎宾石、刀劈石等）、奇树几大自然景观。三是有 1063 米的中原最高索道，12 分钟可以直达景区中部——松涛云海索道站。四是老界岭玻璃桥，建于老界岭风景区神女峰旁，由钢索和多块巨大透明玻璃搭建而成，桥全长达 120 米，离地高度超百米。五是最不能错过的老界岭滑雪场，海拔 1400~1800 米，占地 5 平方公里，是全国著名的高山湿地大型滑雪场，每年 11 月底至次年 3 月底为积雪期，积雪厚度 60 厘米以上。滑雪场拥有 2500 套世界名牌滑雪器具，18 台进口世界名牌移动造雪机，4 条标准旅游滑雪雪道，分为初级道、中级道、高级道、雪上飞碟道，造雪面积 10 万平方米。可容纳 2000 人同时滑雪，4000 人同时进行雪上娱乐项目。夏季滑雪场培植了 10 万平方米高山草坪，形成了高山草原规模，进口了 600 套滑草器具，成为中国大型高山湿地滑草场，有多达 15 个高山草原运动娱乐项目，如草地滑车、草地越野车、草地气垫船、溜索、悠玻球等。

恐龙遗迹园位于西峡县的丹水镇三里庙村，和老界岭虽同属一个旅游区，但相距较远。西峡恐龙遗迹，属于白垩纪断陷盆地沉积，已发现的蛋化石归于 8 科 11 属 15 种。特别是西峡巨型长形蛋和戈壁棱柱形蛋，世界稀有罕见，是西峡蛋化石的标志。西峡出土的恐龙蛋化石数量之大、种类之多、分布之广、保存之好，堪称“世界之最”，被誉为继秦始皇陵兵马俑之后的“世界第九大奇迹”。

恐龙遗迹园主要由地质科普广场、恐龙蛋化石博物馆、恐龙馆、恐龙蛋遗址、仿真恐龙园、嘉年华游乐园、龙都水上乐园等组成，是一个集科普、观光、娱乐、休闲、科研于一体，将原始和现代紧密结合的大型恐龙主题公园。

恐龙蛋化石博物馆建筑面积 3500 平方米，主要由中央大厅、恐龙蛋化石和骨骼化石展厅、动感 4D 影院、时空隧道、仿生恐龙园组成。是保护、研究恐龙蛋化石科学的重要基地，是研究古地质变化规律、探索生命科学奥秘的大本营。恐龙蛋遗址展馆馆体呈蛋球形，由前厅、过厅、引洞、天井及恐龙洞化石一、二、三号洞组成，整个遗址剥离出恐龙蛋化石 1000 多枚。环形分布，反映了西

西峡恐龙遗迹园恐龙馆

峡恐龙蛋化石群原貌，为研究探讨一亿年前恐龙时代的生态环境，恐龙生活习惯、种类、繁殖，恐龙灭绝之谜以及自然环境变迁提供了翔实、原始的珍贵资料。恐龙馆是展示恐龙蛋化石群世界级地质遗迹的又一窗口，建筑面积8600平方米，运用实物展示和声光电等高科技手段，再现了亿万年前恐龙时代的环境变迁及恐龙奥秘。仿真恐龙园则让游客仿佛身临原始恐龙世界。

每到节假日，许多家长带着孩子来到恐龙遗迹园，体验与恐龙共处的乐趣。

龙的故乡游龙潭

——龙潭沟

龙潭沟位于河南省南阳市西峡县城北双龙镇化山村境内，距西峡县城 30 公里，是一处融山秀、石奇、水澈、林茂、潭幽于一体的自然风景区，为河南省首家服务标准化示范景区、国家 4A 级旅游景区。

龙潭沟全长 12 公里，景区 5 公里，自然落差上千米，整个山体犹如两条巨龙盘踞，分别显现龙首、龙口、龙角和龙身，且这里瀑多潭深，故名龙潭沟。龙潭沟的整个山体是花岗岩体，在地质学上，它属于典型的水蚀地貌，是长期流水冲击下而形成的梯式瀑布群，被誉为“中原一绝，人间仙境”，还有“中原第一瀑布群”的美誉。

经初步勘察，龙潭沟的瀑布共计 19 个，大小潭穴 72 处，瀑布群水源来自该县二郎坪乡蒿坪村老龙垛通天壕，经蒿坪村、西庄河村和双龙镇化山村于龙潭沟口入蛇尾河，全长 20 多公里，由海拔 1300 米下降至海拔 400 米，在西庄河下河以下至化山村炉子沟这段长约 5 公里的河谷，相对落差 500 多米，形成景色壮观、一瀑一潭的“梯式”瀑布群。其中落差最高的瀑布约 35 米，最低的也有 15 米；最大的潭水面积 800 平方米，最小的 400 平方米，水深 2 米到 50 米不等，小瀑小潭更是不计其数。如青龙潭、黑龙潭、黄龙潭、白龙潭、双龙潭、九龙圣母潭等，潭深瀑奇，潭瀑相连。最为著名的“四连瀑”四瀑相连，逶迤蛇行，飞流直下，气象万千。沟的两岸石壁陡峭，林木丛生，山涧溪水从悬崖倾泻而下，浪花飞溅，弥漫谷间，落入龙潭，十分壮观。夏秋旺水季节，峡谷

西峡县龙潭沟

内银练直挂，碧花横飞，云蒸霞蔚，令人叫绝。而进入秋冬，漫山红遍，层林尽染。潦水尽而寒潭清，百尺龙潭一碧到底。上下空明，游鱼可数。实乃自然奇景。

另外，龙潭沟石奇崖险，颇有登临之趣。整个峡谷两侧是花岗岩山体，一色的苍青如黛，更显巨石千姿。如大龙潭附近有一块巨石酷似一条鳄鱼头正伸入水中啜饮，游人称之为“鳄鱼戏水”；“四连瀑”附近有块巨石更是神奇，从对面的山上看，犹如猪八戒的头伸向水面偷看龙女洗澡，人们称之为“八戒窥浴”，而从后面看又酷似船头，因此又叫“船石”；黑龙潭旁边有三条极像鲨鱼的巨石，鱼头伸向潭水，可称为“三鲨闹龙潭”。此外，还有“绝壁挂雪”“神龟过江”“鲤鱼跳龙门”等，一处处形态各异，惟妙惟肖。

龙潭沟景区林茂树密，森林覆盖率达96.5%，到处是古树参天，三季有花，四季常青。南北动植物在此交会，物种繁多，保护良好。有名贵中药材和名贵树种500余种，主要经济树种有金柴、山茱萸、野生板栗、野生猕猴桃、千年古柳、万年青树等，在原始森林内也属罕见。野生动物资源丰富，有锦鸡、獾子、獐子、娃娃鱼（国家二级保护动物）、千年甲鱼、羚羊等。在龙潭沟，景观毕现，令人应接不暇。出龙潭沟，周围景观次第入目。刀塄山石壁，高400米，宽900米，危岸耸立，犹如刀削；马武寨连峰际天，五道幢飞流直下，老君洞深幽奇险，耙耧山猪八戒显威。近年来景区还修建了水上滑道、空中溜索、双龙滑道等娱乐设施。游人来到这里，远离了都市的喧嚣，享受着天然氧吧的清新，体验在静谧的氛围中，玩耍在瀑布激流中，会产生一种返璞归真、回归自然的无穷乐趣。

清代县衙古貌存

——内乡县衙博物馆

内乡县衙博物馆位于河南省南阳市内乡县城县衙大街东段，是在我国唯一保存完整的封建时期县级官署衙门博物馆，占地 47000 多平方米，为世界文化多样性十佳博物馆之一，全国重点文物保护单位，国家 4A 级旅游景区。

旧时县级设知县，知县作为一县长官的名字源于唐，始于宋，定制于明，沿于清。知县是皇帝命官，也就是中央官员知（主持）某县事，掌管一县境内之诉讼审办、田赋税务、缉盗、除奸、文教农桑等政务，一般为七品官。明清时代州县吏役的总称为三班六房。三班指皂、壮、快三班。皂班主管内勤，壮班和快班共同负责缉捕和警卫。六房指吏、户、礼、兵、刑、工六房，与中央六部相对应。这种机构设置昭示了封建社会无处不在的森严等级，是当时封建阶级的政治和县级政府性质的体现。

据《内乡县志》记载，内乡县衙始建于元大德八年（1304），明初重建，后屡毁屡建，前后近 700 年。占地南北长 250 米，东西宽 80 米，有院落 18 进，房舍 260 余间。现在所能看到的大多是保留下来的清代县衙中的中轴线部分。建筑自南向北主要有照壁，宣化坊，大门，仪门，吏、户、礼、兵、刑、工六房，大堂，门房，屏门，二堂及两厢，刑钱夫子院，穿廊，三堂及两厢，东西花厅，东西库房院和后花园。东辅线有寅宾馆、衙神庙、土地祠、衙役三班院、典史衙、县丞衙。西辅线有膳馆、监狱、吏舍、主簿衙等。整个建筑群与《明史》《清会典》所载建筑规制完全相符，体现了古代地方衙署坐北面南、左文右武、前衙后邸、

内乡县衙正门

监狱居南的传统礼制思想，是封建社会遗留下来的非常稀有的历史标本。

县衙大门前有一照壁，宽约 10 多米，是县衙大门的屏障。其正面由青砖浮雕组成，画面正中有一个形如麒麟的怪兽，以此画警戒官员们不要贪赃枉法。照壁前的斗拱式牌坊是宣化坊，南面书“菊潭古治”，北面书“宣化”二字，是知县每月初一和十五在此宣讲圣谕、教化百姓的地方。

大门面阔三间，明间为百米甬道式的过道，东梢间的前半间置有喊冤鼓，供百姓击鼓鸣冤之用；西梢间前有两通石碑：诬告加三等，越诉笞五十。大门西侧是八字墙，俗话说“八字墙朝南开，有理无钱别进来”。进入大门，可看到百米长的甬道。两侧的建筑，东侧是寅宾馆，是接待高级官员住宿的地方，对面是膳馆，招待客人饮食。寅宾馆的北面是衙神庙和土地祠。县衙三班院是过去的皂、壮、快三班衙役值班的地方。老百姓正是从衙役的活动中感受到了国家的存在和知县的威严。与三班院正对的是衙门监狱，衙门监狱的设置有严格的规定：一般都在县衙中心建筑大堂的西南方向，故俗称“南监”。监狱分内监、外监和女监三部分，关押死刑和待判犯人的叫内监，关押徒刑、流刑的叫外监。仪门是官署的第二道正门，作为礼仪之门，并不常开。在两侧设便门，东侧这道门称“人门”，也叫“生门”，供人们经常出入；西侧称“鬼门”，也叫“死门”，是供死犯被处决时过的，因此旧时处决犯人也叫“出西门”。过了仪门，就是六房，自北向南，东列吏、户、礼，西列兵、刑、工。一般每房2至3人，其中吏房掌署内人事，并乡绅、丁忧、内外省做官等事；户房掌赋税、财政、户口、劝农等事；礼房掌科举、学校、礼仪、祭祀、节庆等事；兵房掌兵事、民壮、武举考试、驿传等事；刑房掌枷杀贼盗、刑狱等事；工房掌城池、衙门、仓库及水利、道路等工程营造。

县衙的中心建筑大堂亦称正堂，是昔日知县发布政令、举行重大典礼、审理重大案件、迎接上级官员的地方。它面阔五间，高大壮观。大堂前建有公生明牌坊，向南刻“公生明”三个大字，意思是公正方能明察事之本来（即“公生明，偏生暗”）；向北刻县令戒约：“尔俸尔禄，民脂民膏，下民易虐，上天难欺。”这样，县令坐堂理事即可见此，以警诫其秉公办事。大堂上方悬挂“内乡县正堂”行楷金字匾额，堂前粗大的黑漆廊柱上有抱柱金联“欺人如欺天毋自欺也，负民即负国何忍负之”。意思是说，欺负老百姓就如同欺负上苍，这种伤天害理、坑民害己的事不要做；辜负了老百姓就是辜负了国家，怎么能忍心这样做呢！公堂上有三尺公案，上面放着文房四宝及红绿头案签，红签为刑签，是下令动刑的，绿签为捕签，是下令捕人的。房内四周陈列的是县官的仪卫：青旗、皮槊、桐棍、蓝扇、官衔牌以及肃静牌、堂鼓等物。县衙内鼓有两种：一种就是大门前的喊冤鼓，另一种就是堂鼓，堂鼓是过去升堂审案用的。

屏门是大堂通向二堂的一座屏障。屏门后置的格扇门上方面北悬一匾额，上书“天理国法人情”六个金字。这是告诫知县，施政办案必须遵循的基本纲领，即：顺应天理，执行国法，合乎人情。守卫门子房的人叫门人或门子，平民百姓要想见到县官必须先买通这里的门子。这就叫作“走门子”、“走门路”，现在人们所说的“走后门”就是由此衍生来的。

二堂又名琴治堂，面阔五间，是知县预审、初审和调处息讼一般案件的地方。称“琴治堂”是因为引用了《吕氏春秋·察贤》中记载的单父县令宓子贱治单父身不下堂，鸣琴而治的典故。二堂前有一副楹联：“法行无亲，令行无故；赏疑唯重，罚疑唯轻。”上联是说，为官者在执法中，要不分亲疏远近，不徇私情，公正执法。下联是说，为官者在办案时，遇到重大或疑难案件，因有人举报、出证从而弄明了真相，就要对举报或出证者进行重赏；而对一时尚不能完全查明真相的疑难重大案件，处理时要留有余地，从轻发落，以免冤枉好人。二堂左右列的是县官审案时所用的刑具。东边的笞和杖又称为板子。西侧墙上挂的拶子，就是审讯女犯时所用的夹手指刑具。二堂两侧各有厢房五间，中间为过厅，由此可达东西花厅院，是知县及其眷属们居住的地方。

穿过二堂进入天井院，院内东西两边各有配房三间，这是县衙有关官员在此处理公务的地方，故称“公署”。后面是与三堂相通的穿廊，左右两边是清代内乡县令章炳焘和金代内乡县令元好问的展览馆。楹柱上的对联写着：“为政不在言多，须息息从省身克己而出；当官务持大体，思事事皆民生国计所关。”

从公署院向后，走过穿廊和一道格扇门屏障，正面北屋就是三堂。三堂面阔五间，是知县接待上级官员、商议政事、处理政务的地方。其楹联尤为精辟：“得一官不荣，失一官不辱，勿说一官无用，地方全靠一官；吃百姓之饭，穿百姓之衣，莫道百姓可欺，自己也是百姓。”这种自觉与百姓一等，视百姓为衣食父母的思想在当时实在是难能可贵的，县官以此对联时刻提醒自己要恪尽职守、廉洁奉公，切实做好老百姓的父母官！难怪无数党政领导在观看此联后深有感触，说是警世名言。

内乡县衙博物馆是我国衙署文化的研究中心，56个单体陈列，近6000平方米的展览及丰富多彩的文艺表演，被专家学者称为“一座内乡衙，半部官文化”。

“亚洲第一”丹江水

——丹江口水库风景区

丹江口水库风景区位于淅川县南部，是依托号称“亚洲第一人工水库”的丹江口水库而建的大型风景旅游区，也是国家南水北调中线工程水源地，中国重要的湿地保护区，国家级生态文明示范区。

丹江，发源于秦岭，注入汉江，全长384公里，全部为山区河道，是汉江的主要分支。古时曾称丹江为“粉青江”，因尧帝的长子丹朱葬于丹江而改名。丹江通航历史悠久，我国最早的地理书籍《禹贡》记载，早在战国时期已经通航。航道上至陕西龙驹寨，下达湖北老河口，顺汉江又可入航长江，是我国古代长江地带通往古都西安的一条重要水路交通枢纽。丹江口水库于1958年开始兴建，其枢纽工程建在丹江和汉江两条河流的交汇处，拦截了丹江和汉江两大水系，分布于湖北省丹江口市和河南省南阳市淅川县，水域横跨鄂、豫两省，1967年开始蓄水，1974年主体工程完工。库区面积达1050平方公里，库容达到290.5亿立方米，水面最宽达32公里，深100余米，具有防洪、发电、灌溉、航运、养殖、旅游等综合效益。

丹江口水库风景区主要包括有水库大坝、丹江小三峡、香严寺景区、丹江大观苑景区及南水北调源头，游览全程100多公里。

丹江小三峡。丹江口水库的雁口一带有几十里狭长的江面，夹岸奇峰对峙，陡壁峭拔，野藤倒挂，山环水绕，这就是著名的丹江“小三峡”（云岭峡、太白峡、雁口峡），可与长江三峡媲美。狮子山壁上有一天然石佛，高达15米，面向江面，平视前方，两手合掌于胸前，好像正在给坐艇、荡舟的游人祝福。江面碧波千顷，天水一色，游艇渔舟荡漾在绿波之上，人如画中行，山似水上漂，令人心旷神怡，乐趣无穷。

香严寺景区。从淅川县码头乘船走半个多小时，行至丹江口水库南岸豫鄂交界处的河南省淅川县仓房镇境内的省级森林公园，可看到这里深藏着的一座规模宏大、建筑精美的古老寺院，这就是始建于唐代开元年间，距今已有1300多年历史的千年古刹香严寺。据清雍正十三年（1735）所立《河南省淅川香严禅寺中兴碑记》，香严寺为大唐国师慧忠之道场，敕赐长寿寺。慧忠国师是唐朝名师，曾多次受诏进京奏理国事。慧忠国师在长安圆寂，代宗遣使护送归葬白崖山，颁诏改名为香严寺。后因大唐皇帝唐宣宗李忱在此削发为僧避难7年而闻名，唐宣宗因而被尊为香严寺“护法”。现存房舍144间，多为明清建筑，主要建筑物有石牌坊、山门、韦驮殿、过厅、大雄宝殿、指月亭、法堂、藏经楼等，寺院两侧尚有戒堂、走堂、斋堂、禅堂、上仓、下仓等辅助陪衬建筑。各个建筑物上精美的砖雕、石雕、木雕，被称为香严寺“三绝”。寺中最为雄伟壮观的建筑当数大雄宝殿。殿内的如来佛和十八罗汉的塑像神态各异。内墙上的巨幅壁画，将四大天王、三仙圣母等20尊神像融为一体，为中原地区保存完好的最大壁画，有很高的艺术和欣赏价值。在香严寺周围，有该寺和尚墓塔，现仅存5座。附近名胜古迹遍布，尤以3公里以内的珍珠涌泉、水帘垂洞、瀑布飞泉、大峪洞天、旋台绝顶、双石洞、孙膑看桃园等景点最为著名。

河南丹江大观苑位于丹江口水库北岸，占地26.8平方公里，是丹江库区周边自然景观丰富的区域，是古代楚国始都丹阳所在地、楚文化发祥地。景区依丹江湖沿岸而建，拥有风格迥异的万米观江长廊，布局合理的南水北调中线工程纪念馆、楚风楼、范蠡阁、世界精英馆、中华历史长河馆、文博园、中华世纪龙等50多处固定景点。景区游览车观光、湖中乘游船揽胜、空中直升机俯瞰，可让游客体验“海陆空”立体化观光乐趣。

南水北调中线总干渠渠首位于淅川县九重镇陶岔村。渠首坝顶高程176.6米，渠首设计流量为350米^3/秒，加大流量为420米^3/秒。2014年12月12日14时32分开始向南水北调中线工程沿线地区的北京、天津、河南、河北4

丹江口水库

个省市的20多座大中城市，提供生活和生产用水，工程沿西南至东北走向，穿越南阳的淅川、邓州、镇平、卧龙、宛城、方城等县市区，在南阳市境内库区水面近600平方公里，境内渠线全长185公里。如今，这里已成为新的旅游热点。

空山闻声不见人

——宝天曼国家级自然保护区

宝天曼国家级自然保护区，位于河南南阳市内乡县辖区内，处在内乡县、南召县和洛阳市嵩县三县的交界点上。保护区南北长28.5千米，东西宽26.5千米，总面积9304公顷，是中原地带保存最为完整的森林和野生动物类型生态区。为国家级自然保护区，2001年被联合国教科文组织认定为世界生物圈保护区。

宝天曼国家级自然保护区处于我国第二级地貌分阶向第三级地貌分阶过渡的边缘，是伏牛山向东南延伸的最高山体，海拔1830米，属典型的亚热带向暖温带过渡气候。宝天曼保护区森林覆盖率97.3%，区内共有植物2911种及变种，隶属256科、1054属，占河南植物总数的73%，其中有国家重点保护野生植物28种；有陆生野生动物201种，隶属64科，其中国家重点保护动物48种。景区内到处可见怪石嶙峋，绝壁摩立。光听名字就可知其雄奇险峻，如扫帚壁、姑娘楼、京子垛、雁翎刀、将军帽、过风崖、挂剑垛、悬石惊天、牛心垛等等。游览区最有特色的有七星潭、五龙潭等瀑布深潭和天然形成的天心洞、仙人洞、溶洞群等溶洞景观。

五龙潭位于宝天曼南麓的曼子山上，在约5公里的深山峡谷中因瀑布跌落，自然形成了5个潭——黄龙潭、赤龙潭、白龙潭、紫龙潭、黑龙潭。据传潭中因蟒蛇成龙而得名。黑龙潭最为壮观，一挂80余米的瀑布从山崖的绝壁处跌落形成。水花飞溅，声响震耳，显现一幅珍珠倒卷帘的壮观画卷。顺黑龙潭下行不远处即为紫龙潭，处于山谷夹缝之中，潭小、谷深、水清，一目了然，令人心旷神怡。白龙潭周围素有“一线天”之称，阴森森令人心惊，观之油然而生“深潭若谷”之感。赤龙潭，势平缓，看上去神秘莫测。最下面的黄龙潭潭大而深，称为“无底深潭”。

七星潭位于宝天曼南麓，和天心洞一条旅游线路，一道 10 公里的峡谷之中奇峰叠峙，绝壁奇立。各种形态的花岗岩巨石立于河床之中，河水充沛清澈。进入景区就是 2 公里的悬石集中景段，山峰由一块一块的悬石堆砌而成，酷似人工砌筑。七潭河顺着花岗岩山体分七级跌宕而下，每级之间又形成斜落式的瀑帘，瀑帘跌入深潭之中。离潭不远的天井瀑布四面环壁，仅有一狭道相通，瀑高 80 余米，沿崖谷直落而下，极有气势。

天心洞在宝天曼南麓独孤垛的山腰之间。独孤垛一山独立，地势险绝。该洞处于悬崖峭壁的中心地带，洞口直插而下，犹如山之心脏，故称“天心洞”。该洞垂直向下 20 余米，进洞后有两个大厅相连接，面积约 8000 平方米，洞壁高度 10 至 30 米不等，恢宏宽阔。洞壁自然形成的七彩纹饰，图案精美。洞内错落有致的钟乳石琳琅满目，似物似兽，栩栩如生。

仙人洞位于宝天曼北麓的大洞山脚。洞口高数丈，远看若巨人之口嵌于石壁，簇簇垂石参错，缕缕山岚飘逸。入洞豁然开朗，石厅的长、高、阔都有数十丈，可容数千人。举目远视，处处可见石笋钟乳。从大厅边缘有洞可通其里，攀壁而上，窄阔相间，时有洞井临道，宛若迷宫。洞内尚有众多的蝙蝠聚集栖息。该洞究竟有多深，至今无人知晓。据说很早的时候，曾有一个貌似天仙的丫环，为给父亲治病，从松河里捉鳖捉虾入了此洞，无法出来，倒是被神仙指点迷津，最终得道成仙，故被称作“仙人洞”。

溶洞群与宝天曼之主峰隔谷相望，洞内常年温润，但无积水，时见滴水悬坠，令人心爽。各种精巧细腻的水钟乳柱，千姿百态，闪闪发光，游人置身于此，酷似进入传说中的水晶宫殿。该洞长约 1 公里，山顶有一洞口与其相通，目前行人可进的主洞长 500 余米，主洞两侧还有岔洞，深度 5 至 20 米不等，规模颇为可观。

游人穿过深潭瀑布，钻过大小溶洞，沿着悬崖峭壁，攀登上海拔 1830 米的

宝天曼国家级自然保护区

主峰，远近景色尽收眼底，四周山峰一览无遗，林涛似海，云遮雾罩，一幅幅色彩斑斓的迷人景色令人陶醉，让人充分领略登高望远的特有情趣。

保护区内还有拔地而起的扫帚峭壁、牧虎顶、化石尖、中心垛等自然景观值得一游，另外还有若隐若现、似云中楼阁的姑娘楼峰，危如累卵、宛如菩萨仙冠的观音帽峰，峪谷似壁的挂钓崖，石柱擎天的刀切岭，以及飞瀑鸣鸿的七潭山，明澈如镜的印石潭……，只是游人在游览中要紧紧相随，不然就有可能领略到古诗中写的“空山不见人，但闻人语响”的情境了。

聊借俳优作古人

——社旗县山陕会馆

社旗县山陕会馆又名“山陕庙”“关公祠”，位于社旗县城中心，坐北朝南。它是由清代时山西、陕西两省在赊旗镇的商贾集资兴建的一座雄伟壮观的古建筑群，曾作为他们接客迎仕、联谊和同乡集会的场所，占地面积约13000平方米，为全国重点文物保护单位，国家4A级旅游景区。

社旗县位于南阳盆地的东北边沿，原为赊店镇，古名赊旗店。据传汉光武帝刘秀起兵南阳，曾在此地“刘记”酒店议事，把酒店的酒幡赊为帅旗，称帝后赐名赊旗店。赊旗店1956年更名为社旗县。过去这里水陆交通发达，是南北九省过往要道和货物集散地，有“天下店，数赊店”之称。清乾隆年间，曾和朱仙镇、回郭镇、荆紫关镇并列为河南四大名镇。当时，秦晋两省富商大贾，为了叙乡谊，通商情，集资建造山陕会馆。山陕会馆始建于清乾隆二十一年（1756），经嘉庆、道光、咸丰、同治至光绪十八年（1892）竣工，全部工程历时136年。会馆亦称“山陕庙”，道光年间曾改称“鼎元社”，1923年复称“山陕会馆”，是全国会馆中唯一得到慈禧御笔之宝的民间商会建筑。

社旗县山陕会馆地面全部用一尺见方的青白石板铺砌，现存殿、堂、楼、阁及各种建筑130余间，整个建筑分前、中、后三进院落。主体建筑由琉璃大照壁、悬鉴楼、大拜殿、春秋楼四部分组成，自南向北呈现中轴线式分布。前为琉璃照壁、铁旗杆、东西辕门和东西马厩；其后为悬鉴楼、钟鼓楼、东西廊房；再后为大拜殿、药王殿、马王殿；最后为春秋楼。

琉璃大照壁，坐落于会馆最南面，高 15 米、宽 10 米，单檐歇山顶，壁身用百余块琉璃方砖砌造，两面饰有精巧剔透的“二龙戏珠”、“龙虎争斗”、“丹凤朝阳”、“鲤鱼跳龙门”等图案。辕门东、西相对，筑于高大砖券拱门上。前院两侧立清嘉庆二十二年（1817）铸铁旗杆一对。高 28 米，重达 5 万余公斤，青石须弥座，上立铁狮，旗杆穿狮而过。杆上有大、中、小三个云斗，每个云斗上有四个风铎，云斗间行龙缠绕，顶部各站一只展翅欲飞的凤鸟。

悬鉴楼，又名“八卦楼”，它是会馆的戏楼，兴建于嘉庆元年（1796），竣工于道光元年（1821），历时 25 年。楼长 18 米、宽 15 米、高 30 米，为三重檐歇山式建筑。楼内竖 20 根合抱大柱，下有双层柱础。楼正中二层飞檐之下高悬巨匾，上书“悬鉴楼”三个大字。“悬鉴”二字典故出自《新唐书·魏徵传》：“以铜为鉴，可正衣冠；以古为鉴，可知兴替；以人为鉴，可明得失。”这里把戏楼比作高悬之镜。戏台四根方形石柱柱面镌刻两副对联。内联为：幻即是真世态人情描写得淋漓尽致；今亦犹昔新闻旧事扮演来毫发无差。外联为：还将旧事从新演；聊借俳优作古人。二联以戏为主题，把戏台的深层文化内涵阐释得淋漓尽致。舞台屏上悬挂“既和且平”匾额。戏台上下满布木、石雕刻图案，其内容多与古代传统戏曲有关，如：《白蛇传》中“借伞”“采药”“水漫金山”等场景，其他有二龙戏珠、双凤朝阳等。一般采用浮雕、深浮雕、层次透雕技法，刻画出人、物的轮廓，再用线刻描绘出人、物的细部。此楼被专家誉为“华夏戏楼建筑的典范之作”。钟楼、鼓楼坐落于悬鉴楼的两侧。

悬鉴楼戏台前是会馆的中心大院，因院内可容万人看戏，故也叫万人庭院。院两边是东西相向的厢房，皆单檐硬山顶，面阔 13 间，进深 1 间，分楼上楼下两层。据有关专家考证，这里是中国戏院里早期出现的包厢。游人来到这里，从此处可略见当时会馆繁华之一斑。石牌坊坐落于大殿前 3 米高的月台上，计左、中、右三座。中间一座位于月台前《重建山陕会馆碑记》与《重兴山陕会馆碑记》之间。

大拜殿，是全馆的主体建筑，长 40 米，宽 22 米，高 23.14 米。由拜殿和大殿两部分组成。拜殿，又称宴会厅。面阔 3 间，进深 3 间。门上悬光绪十九年（1893）浩生社立“三国一人”匾额。殿内雕梁画栋，上悬“光明正大”、“英

社旗县山陕会馆

灵显著”巨匾。大殿面阔3间，进深5间，重檐歇山顶，内设关羽牌位。大殿檐下，大额坊、雀替及隔扇门上满布雕刻。内容有《三国演义》《西游记》《封神榜》《苏武牧羊》等。檐下两侧墙壁上嵌同治二年（1863）慈禧太后书“龙”、“虎”二字刻石。

后面的药王殿供奉唐代著名医学家孙思邈，马王殿供奉民间神话传说的“马王爷”。之所以在大拜殿的两侧建此二殿，源于当年商家多经营药材，且马王爷是传说中为太上老君驾车的。这样，有医学家供应药材，有关公助发财，有马王爷保佑运输安全，可谓考虑得十全十美了。

春秋楼，始建于乾隆二十五年（1760），竣工于乾隆四十七年（1782），历时22年。因楼内塑有关羽夜读《春秋》泥像而得名。从民间流传的“赊店有个春秋楼，半截还在天里头”的话中可见其高，可惜已被战火所毁。现有春秋楼是2004年8月重建的，新落成的关公读《春秋》铜像及月台高12.3米。其中铜像高6.8米，是用8.5吨重的黄铜铸造而成；月台高5.5米，用巨型青石条雕刻而成。

故宫博物院原院长吕济民、副院长单士元到社旗县山陕会馆参观后，曾分别赞叹其“艺术辉煌，绝无仅有”、“辉煌壮丽，天下第一”，社旗县山陕会馆因此被誉为“中国第一会馆”。

桐柏山中溯淮源

——淮源风景名胜区

淮源风景名胜区位于桐柏山脉中段的豫鄂两省交界地带，距桐柏县城 3 公里。景区总面积 266 平方公里，核心区为 108 平方公里，这里是古“四渎”之一淮河的发源地和江淮两大水系的天然分界线。这里自然景观奇绝，人文景观荟萃，为国家级风景名胜区、国家森林公园、国家 4A 级旅游景区。

淮河是中国东部主要河流之一。淮河流域西起桐柏山和伏牛山，南以大别山和江淮丘陵与长江流域分界，北以黄河南堤和沂蒙山与黄河流域分界。流域面积 27 万平方公里，其中淮河水系 19 万平方公里。流域有人口约 1.3 亿。它与黄河、长江、济水并称为我国古代的“四渎”。淮河干流源于桐柏山北麓。桐柏山长 120 余公里，位于河南、湖北边境，主脊北侧大部在河南省境内，地下矿产十分丰富，初步探明矿藏达 60 种，原矿价值人均占有量是全国人均数的 14 倍。这里有亚洲第一、世界第二的天然重质纯碱矿，有位居国内四大银矿之首的露天开采矿，还有在世界首次发现，被国际矿物质学会命名的“桐柏矿”和“围山矿”。

现在开发的桐柏县淮源风景名胜区，属南北气候过渡地带，四季分明。这里有千亩原始森林，具有良好的过渡带森林生态系统，千年以上树龄的汉柏及银杏等古树有 100 多棵。动植物繁多，现有脊椎动物 33 目 76 科 326 种，其中列入国家保护的珍稀动物如金钱豹、金雕、水獭、大小灵猫等 33 种。景区不少山峰海拔千米以上，有大小名峰数百座，山泉溪流 58 条。淮源风景名胜区也是

淮源风景名胜区

盘古文化传说集中的地方。盘古庙、盘古山、盘古船、盘古井、盘古磨等有关盘古文化的建筑随处可见。这里还流传着许多“大禹治水”、“禹王锁蛟”及“太阳神”的传说。明嘉靖年间，吴承恩曾在桐柏邻县新野做过县令，其间多次到桐柏山游览，其传世名著《西游记》中的不少故事是根据当地传说的故事加工而成的，书中的水帘洞、通天河、放马场、太白顶、花果山、老君堂等地名与当地地名完全一样。自古以来，这里就是游览胜地，集雄、奇、险、幽、秀于一身，兼具南疆北国之神韵，被有关专家评价为“比华山之险，与黄山竞秀”。

淮源风景名胜区现拥有一类景点 35 个，二类景点 13 个，三类景点 26 个，组成了淮源、水帘洞和水帘寺、太白顶和桃花洞等各具特色的景区。

淮源。以淮渎庙为代表。淮渎庙是古时人们修建的祭祀淮河之神的，也是我国建造时间最早、规格最高、规模最大的庙宇之一，被誉为“千里淮河第一庙”。秦始皇二十六年（前 221），诏令祭祀名山大川，其川有二：曰淮曰济。这时此地始建淮祠，即淮渎庙。各种殿堂、楼、台、亭、阁及各种显示其崇高权威的饰物如石狮、水兽、旗杆、华表等应有尽有。每年初春朝廷钦差前来祭淮神，在淮渎庙前文官下轿，武官下马，步行入内，一般随员则要匍匐前进。据记载，仅明代祭淮就达 36 次之多。明代开国皇帝朱元璋亲自撰文，刻巨碑立于庙内；清康熙御书“灵渎安澜”致祭；雍正书“惠济河漕”赐庙。汉刘邦，唐李白、杜甫，宋苏轼、蔡襄等都曾漫游至此，赏游咏叹。历代文人墨客来这里赏景吟诗的不下百人，传世作品有 300 多件。

水帘洞和水帘寺。水帘洞景区是桐柏山淮源风景区最主要的游览景区。水帘洞位于桐柏山间，淮源深处。进入景区，首先可看到“水帘洞”三个苍劲娟秀的金色大字。走过白石桥，斗折蛇行，登数百米石阶，从左壁一侧即可上到水帘洞内。此洞初为天然形成，长约 10 米，深 5 至 6 米，距地面高约 20 米，可容百人。洞壁有涓流细如发丝，悄悄淌入岩池，岩池清澈见底，四时不涸。洞内有后人雕猕猴一只，模样俏皮可爱。水帘洞外侧有一排汉白玉栏杆，柱顶端 40 余个石雕猴各具形态，刁顽可爱。水帘洞下面建有水帘寺。山门、天王殿、大雄宝殿、玉佛楼、毗卢殿层层递高。寺院中有竹林精舍、大寮、经堂、藏经阁、佛教宾馆、塔林、观音禅林、罗汉堂等。寺内有赵朴初、王学仲、陈天然等名家题书的匾额、楹联以及《金刚经》经刻。由海外捐献、从缅甸运回的翠玉大佛，高 1.62 米，重 1.8 吨，供奉在玉佛楼。还有从缅甸运回的翠玉观音，供奉在观音禅林。

太白顶和桃花洞。太白顶为桐柏山脉主峰，海拔 1140 米，被称为豫南第一高峰。峰顶直插云霄，恰似孤岛。游客在这里感觉犹如乘云登天，千山万壑，尽收眼底。太白顶上的“小淮井”，青色的石柱围成六角形的石栏杆，井中可窥见三处泉眼，为桐柏山最高水位，碧水泉涌，甘甜清冽。可谓山高水高，历来被认为淮河的始极源头。下山便是闻名遐迩的桐柏山桃花洞。峡谷两壁奇峰峭立，石壁上大小涵洞错列，桃花洞是各种洞的总称，各洞以十八罗汉最为壮观。洞外长满山桃树。其间建有普化禅寺，为海内名刹之一。寺东一峰突起，苍松成排簇拥峰顶平台，清夜平台赏月，千山披银，故名松月台。再去东南，下百级天梯，便是禅寺的东塔林，与寺西之西塔林遥相呼应，环境清幽，建筑瑰奇。另有小太白、撑天峰、访贤洞、飞仙桥、喂虎石等景色如画。

桐柏山淮源风景名胜区还饱含浓厚的苏区文化。这里建有“桐柏英雄纪念碑”和“桐柏革命纪念馆”，成为爱国主义教育的重要基地。党和国家领导人刘少奇、李先念、王震、杨靖宇、彭雪枫、王树声等都曾在桐柏战斗和工作过。从 1925 年到 1947 年 22 年间，桐柏先后建立过 6 个省级、5 个地级、12 个县级党政军领导机构，原中原军区、中共中央中原局都曾设在这里。1945 年 10 月 24 日“桐柏三军会师”在我国解放战争史上占有重要位置。

春风堂下红香满

——花洲书院

邓州花洲书院位于河南省邓州市人民东路114号附近，占地面积280亩（含二期），有各类仿古建筑66座，建筑面积达4000平方米。现入河南省文化遗产名录。为国家4A级旅游景区，河南省文物保护单位。

邓州花洲书院始建于宋代庆历年间，北宋著名政治家、军事家、文学家、教育家、思想家范仲淹任邓州知州期间，创建了书院内讲学堂——春风堂、藏书楼、斋舍，并在书院东侧创建百花洲，重修览秀亭，构筑春风阁，花洲书院因百花洲而得名。传咏千载的千古名篇《岳阳楼记》就诞生于此。

范仲淹，字希文，唐宰相范履冰之后，北宋范墉之子，生于宋太宗端拱二年（989）八月二日，两岁而孤。范仲淹少有大志，慨然以天下为己任，于宋真宗大中祥符八年（1015）考中进士，授广德军（今属安徽）司理参军，从此踏入仕途。范仲淹为官37年，忠君爱民，清正廉洁，刚正不阿。庆历五年（1045）十一月，范仲淹以疾求解边任，请知邓州，遂以给事中、资政殿学士的身份到邓州赴任。一年余而化行俗美，吏畏其威，民怀其德。直至皇祐元年（1049）正月，范仲淹才离邓赴任杭州。范仲淹知邓时已洲废亭圮，遂整治百花洲，重修览秀亭，并在城墙东南角建春风阁，在百花洲畔修建了书院，故名“花洲书院”。范公此后常在书院执经讲学，在春风堂以文会友，在百花洲与民同乐。在这里，范公还与致仕宰相张士逊、新科状元贾黯等诗酒雅会；同宰相晏殊、光化知军李简夫及好友王洙赋诗唱和。更重要的就是范仲淹应挚友滕子京之请，在花洲书院春风堂撰写了千古绝唱《岳阳楼记》，连同湖南洞庭岳阳楼名传千古，花洲书院也因此扬名华夏。

花洲书院的创办，使邓州文运大振。范仲淹的儿子、官至宰相的范纯仁，北宋理学创始人之一、官至崇文院校书的张载，元祐时邓州知州韩维等，均“从师范仲淹学于花洲书院”（见《嵩阳书院》）。范仲淹离邓后，邓州人十分怀念，于花洲书院旁建祠祀公。北宋元丰元年（1078）著名文学家、书法家黄庭坚专程到花洲书院瞻仰范公遗迹，挥毫题诗：“范公种竹水边亭，漂泊来游一客星。神理不应从此尽，百年草树至今青。”花洲书院从宋代至明清，累圮累修，办学不断，是邓州的重要胜迹和教育中心，居邓州八景之首（参见清易良俶《邓州八景》诗集），明时称“花洲相迹”，清时谓“花洲霖雨”。元代花洲书院因战火而一度荒废，明代全国书院复兴再修，并易名为春风书院。万历三十七年（1609）知州赵沛整修范文正公祠，万历四十三年（1615）知州夏忠重修春风堂和范文正公祠，并增建景范亭和石牌坊。至清道光四年（1824）代知州马

邓州市花洲书院

应宿移修书院于原址，恢复花洲书院名称。

2002 年到 2005 年，邓州市用了三年时间对花洲书院进行全面修复。二期工程也于 2013 年底开工建设并对外开放。花洲书院分书院景观区、百花洲景观区、范公祠景观区三大景观区。

书院景观区是花洲书院的核心区域，包括书院主体建筑、讲堂、春风堂、藏书楼以及泮池、状元桥等，这些建筑展现了中国古代书院的建筑风格和文化内涵。

百花洲景观区位于书院东侧，是范仲淹任邓州知州时所建，这里有美丽的湖泊、亭台楼阁、假山花园等。百花洲建筑采用清代江南园林风格，紧临邓州保存最完好的一段明代土城墙。南北布局为南山北水。洲南由各具特色的峭壁假山、五峰山和别有洞天组成。洲北湖内大小三岛，碑林书廊相映成趣，岛上再现范仲淹任知州时与民同乐的嘉赏亭及菊花台等。

范公祠景观区在书院西侧，是为纪念范仲淹而建，祠内有范仲淹的塑像和有关展览，展示了他的生平事迹和思想贡献。

以上三个景观区使花洲书院形成完美一体的中国典型书院园林，为研究中国古代书院文化与建筑风格提供了宝贵的史料和物证。

商丘市

人间沧桑古城览

——商丘市古城文化旅游区

商丘市古城文化旅游区位于商丘市睢阳区境内，面积 12.6 平方公里，是以国家历史文化名城、中国保存完好古城之一的商丘古城为依托的文化旅游景区，为国家 4A 级旅游景区。

商丘古城又称归德古城，具有 4000 多年的历史，历史悠久，文化灿烂，文物众多。分布着明代“归德府城墙”和“宋国故城遗址”，是全国重点文物保护单位。商代元君成汤在此建商国都。周封微子建宋国都。秦行郡县，置睢阳县。西汉梁孝王建梁国都。隋、唐、五代称宋城。宋太祖赵匡胤曾任归德节度使，发迹宋地，国号称宋；宋真宗诏升为应天府，旋建为南京，为国之陪都。1127 年，金国南侵，康王赵构在此即位，开南宋之基。金朝始改为府，领一州八县。明代嘉靖升州为府以至清代。

商丘古文化旅游区主要旅游景点有：归德府城、燧人氏陵、帝喾陵、六忠祠、张巡祠、应天书院、壮悔堂以及香君墓和阏伯台等。

归德府城。现在的归德府城建于明正德六年（1511），已有近 500 年的历史。城墙、城郭、城湖三位一体，使古城外圆内方，呈一巨大的古钱币造型，建筑十分独特。城墙周长 3.6 公里，有东西南北四门。据史书记载，在此城之前所建的商都南亳城、春秋宋国城、秦汉睢阳城、北宋南京城、归德府旧城等，皆因兵灾水患，埋没于地下。明弘治十六年（1503）在旧城北复建新城，历时 8 年，于正德六年（1511）建成。嘉靖二十四年（1545）置商丘县，县衙设在归德府城（即

商丘市古城文化旅游区古城门

今商丘古城）。砖城墙周长 4.35 公里，址阔 10 米，顶宽 6.66 米，高 6.66 米。城湖宽约 0.5 公里，水深 2 米，水中突起的小岛为蠡台、女郎台、雀台等。湖外城郭周长 9 公里，顶阔 6.6 米，址阔 20.33 米，绿树成荫，遮阳蔽日。砖城内面积 1.13 平方公里，93 条街道形如棋盘。官府民宅造型别致，四合院鳞次栉比。

燧皇陵。位于商丘古城西南 2 公里，占地 4 万多平方米。燧皇是传说中“三皇”之一的燧人氏。他发明钻木取火，教民熟食，是中华民族的“火祖”。燧皇陵坐北向南，墓冢高达 10 米，陵墙长达 0.5 公里。高大的燧人氏石刻像，巍然屹立在陵区中心。墓冢前矗立着龟驮巨碑。著名历史学家俞伟超先生书写的“燧人氏陵”4 个大字，端庄遒劲。1992 年，中国友好观光年黄河之旅首游式取火种仪式曾在此隆重举行，所取圣火被国家旅游局命名为“中华第一火种”。

帝喾陵。史书记载，帝喾是黄帝（轩辕）的曾孙，代高阳氏（颛顼）而有天下，建都于亳（今睢阳区南部）。帝喾陵位于商丘古城南 24.5 公里的高辛集西北，面积 2 万多平方米，南北长 230 米，东西宽 130 米，上有高大的土丘，即为帝喾陵墓。院中碑刻甚多。

六忠祠。位于商丘古城内大隅首西侧。唐朝至德二年（757），发生了历史上著名的睢阳之战。睢阳古城是通向江淮的交通要道，而江淮则是唐朝重要的经济命脉。安史叛军于唐至德二年，命大将尹子奇率兵13万，直扑睢阳。而守城部队此时只有5000人。时任太守的许远（709—757）、守将张巡（708—757）不畏强暴，率兵民固守，从春到秋，誓死不降。在睢阳城被围期间，大将雷万春曾面中六箭不倒，吓破敌胆。姚阎、贾贲二将则身先士卒，威震敌营。忠壮侯南霁云曾冲出重围向临淮关守将贺兰进明求援，贺兰进明不肯出兵，摆下酒宴款待南霁云，南霁云慷慨陈词，用刀砍掉自己一个指头，离开他们重新冲进城内，最后城破时也英勇牺牲。睢阳之战，历时10个月，大小战斗400多次，杀敌12万多人，为平定叛乱做出了重大贡献。唐安史之乱后（757），睢阳人为张巡、许远立庙，以南霁云配享，称协忠庙，也叫双庙。后来增加了雷万春、贾贲，称五王庙。宋朝大观年间（1107—1110）徽宗追封张巡为“忠烈侯”，许远为“忠义侯”，南霁云为“忠壮侯”，雷万春为“忠勇侯”，贾贲为“忠济侯”，最后又增加姚阎为“忠褒侯”，合称六忠祠。六忠祠像一座巍巍丰碑，传颂着英雄的业绩。

张巡祠是为祭祀唐睢阳之战中的爱国将领张巡等所建的古式建筑群体，位于商丘古城南0.5公里。占地总面积40700平方米，南北长370米，东西宽110米，自南向北依次分广场区、建筑区和墓葬园林区三部分。墓前立巨型墓碑，墓周植松柏花卉。每年农历九月十四日为“忠烈节”，当地会举行隆重的祭拜仪式。

应天书院，位于城内中山东二街路北。商丘是宋太祖赵匡胤曾任归德节度使的地方。北宋时期，书院勃兴。大中祥符二年（1009），州人曹诚愿以学舍入官，宋真宗大为赞赏，立即批准，正式赐额。我国著名文学家范仲淹曾就读、任教于此。应天书院与江西庐山白鹿洞书院、湖南长沙岳麓书院、河南登封嵩阳书院并称北宋四大书院。应天书院现存有大成殿、明伦堂、月牙池等建筑。大成殿为祭孔之地，明伦堂为学堂和应试地。

壮悔堂，位于商丘古城内家隅首东侧，为明末清初著名文人侯方域的书房，是一座砖木结构的硬山式两层楼建筑，坐北朝南，宽20米，深11米。侯方域（1618—1655），字朝宗，号壮悔，9岁能诗文，15岁应童子试，县、府、道皆第一。明崇祯十二年（1639），方域到南京应试并参加组织了进步爱国的“复社”，被称为“愤然为天下持大义者”、复社“四公子”。他在秦淮河畔结识了名妓李香君。1644年清兵入关，侯方域回归故里隐居，将其书房起名为“壮悔堂”。清初著名文学家孔尚任以他与李香君悲欢离合的爱情故事，创作了著名传奇剧本《桃花扇》。

李香君墓位于商丘古城西南5公里处的路河乡李姬园村，墓冢直径约5米。李香君出身青楼，丽压群芳，且见多识广，辨察敏锐。明崇祯十二年（1639）在南京与侯方域定情于眉香楼，演出了一幕才子佳人的悲壮爱情剧。在李香君帮助下，侯方域多次拒绝阉党头子魏忠贤的干儿子阮大铖的阴谋拉拢。侯方域归故里后，即将李香君接回，住在翡翠楼上。后因李香君出身低贱，被赶到距城7公里的侯氏庄园（即李姬园村）居住，在痛苦、绝望中带着忧伤离开了人间，侯方域搬灵葬其于归德南园。

另外，商丘市古文化旅游区内还有解放战争时期留下的“中共中原局扩大会议旧址”、“中原局扩大会议秘书处旧址”等红色革命遗址。

火祖火神亮九州

——阏伯台

阏伯台位于河南省商丘市睢阳区商丘古城西南3里处，即古宋街道火神台金桥路，是我国现存最早的观星台遗址，距今有4500多年的历史，为河南省重点文物保护单位。

阏伯台，民间称火星台、火神台。据史书记载和上古传说，阏伯又名契，是轩辕氏黄帝的玄孙，帝喾高辛氏的儿子，商部落的始祖。阏伯的母亲简狄，因吃了玄鸟蛋即燕子蛋而怀孕生下阏伯。故《诗经》上有“天命玄鸟，降而生商”一说。阏伯曾辅佐大禹治水，任司徒，管教化，因功而封于商，赐为子姓，任火正。火正是古时掌火官，其职责一是管理火种，以便人们可以随时取到火；二是祭祀火星并观察火星的运行，以便及时告知人们防灾避祸并适时地播种收割。相传阏伯之前人们常为如何保存火种而犯愁。阏伯被封到这里后，从很远的地方引来火种，把火种置于丘上，上面搭上一个遮雨的篷子。这样，天上下雨不能把火浇灭，河水泛滥也不能把火浸灭。“商”的百姓们从此不但可以到处生火，而且还能让火经久不熄。阏伯还以星辰的变化而确定时节，制定历法，给人民的生产生活带来了保障。因此后人把他奉为火神，把他的坟墓称为火神台、阏伯台、火星台。

西汉初年，刘邦的孙子梁孝王刘武做梁国国君时，曾筑梁园300余里，阏伯台便是梁园一景。现存阏伯台如墓状，高35米，周长270米，夯土筑成。层层夯土中夹杂不少汉代的瓦片与陶片，可能是汉代所筑。阏伯台上有一组完整的古建筑，叫作阏伯庙，距今已有近 700 年的历史。据宋朝王明清《挥麈后录》云：“太祖皇帝草昧日，客游睢阳，醉卧阏伯庙。”说明五代时期已有庙宇。由于此台为古代商丘都城一带的最高点，再加之古人认为阏伯台的精气上应商星，所以，自古以来人们都把阏伯台看作是商丘的象征。

现阏伯庙存有大殿、东西配殿、拜殿、钟楼、鼓楼、东西禅门、大禅门等建筑。据当地管理人员介绍，整个火神台完全依据八卦建造，明天干（十间），暗地支（十二间），外圆内方形如古铜钱，象征着天圆地方、阴阳合气。建筑多为砖木结构，只有钟鼓楼内为砖旋式，外为歇山式顶，小青瓦和瓦屋面。在庙内大殿中供奉着火神爷阏伯的塑像，两边各有一名侍从，东西两侧还各站着两位护法。大殿东墙镶嵌碑刻两方，均立于清光绪年间，碑文年久多有残损。整个建筑群布局合理、结构科学、造型独特，房舍宏伟，飞檐走兽，红墙绿瓦，色彩鲜艳，具有较高的历史、科学和艺术价值。传说农历正月初七是阏伯的诞辰，届时豫、鲁、苏、皖四省交界的群众纷纷前来进香朝拜，形成规模盛大的古庙会。

商丘市睢阳区阏伯台

替父从军留美名

——木兰祠

木兰祠位于河南省商丘市虞城县城南35公里营廓镇（今木兰镇）周庄村，占地160亩，距今有1000多年的历史，为河南省重点文物保护单位，河南省爱国主义教育示范基地。

花木兰是我国家喻户晓、妇孺皆知的一位巾帼英雄。从我国目前发现最早的记载木兰事迹的元代石碑来看，花木兰本不姓花，姓魏，名木兰，生于北周，死于隋代。后人徐渭编写木兰戏剧，为了人名好听，取木兰花之意，将魏木兰改成了花木兰，后来就流传了下来。北周时可汗募兵，本是木兰父被征召，但他年老体弱，难以应征。而唯一能代替他的木兰胞弟又年幼。无奈，木兰女扮男装，代父从军。征战疆场12年，屡立战功。自边防归来时，北周已亡，拜见了隋朝文帝。文帝封她为尚书，她坚辞不受。归家后，脱去戎装，换上旧时衣裳，又现女儿真面目。后皇帝欲纳其为妃，花木兰以死拒之。唐代追封为“孝烈将军”。

据今人尚起兴考证，流传千古、家喻户晓的《木兰诗》，系木兰根据其自身经历写成。新中国成立后，《木兰诗》被列入中小学课本。她女扮男装替父从军、赤诚报国、英勇杀敌、不受爵赏的光辉事迹激励着一代代华夏儿女为着民族的发展和强大而奋斗。自古至今，人们创作了不少歌颂花木兰的文艺作品，纪念这位女英雄。唐朝著名的诗人杜牧留诗道：“弯弓征战作男儿，梦里曾经与画眉。几度思归还把酒，拂云堆上祝明妃。”抗日战争时期，京剧大师梅兰芳编演的京剧《木兰从军》，有力地配合和促进了抗日救国运动。在抗美援朝

虞城县木兰祠

中，著名豫剧表演艺术家常香玉，把京剧《木兰从军》移植为豫剧《花木兰》，带着剧团赴朝鲜前线演出，后又在全国各地公演，并拍成电影，从此风靡全国，轰动了世界。2000 年，国家邮政局举办了“木兰从军”纪念邮票首发仪式，邮票共 4 枚，分别为“木兰纺织”、“木兰从军”、“木兰征战”和“木兰还乡”，艺术地再现了古代巾帼英雄花木兰的光辉形象。2005 年 11 月 11 日，虞城县申报的“木兰传说”被文化部正式确认为国家级非物质文化遗产，虞城县也被授予“中国木兰之乡”。木兰是女中豪杰，有替父从军的大孝，在她身上表现出了中华民族传统的“仁、义、礼、智、信”美德。

千百年来，花木兰这位伟大的女性一直受到国人的尊敬。1998 年，美国将花木兰的故事改编成了动画片《花木兰》并发行。花木兰的故事走出了国门，在全世界产生了更为广泛的影响，受到广泛认可。木兰不仅是中国的英雄，而且成为了全世界学习的榜样。

虞城县木兰祠在唐代就已存在，当时称为“木兰庙”。金、元、清各代均有重修。后经战火，祠堂被毁，幸存有元代、清代祠碑两通，详细记载了木兰身世、英绩及历代修祠情况。1992 年，商丘市虞城县人民政府为保护这一千多年的历史遗存，重修木兰祠及景区，本着修旧如旧的原则，在历史遗存的基础上，基本恢复了木兰祠原有的历史风貌。木兰祠景区内有花木兰祠、花木兰故居、花木兰花园、花木兰文化广场、花木兰武馆武校、花木兰陵园（包含花木兰墓、花木兰父母墓）6 个景点。

木兰祠景区自北向南依次为祠堂区、文化广场区、陵园区。木兰祠门口的中心位置是一座戎装跃马的花木兰石雕像。祠的西面是毛泽东主席手书的《木兰辞》诗壁。木兰祠前，一座仿唐代庄重朴拙、高阔润朗的建筑门楼上书“木兰祠”三个大字高悬其上，这是全国政协原副主席钱伟长先生题写的。祠内有祠碑两通：一通立于该祠大门内东侧，是元代元统二年（1334）所立《孝烈将军祠像辨正记》碑，碑文载有对木兰身份、受封孝烈将军的确认及《木兰辞》全文。此碑经专家鉴定，属元代石刻真品。1982 年，又重修碑楼，17 层封檐，前后园门，古朴典雅，碑楼四周砌有围墙。另一通是清代嘉庆十一年（1806）所立《孝烈将军辨误正名记》碑，立于该祠大门外西侧。在两座石碑之间正中的一条甬道尽头就是掩映在青松玉兰、芳草香花中的木兰祠，又名孝烈将军祠。该祠大殿高 16 米，系砖木水泥仿唐建筑。舒展沉实，庄重大方，色调简洁明快，廊柱高耸、斗拱飞檐，艺术加工与结构造型严整统一，建筑构件体现了力与美的完美结合。走进祠内，迎面正中是一座高大的木兰戎装出征像。木兰身着黄金铠甲，戴黄褐斗笠，披果绿战袍。左侧是一组“木兰出征”塑像。右侧则是一组“木兰还乡”塑像；贺元帅、刘将军、校尉均铠甲鲜明。两组塑像是依据《木兰诗》和戏剧作品构思雕塑而成。

在木兰祠里的三面墙上，是根据著名画家刘旦宅木兰从军连环画册制作的 24 幅大型壁画，再现了木兰从军的故事和情节。木兰祠对面是木兰陵园，木兰陵园里面原有一片开阔的水塘，塘内水已干枯，有一片漂亮的黄色野花地。绕过水塘的背后就是两座墓地，一座是木兰的父母合葬墓，另一座就是孝烈将军花木兰墓。

虞城县每年四月初八前后都会举行为期 3 天的木兰庙会，豫、鲁、苏、皖四省交界百余里的群众，纷纷前来赶会烧香，进行贸易，延续 1000 多年不衰。1993 年，虞城县举办了中国第一届木兰文化节，至今已举办多届。虞城县有木兰火车站、木兰宾馆、木兰食品、木兰纺织集团等 600 多个以“木兰”命名的文化品牌；当地还组建有花木兰武术协会、花木兰盘鼓队、花木兰舞龙队等。木兰精神依旧激励着人们热情投身祖国建设中。

山名芒砀势穹崇

——芒砀山文物旅游区

芒砀山文物旅游区北距永城市 30 公里，位于豫、鲁、苏、皖四省接合部的河南省永城市芒山镇，是边陲集山水、人文、民俗为一体的旅游胜地。景区面积 14 平方公里，为全国重点文物保护单位，国家 5A 级旅游景区。

据史料记载，秦置芒县（今永城陈集），晋废。隋炀帝大业六年（610）始置永城县。传说隋炀帝动用数百万民工挖运河，沿河一百里设一个驿站，在今永城也设了一个站，叫马甫城，后看到该城颇具规模，一时兴起，说“马甫城，

芒砀山文物旅游区

马甫城，马甫城即永城也”。后马甫城就改称永城。永城芒砀山占据豫东大平原制高点，突兀高耸的十三座山头有“十三仙女”之称，漫长的历史变迁在这座山上留下了许许多多的印迹。宋代陈纲曾写过一首《芒砀山石壁留题》诗，抒发了自己的感慨：“山名芒砀势穹崇，汉祖严祠翠霭中。紫气有时腾壁落，素灵何处泣秋风。狐鸣陈涉孤坟坏，金尽梁王石室空。到底乾坤归有道，力夸扛鼎漫英雄。”

芒砀山文物旅游区，著名的景点有规模宏大的21座西汉梁王陵墓群、汉高祖刘邦斩蛇碑、农民起义领袖陈胜墓等。

西汉梁王陵墓群。自汉梁孝王刘武起，梁国八代九王及王后、大臣均安葬于此。包括汉梁孝王墓、梁孝王夫人李王后墓、柿园墓、僖山墓等。整个陵墓群宛如庞大的地下宫殿。

汉梁孝王刘武是汉高祖刘邦之孙，孝文皇帝之子，孝景皇帝之弟。他原为代王，后改封淮阳王，于公元前168年又改封为梁王。因他仁慈孝顺，被追谥为孝王，后人称之为梁孝王。西汉景帝时，御史大夫晁错为了维护中央政权，提出削弱诸侯王的封地。吴王刘濞和楚、赵、胶东、胶西、济南、淄川等七国以“诛晁错，清君侧”为名发动叛乱。为了阻止叛军西上，梁孝王坚守叛军必经之地睢阳达三月之久。后与太尉周亚夫合兵，击溃吴楚叛军，为维护西汉王朝的统一立下了大功。梁孝王生前大兴土木，扩充睢阳城为35公里，筑梁园方圆150余公里，从王宫修复道15公里直通平台。而且他招贤纳士，倡导文学。天下文人名士齐趋梁国。公孙诡、羊胜、邹阳、枚乘、司马相如等都是梁孝王的座上客。景帝中元六年（前144），梁孝王“发疾而死”，葬于芒砀群山最南部的保安山。梁孝王墓就位于前山半山腰，坐西向东。全长56.32米，最宽处30.5米，由墓道、甬道、后室及两侧的耳室和回廊组成，面积约650平方米。主室的四周建有回廊。回廊的四角都有耳室，大小一致。回廊内有十字街、饮马泉、黑水河等。穿行回廊各房间极易迷失方向，曾有人几天走不出墓道。梁孝王墓不像通常的王陵劈山后用巨石修砌，而是“斩山为廓，穿石为藏”，周围0.5公里的石室全部为开凿修成。工程之浩大、结构之独特、布局之对称，在全国也是罕见的。

梁孝王王后墓。位于芒砀山麓的保安山北峰，与南峰梁孝王墓并列，相距200米。墓门向东，凿石穿山而成。基本上把后山的内部凿空。结构与梁孝王墓大致相同，规模比梁孝王墓大三倍。该墓用了几千块黄肠石封堵墓道和甬道。地宫颈部有一陪葬坑，深约3米，面积10平方米，清理出土了鎏金车马器、刀、剑、戟等兵器近2000件。出土的15件鎏金铜牌饰，图案有仙人、异兽、主宾、侍者等形象，雕刻细腻，栩栩如生。

刘邦斩蛇碑。位于芒山镇上。据《史记》记载：汉高祖刘邦在泗水当亭长时，一次奉命送役徒，喝醉后拔剑斩蛇。后遇一位老妇人反复哭诉："我的儿子白帝子卧在路上，被赤帝子杀了。"老妇哭诉罢突然不见了。刘邦深信自有天助，后来终于灭掉了暴秦，打败了项羽，建立了大汉王朝。为了纪念先帝，汉文帝时在芒砀山紫气岩（为汉高祖隐居处。因传说有天子气覆盖岩洞，故名。今已废）前建了高祖庙，立了汉高祖斩蛇碑。碑正面刻有原碑碑文，碑阴刻有立碑缘由。奇特的是夜里光照碑体，刘邦高大威武的形象会跃然欲出，被誉为"天下奇观"，为保护此碑，还建有高4.2米的仿古六角亭。

陈胜墓。位于芒山镇砀山西南山麓。此墓高2.6米，周长27.3米。墓前高耸着一幢2.5米高的石碑，上面刻着当年全国人大副委员长郭沫若的亲笔题词："秦末农民起义领袖陈胜之墓。"陈胜（？—前208）不是芒砀山人，又并非死于芒砀山，为什么葬在芒砀山中？原来，秦二世元年（前209）七月，出身雇农的阳城（今河南登封东南告成镇）人陈胜和其同乡吴广不堪秦朝暴政，率众起义，但缺乏斗争经验的陈胜后来被其重用的下人用计杀害在战场。其忠实的部下知道芒砀山群山环抱，是个好地方，便把陈胜的尸体运到芒砀山埋葬。现在陈胜墓已修复，并建成陵园，成为人们游览的胜地。

决战中原硝烟浓

——陈官庄地区歼灭战烈士陵园、淮海战役陈官庄纪念馆

陈官庄地区歼灭战烈士陵园、淮海战役陈官庄纪念馆景区位于永城市东北25公里陈官庄村南，311国道北侧。景区规划用地上千亩，为纪念淮海战役第三阶段陈官庄地区歼灭战中牺牲的烈士而建，是全国重点烈士纪念建筑物保护单位、全国爱国主义教育示范基地、全国红色旅游经典景区、国家国防教育示范基地、国家4A级旅游景区。

1948年11月6日至翌年1月10日，中国人民解放军以徐州为中心，在东

淮海战役陈官庄纪念馆

起海州、西至商丘、北自临城、南达淮河的广大地区进行了伟大的淮海战役，陈官庄地区歼灭战是淮海战役的最后一个阶段。在中共中央和毛泽东主席的英明领导和指挥下，我军参战的华东、中原两支野战军和华东、中原两军区，以及晋冀鲁豫军区的部分部队共约60万人，对阵约80万国民党军队的主力和精锐部队，决战中原，以气吞山河之势，首歼黄百韬兵团于碾庄，继包围豫南来援的黄维兵团于双堆集。敌徐州主力南窜受挫，乃于1948年11月30日倾巢西逃，我军勇猛追击，12月4日将敌包围在永城东北陈官庄地区。15日我军歼灭黄维兵团后，为配合平津战役，16日起对敌暂停攻击，展开强大的政治攻势，敌投降万余人。1949年1月6日，我军发起总攻，激战至10日，生俘国民党徐州“剿总”副总司令杜聿明、击毙国民党第二兵团司令邱清泉，全歼3个兵团，26个师，计26万余人。至此，中国人民解放战争中具有决定意义的三大战役之一的淮海战役历时60多天胜利结束。人民解放军在总兵力少于国民党军的情况下，自己伤亡13万余人，取得歼敌55万余人的伟大胜利。为支援淮海战役，动员起来的民工累计达543万人，向前线运送1460多万吨弹药、9.6亿斤粮食等军需物资。淮海战役的胜利，使蒋介石的精锐兵团丧失殆尽，长江中下游以北地区获得解放。国民党政府的统治中心南京、上海，完全置于人民解放军的炮火之下，从而大大加速了解放战争的胜利进程。

为了永远纪念淮海战役中光荣牺牲的革命烈士，永城县政府1963年年初在当年淮海战役第三阶段围歼杜聿明集团的中心战场——永城东北25公里的陈官庄建起了烈士陵园。1973年后多次扩建，2007年陵园再一次进行改扩建。

淮海战役陈官庄地区歼灭战烈士陵园内水泥道路经三纬四，总长达两公里以上。两旁冬青成行，松柏苍翠，象征着烈士们的革命精神万古长青。景区内有纪念碑、纪念馆、总前委雕塑、东西浮雕廊、烈士公墓（地宫、名录墙）、单身烈士墓群等六大主体建筑。

烈士纪念碑建成于1975年，碑高24.6米，碑体正面镶嵌着周恩来总理的亲笔题词——“淮海英雄永垂千古”八个鎏金大字，碑顶镶有五星和两支相交的步枪图案组合而成的碑徽，纪念碑底部有贴金的石刻碑文。

淮海战役碑廊建筑总面积为800平方米，建在纪念碑东西两侧。纪念碑西廊（将军廊）展示了36位军事家和57位开国将领，共计93位战神将星的浮雕。纪念碑东廊（浮雕廊）有表现淮海战役全过程和人民奋勇支前的大型浮雕。

淮海战役总前委群雕塑高3.1米，宽6米，由铸铜浇铸而成，造型浑朴，形神兼备，五位总前委（按雕像排序）分别是粟裕、邓小平、刘伯承、陈毅和谭震林。

烈士纪念馆和烈士事迹陈列馆建成于1979年，是富有民族特色的天井式建筑。烈士纪念馆新馆由迟浩田将军题写馆名，建筑面积9160平方米，陈展面积4000平方米，包括序厅、大决战前夜展厅、战役实施厅、战役胜利厅、人民支前厅、缅怀烈士厅等展区。二、三层展厅内陈列了830余幅历史照片和图片、140余件文物、20组场景、50幅油画国画、80个雕像蜡像陶塑等，并配备多台电视机、投影仪、触摸屏等声光电设施，是全国一流的战争题材纪念馆。馆内有一个布置有1440平方米大型油画和900平方米的地面塑型的景画馆，位于新馆二楼展厅北侧，画面长94米，高15米，充分运用油画、地面塑型、声光电多媒体技术，配合240度观景平台，全方位、多视角展示了陈官庄地区歼灭战规模宏大、战场辽阔、战斗激烈、人民支前规模空前的不朽画卷，使观众仿佛置身于炮火硝烟的战场中，给观众以强烈的视觉冲击力和心灵震撼感。

烈士公墓包括标志碑、烈士遗骨地宫、岩书石卷名录墙和12位烈士雕像四个部分。标志碑高10.5米，宽5.7米，平面呈五星型，碑的正面镶嵌着毛泽东手书“为国牺牲永垂不朽”八个金色大字。地宫位于标志碑的下方，占地600平方米。地宫内有282组石棺，石棺内安放着在淮海战役中牺牲的1691名烈士的遗骨。花岗岩烈士名录墙由168页岩书石卷组成，岩书石卷里刻着当年参加淮海战役陈官庄地区歼灭战的华东野战军11个纵队和部分支前民工共7291名烈士的英名。在烈士名录墙前立有12名著名烈士的花岗岩雕像。单身烈士墓群占地10000平方米，共安葬着651名烈士。墓区内铺设了花岗岩板道路，以方便公众凭吊和祭扫。墓间栽植常青的侧柏和麦冬，象征着革命烈士精神浩气长存。

信阳市

雄鸡高吭报晓来

——鸡公山

鸡公山位于信阳市南35公里李家寨乡境内，面积达27平方公里，与北戴河、庐山、莫干山齐名，为中国十大避暑名山，国家级自然保护区和风景名胜区，国家4A级旅游景区。

鸡公山古名鸡翅山，为亚热带向暖温带的过渡地段，素有"青分楚豫"之称，是我国南北方的天然分界线。它两侧有蜿蜒的灵华山和透迤的长岭，人们称"鸡公翅"。整座山犹如雄鸡昂首振翅，挺立鸣啼，鸡公山即由此得名。其主峰海拔784米，状若雄鸡伸颈啼鸣，故称"报晓峰"。由于其地理位置的特殊，鸡公山历来为兵家必争之地，见于史载的大大小小的战争，就有60多次，黄帝、蚩尤、孙武、伍子胥、岳飞、朱元璋、李自成、洪秀全等在中国历史上举足轻重的人物，曾在这里留下了许多惊心动魄的传说故事和历史遗迹。如当年朱元璋起义时在鸡公山点将练兵留下"拴马桩"遗迹，闯王李自成率领义师驻扎山头，清点兵马，整顿队伍，留下"将军石"遗迹。清初巾帼英雄红花女带领众姐妹安营扎寨，打富济贫，抗拒清兵，奋战多年，直至战死山中，留下的"红花店"遗址，如今都还清晰可辨。

鸡公山是全国四大避暑胜地之一，年平均气温15.2℃；山顶年平均气温12.0℃，7月份平均气温为23.5℃。古人"三伏炎蒸人欲死，清凉到此顿疑仙"的诗句，就是鸡公山清凉宜人的生动描绘。适宜的环境使鸡公山成为天然的动植物园，有1700多种植物在这里安家落户。山上可入药的植物有600多种，珍贵的有灵芝、九死还阳草、马蹬草、何首乌、七叶一枝花等。明朝李时珍曾来鸡公山采集许多药草标本，编入《本草纲目》。野生鸟类有 17 目 109 种之多；国家重点保护动物 29 种，如金钱豹、小灵猫、大鲵等。鸡公山的石具有怪、美、巧、奇的特点。报晓峰、骆驼峰、狮子峰、狮头崖、狼牙山、将军石、恋爱石、宝剑石等形象逼真、栩栩如生。鸡公山雨量充沛，泉溪瀑布和池潭甚多。山顶莲华池旁有宝剑泉，南街有普济泉，笼子口有笼口泉，二道门处有甘泉，此外还有鸡公泉、消夏泉、灵泉、香茶泉等。由泉成溪，南流长江，北入淮河。正所谓“山中一夜雨，林间百重泉”。游人传颂的鸡公山十景是：晓峰朝晖、云海浮鸡、临崖亭阁、颐楼争辉、龙潭瀑布、宝剑泉水、灵华松风、山庄月夜、奇石斗秀、荷亭映日。

山势雄伟的鸡公山一年四季景色各异，云雾飘渺，有“云中公园”之称。1903 年，美国传教士李立生到山上游览，看到这里风景优美，遂在山顶购地建房。尔后西方报纸上大力宣扬鸡公山景色幽雅、气候凉爽、适宜避暑。20 多个国家

信阳市鸡公山

的商贾教士，蜂拥而来，在此盖教堂、修楼阁。国内军阀豪绅，也在山上兴建楼台馆舍，形成南北二条大街。一时峭峰下，泉溪边，树林里，布满各式亭台楼阁和别墅，有 200 余处，新中国成立后，经过多次维修建设，鸡公山已成为全国闻名的疗养避暑胜地。

现在的鸡公山主要游览点有避暑山庄、北岗、东沟、防空洞、月亮湖、南街、报晓峰等。

避暑山庄坐落于狮子峰（又名马鞍峰）南侧山半腰，从鸡公山车站下车沿盘山公路东行不远即可到达。现存别墅十组二十幢 7800 平方米，现保存较好的有肖家大楼、环翠楼、耸青阁、卧虎楼、翠云楼等，楼、堂、亭、阁俱全，其间散布各类奇形怪石。

北岗环境清静幽雅，汇聚了各种特色的外国洋楼别墅，也是中国近代建筑史的再现。

东沟景区位于鸡公山东侧山谷内，该区内景色以瀑布为主。1992 年风景区管理局与新加坡星雅投资公司合资修建了一条空中索道。索道全长 1026 米，从上站到下站大概需要 20 分钟时间。坐索道沿山谷缓行而下，再徒步走过一段松林险坡，在谷底大大小小共有瀑布 19 处。最有名的两个瀑布，一个是松林湾瀑布，一个是高峰瀑布。此处瀑布不同于别处的雨后瀑布，常年皆有，水势随季节消长，多位于两山合抱之间，其上绿荫如篷，几蔽天日，飞泉直泻，景色尤为绚丽。著名的有三叠瀑布、龙潭瀑布等。

防空洞景区位于鸡公山中心区。整个防空洞全部是由钢筋混凝土构成的，分两层，外层有走廊、天窗、前后门，内层有会议室、书房、卫生间，总洞长 63.3 米，后有暗道，直通东南方的汇丰银行楼下。区内景点有万国广场、马歇尔楼、美龄舞厅、活佛寺等。

月亮湖面积 0.23 平方公里，汇流长 680 米，湖面大概 3 万平方米，总容量约 10 万立方米。

南街有小上海之称，店铺众多，有布匹店、杂物店、瓷器店、食品店、水果店、牛奶店、皮鞋店、裁缝铺、时令服装店、饭馆旅舍，等等。

报晓峰景区位于鸡公山中心区，区内景点有报晓峰、灵化仙境、世纪钟广场、姊妹楼、颐庐、红娘寨等。酷似雄鸡的报晓峰就是鸡公山的象征，海拔 765 米，亦名鸡公头、鸡头石，在山顶突兀而起，登上峰顶，全山风貌一览无余。引吭高歌，势态非凡。脚下或云浪翻涌，或山岚叠翠，或冰雪琉璃。峰侧是灵化山，内隐灵化寺，茅舍竹篱，世外仙境。

游客游览鸡公山有两条路线，一为盘山公路，一为登山栈道。如果乘车，可沿盘山公路直达山顶宾馆，然后步行爬山至报晓峰、防空洞等景区。登山栈道修于清朝末年，有1221级石阶，沿途还可以欣赏到众多的景观。主要景点有“青分楚豫、气压嵩衡”的石刻，有“甘泉”二字的石刻，落落石、垒垒石、陡石崖、笼子口、大深沟、登山古栈道、灵化仙境、自然博物馆、珍稀动物观赏园、东沟瀑布群、波尔登亭等。

鸟栖南湾不思归

——南湾湖风景区

南湾湖风景区位于河南省信阳市西南部，距市中心仅5公里，是依托南湾水库而建的一个以生态旅游为主，集休闲度假、水上游乐、民俗风情、避暑休养于一体的旅游景区。景区规划面积724平方公里，水域面积75平方公里，约是杭州西湖的12倍，最大蓄水量16.3亿立方米，为国家森林公园、国家水利风景区、国家4A级旅游景区。

南湾水库是我国最早建成的大型治淮工程之一。淮河发源于豫、鄂交壤的桐柏山区，其支流浉河穿越信阳。南湾水库就是1952—1955年拦蓄浉河水而修建成的，蓄水量达16亿立方米，控制面积1100平方公里，是河南的最大水库之一。除可灌溉信阳、正阳、罗山、息县4县市的7.46万公顷农田外，兼有防洪、灌溉、发电、城市供水及旅游等多种用途。

南湾湖风景区以南湾水库为中心，汇聚森林、岛屿、山峦、湖湾、河溪、池潭、瀑布诸多自然景观。湖面烟波浩渺，水质清纯透明，手掬可饮。湖中大小不一、形态各异的61个岛屿，错落有致地散落于清碧的湖水之中，犹如碧珠洒盘，景象万千。环南湾湖周边分布的天然公益林面积达12万亩，森林植被覆盖率高达90%。各类动植物2000多种，尤其是南湾湖盛产的“南湾鱼”享誉中原；南湾湖上游群山连绵，云雾缭绕，是“信阳毛尖”茶的主产地，名扬海内外。

整个景区计有5条风景线，71个风景点。主要游览区大致可分为7个，即：南湾大坝游览区，主要景点有南湾湖大坝、猴岛、鸟岛、花鲢岛、荣岛等；车云山游览区，主要景点有千佛塔、鹰嘴峰、崖口瀑布、云雾山、快活林、石人等；黄龙寺游览区，主要景点有子母潭、公母潭、船石、集云山、天云山、连云山、五道河、三角山等；仙石畈游览区，主要景点有仙人洞、老君洞、猴子石、三仙缸、前湾、夏家冲滴水岩等；黑龙潭游览区，主要景点有四望山、祖师顶（革命遗址）、白马山、黑龙潭、白龙潭、龙潭茶场等；谭家河游览区，主要景点有天平山、三潭（属湖北应山景点）龟石、平靖关、天井、天湖等；贤山游览区，主要景点有贤隐寺、贤洞、梁王垒、贤岭松枫、马鞍山等。

游人最常游览的是南湾大坝游览区，主要景点有南湾湖大坝、猴岛、鸟岛、花鲢岛以及茶岛等。

南湾湖大坝。长 816.5 米，坝顶宽 8 米，坝高 38.3 米，最大拦蓄水量为 16.3 亿立方米，大坝正面镶砌有毛泽东所题的“一定要把淮河修好”八个大字，坝顶、坝坡安装投光灯、高压钠灯共 369 盏，在东西坝头分设 2 盏高杆灯，并在高杆灯上设 4 台激光射灯。白天漫步坝顶，大坝如一条长龙，气势恢宏，碧波荡漾；夜幕下的大坝，灯火通明、金碧辉煌，如梦如幻，令人流连忘返。

猴岛。位于南湾湖中部，消夏岛和百果园半岛的北部，呈椭圆形，面积 32 亩。猴岛植被茂盛，因岛上有猴群分布而得名。岛上的猴基本采用野生放养方式，时常与游人嬉戏打闹，逗人开心。

鸟岛。位于南湾湖区西北部，面积 520 亩，人称鸬鹚洲。鸟岛上植被繁茂，周围的湖水里鱼虾繁多。除了原居鸟类之外，每年春夏季节还有近 27 种候鸟至此繁衍，数量多达 10 余万只，其中尤以鹭鸶鸟为主，有大白鹭、中白鹭、小白鹭，有苍鹭、灰鹭、夜鹭等稀有的鹭，有色彩美丽的牛背鹭，还有国家二级保护动物黄嘴白鹭。游客在这里可看到数不清的各种鹭成对伏在一起，时而在低空飞旋，时而在高空翱翔，寻觅到大自然的情趣。冬季鸟岛为鸬鹚（俗称“鱼鹰”）的天下。岛上有鸟语林、鸟艺表演等旅游项目，是观赏鸟类活动、拍摄鸟类栖息、进行鸟类科普教育、与鸟同乐的理想场所。

花鲢岛。扼南湾湖水上要冲，是游客前往猴岛和鸟岛的必经之地。全岛面积约 150 亩，最高点位于岛中部，海拔 123.6 米。岛上植被茂密，建有“巨网捕鱼”旅游景点，南部已经建有码头、人造景观、餐馆、木屋区和表演场所等游客娱乐休闲设施；北部为保持半原始状态的丛林，是一个理想的消夏避暑旅游度假场所。

茶岛。是2009年6月2日建成开放的信阳茶文化精品旅游项目，这里有大片的茶林、特大的茶壶、幽雅的茶座、独特的茶香，是传播信阳茶文化、发展茶产业的一个重要载体。

另外，南湾也有厚重的历史文化建筑及遗址。始建于南北朝年间，与嵩山少林寺、开封相国寺、洛阳白马寺齐名的贤隐寺坐落在南湾湖畔、贤山南麓山

南湾湖风景区

谷中，距今已有 1500 多年的历史，寺内有厢房、客房、僧房，香客络绎不绝，历代文人墨客常以该寺为题吟诗。贤隐寺北侧还有 1500 多年历史的梁武帝肖衍行宫旧址——梁王垒。时贤岭上还有信阳抗日时期战斗遗址，建有抗日战争信阳战场旧址纪念碑。水上游乐园、唐人游地府、奥林匹克园等人文景观也令游人叹为观止。当然，游人累了饿了，还可以放开肚子，尽情品尝闻名中原的南湾鱼。

“北上先锋”由此行

——红二十五军长征出发地

红二十五军长征出发地位于河南省罗山县铁铺镇何家冲，这里是大别山西端的鸡公山西北坡，三面环山，峰峦迤逦，是中国近代革命史上红军长征四大出发地之一，是豫鄂皖革命根据地的重要组成部分。为第二批国家级集中连片传统古村落，第四批全国重点文物保护单位，全国红色旅游经典景区，全国爱国主义教育示范基地。

根据《中国工农红军第二十五军战史资料选编》记载，中国工农红军第二十五军成立于1931年10月，是中国工农红军的重要组成部分，隶属于红四方面军，为巩固和保卫鄂豫皖革命根据地作出了重大贡献。何家冲红二十五军长征出发地现在主要包括红二十五军军部旧址、长征出发集合地遗址和红二十五军医院旧址三部分。

红二十五军长征出发地

红二十五军军部旧址在何氏祠堂。何氏祠堂始建于明代，现存房屋10余间。

何氏祠堂原是何家冲何家的宗祠，建于明末清初，是一座具有豫南民居风格的小四合院，占地400多平方米，砖木结构。祠堂前后两栋各有5间，两边还有厢房。中国工农红军第二十五军长征出发前，警卫室、政治部、参谋部等军部机关设在这里，程子华、徐海东、吴焕先等红二十五军首长也在此居住。红二十五军的指挥员们在这里通过研究敌情、研判路线、制定策略，决定对部队进行政治动员，讲解斗争形势，让大家做好心理准备，同时做好行军物资的筹备，减少不必要的辎重挑担，实行轻装，每人准备3天干粮、两双草鞋，定于1934年11月16日晚开始长征。长征出发集合地包括银杏树和红军碾等遗迹。银杏树现位于何家冲村头，何氏祠堂左边200米处，高20余米，当时是何家冲附近最明显的标志之一，附近有一个石磨盘和一眼红军井。1934年11月16日，红二十五军近3000名将士聚集在此，在军长程子华、政委吴焕先、副军长徐海东的带领下，高举着“中国工农红军北上抗日第二先遣队”的旗帜，在经过简

罗山县红二十五军长征出发地

短的动员后，正式拉开了长征的序幕。

在距离大银杏树不足百米的地方，有一排古朴的建筑群落，这里就是红二十五军的医院旧址。医院旧址由 4 座院子组成，原址建于明末清初，有着 400 多年历史，现存房屋 80 余间，所有房间都是相通的。由于房间多，地方大，再加上整洁干净，所以当时就改成了红军医院，不仅治疗红军伤病员，还为当地百姓看病。红二十五军军部医院于 1932 年年底成立，直到红二十五军长征出发时，救治了大批红军伤病员。

红二十五军长征出发地纪念馆设在军部旧址，展厅面积 440 平方米，共陈列展示革命文物、文献和历史照片 106 件。红二十五军从这里出发后，西进北上，跨过平汉铁路，经过血战独树镇，跳出敌人的围追堵截，进入伏牛山区，创建了鄂豫陕革命根据地，为红军补充了新鲜的血液。1935 年 9 月 15 日，红二十五军历经重重困难，到达陕西延川县永坪镇，并于次日同刘志丹领导的红二十六军、红二十七军胜利会师。至此，红二十五军历经 10 个月、转战万余里的长征胜利结束，成为第一支到达陕北的红军长征部队，并因此被誉为“北上先锋”，为迎接党中央和中央红军，把中国革命的大本营放在陕北，作出了重大贡献。

风起云涌大别山

——新县革命纪念地

新县革命纪念地包括中共中央鄂豫皖分局、鄂豫皖军委、鄂豫皖苏区首府革命博物馆、鄂豫皖苏区烈士陵园、箭厂河革命旧址等革命遗址。为全国红色旅游经典景区，全国和河南省爱国主义教育示范基地，国家一级重点文物保护单位，国家 4A 级旅游景区。

新县原称新集，位于河南省信阳市东南部，被称为“中原南门”，大别山雄踞其间，自古为战略要地。全县总面积 1612 平方公里，曾为河南、湖北两省的光山、商城、麻城、红安、大悟等县的交界地，素有“红色首府、将军故里、诗画江南”之美誉。新县是一个具有光荣的革命传统、英雄辈出的地方。1927 年 1 月，吴焕先（新县箭厂河乡人）等在黄安县紫云区箭厂河（今属新县箭厂河乡）创建了鄂豫皖边区第一支农民革命武装——三堂革命红学，这支武装成为黄麻起义中的攻坚力量，新县由此成为鄂豫皖边区党领导的最早的武装起义——黄麻起义的发祥地；1928 年 6 月，中国工农

新县革命纪念地

革命军第七军在光山县柴山保（今属新县陈店乡）创建鄂豫皖边区第一块革命根据地，新县成为大别山脉工农武装割据的最早区域；1928 年 7 月，在柴山保尹家嘴组建鄂豫皖革命根据地第一支红军队伍、红四方面军最早的一支队伍——中国工农红军第十一军三十一师，新县成为中国工农红军的重要诞生地；1931 年 2 月，豫南重镇新集镇被红军攻克后，鄂豫皖苏区党政军首脑机关相继迁入或在此建立，新县成为鄂豫皖苏区首府所在地和政治、经济、军事、文化的中心；1932 年 10 月，红四方面军主力西征川陕后，吴焕先、高敬亭（新县新集镇人）、刘名榜（新县郭家河乡人）先后重建和领导了红二十五军、红二十八军和大别山红色游击队，继续坚持大别山区的革命斗争，新县成为坚持大别山红旗不倒的中心区域；1947 年 8 月，刘（伯承）邓（小平）大军千里跃进大别山后，刘邓首长亲自建立了大别山区第一个县级爱国民主政权——经扶县爱国民主政府，并将野战军政治部、文工团、卫生部及医院设在新县，新县成为刘邓大军的立足地和后方基地。在新县这块红色土地上，先后诞生和养育了红四方面军、红二十五军、红二十八军三支主力红军。中国工农红军第一架飞机"列宁号"从这里飞向蓝天，中华苏维埃区域第一届运动会在这里成功举办，著名红色革命歌曲《八月桂花遍地开》《三大纪律八项注意》由这里唱遍全中国。当时全县人口不足 10 万人，牺牲 5.5 万人。家家有红军，户户有烈士。著名的烈士有王志仁、桂步蟾、吴焕先、高敬亭、叶成焕等。从新县和大别山区走出了 349 位共和国将军，养育了许世友、李德生、郑维山等 43 位新县籍将军和 50 余位省部级以上领导干部，留下了董必武、刘伯承、邓小平、徐向前、李先念、刘华清等老一辈无产阶级革命家的战斗足迹。

在长期的革命斗争中，新县留下了 200 多处革命历史遗迹和纪念地。全县现在已公布为文物保护单位的革命文物旧址有 81 处，其中国家级 4 处、省级 8 处、县级 69 处。其中重要的革命纪念地如下：

中共中央鄂豫皖分局、鄂豫皖军委。位于新县县城中心首府路，为全国重点文物保护单位。1931 年 2 月，红军攻克新集（今新县县城），5 月 12 日，中共中央鄂豫皖分局和革命军事委员会在新集成立，张国焘任分局兼军委主席。分

中共中央鄂豫皖分局旧址

局直隶于中央政治局，其职权代表中央而高于省委。分局委员共 11 人，其中中央指定 8 人，即张国焘、陈昌浩、沈泽民、曾中生、王平章、蔡申熙、舒传贤、邝继勋，另补选 3 人，即周纯全、郭述申、高敬亭。候补分局委员有甘元景等 15 人。分局既是中央代表机关，又是鄂豫皖地区党组织的最高领导机构。鉴于这种做法不便于工作，遂根据《中央关于鄂豫皖省委的决议》又组成了鄂豫皖省委，书记沈泽民、组织部长高敬亭、宣传部长成仿吾，省委常委还有郑位三、汪友清（女）、耿显义等 7 人。革命军事委员会中曾中生、邝继勋为副主席。军委下设参谋部、政治部、秘书处、经理处、军医院、航空局、彭杨军政干校等机构。分局、省委和军委成立后，领导了鄂豫皖人民在军事斗争中取得节节胜利，连续粉碎了敌人第一、二、三次“围剿”，同时苏区的政权建设、经济文化建设和土地革命运动也广泛开展起来。1932 年夏，国民党调集重兵对鄂豫皖发动大规模的第四次“围剿”。我军在反“围剿”斗争中，由于张国焘“左”倾冒险，导致第四次反“围剿”斗争失利，新集于 1932 年 9 月 9 日沦陷。鄂豫皖分局机关随红四方面军撤离。

中共中央鄂豫皖分局旧址占地 1980 平方米，原为新集刘姓大地主私人住宅，始建于清咸丰年间。前后有五进大院，七栋老式阁楼，共有房屋 61 间。当年分局下设机构，鄂豫皖省委、军委办公室、组织部、宣传部、妇女部、少共分局及部分领导人的住室及其生活用具至今保护完好。大门上方悬挂徐向前同志题写的“中共中央鄂豫皖分局旧址”匾额。另外，红四方面军总部有两进大院，三栋老式阁楼。共有房屋一百余间，陈列有当年的参谋部、政治部、秘书处、经理处及张国涛、徐向前等领导人的办公室及住室。大门开在北起第四间，大门上方悬挂着“红四方面军总部旧址”匾额。近年来新县对上述两处旧址再次进行复原陈列，两处旧址各设主展室一个，采用先进的灯箱式陈列版面，比较系统地介绍了鄂豫皖党的建设、武装斗争、政权建设和经济、文化发展的历史及鄂豫皖红四方面军、红二十五军、红二十八军三大主力红军发展壮大的艰难历程。

鄂豫皖苏区首府革命博物馆、鄂豫皖苏区首府烈士陵园。

鄂豫皖苏区首府革命博物馆：坐落在新县城关，占地 40 多亩，建筑面积 3000 多平方米，为国家一级博物馆。鄂豫皖革命根据地是土地革命战争时期中国共产党领导创建的全国第二大革命根据地。新集（今新县县城）是鄂豫皖苏区首府。鼎盛时期，根据地发展到 26 个县，人口发展到 350 万，主力红军发展到 45000 余人。1958 年建立了新县革命烈士纪念馆，馆内设立新县革命历史陈列室。后经河南省委、省人民政府批准在新县新建一座鄂豫皖苏区首府革命博物馆，并由李先念题写馆名。1985 年 10 月 25 日奠基，1987 年 12 月 22 日竣工，1990 年 10 月 25 日开馆。2001 年至 2009 年又进行全面的维修改造扩建。博物馆为仿古式现代建筑，依山傍水，红檐橙瓦，气势宏伟。该馆藏品主要是革命文物，总数为 407 件。展出内容包括主展馆、鄂豫皖苏区将帅馆、英雄山景区、大别山国防教育园四部分。

主展馆有基本陈列“红色大别山”和专题陈列“千里跃进大别山”“新县籍省部级领导生平事迹展”“红色廉政文化陈展室”“中国女红军专题展”等。基本陈列“红色大别山”生动地再现了大别山区从 1921 年中国共产党诞生到新中国成立的辉煌历程。展厅内陈展有全国唯一保存下来的当年书写在青砖墙上的珍贵文物《中国苏维埃第一次全国代表大会土地法令草案》。“千里跃进大别山”展厅展现了刘邓大军千里跃进大别山的重要历史场景。“新县籍省部级领导生平事迹展”展示的是吴焕先、高敬亭、张体学等50位新县籍省军级以上领导干部的生平事迹。“红色廉政文化陈展室”是依托大别山厚重的红廉文化资源建设的。“中国女红军专题展”突出展示了参加长征的47位红军女战士的光辉形象。鄂豫皖苏区将帅馆全方位、多角度地展示了在鄂豫皖苏区工作和战斗过的349位开国将帅的丰功伟绩，是全国唯一一座集中反映鄂豫皖苏区开国将帅的专题展馆，分为序厅、元帅厅、大将厅、上将厅、中将厅和少将厅。陈展运用综合的艺术表现形式和高科技手段，打动和感染了观众。

英雄山景区是博物馆的重要组成部分，由入口广场、奋斗铜雕、红旗飘飘、新县鄂豫皖苏区首府革命博物馆、烈士陵园、镂空火球、环山栈道、铁索吊桥、六角凉亭、十亩桃园等部分组成。大别山国防教育园位于英雄山广场北侧，陈展有中国工农红军的第一架飞机——“列宁号”纪念机和从中国人民解放军总装备部、济南军区、广州军区征集的坦克、大炮、飞机、装甲车等大型兵器，是爱国主义教育和国防教育生动的教材。

鄂豫皖苏区首府烈士陵园：位于新县城南白毛尖，占地330亩，为全国重点革命烈士纪念建筑物保护单位。整个新民主主义革命时期，鄂豫皖根据地为革命牺牲的先烈有13万之多，涌现出吴焕先、高敬亭等著名英烈。鄂豫皖苏区首府烈士陵园始建于1957年，是新中国批建的第一批县级烈士陵园。2001年至2009年又对陵园进行了全面维修改造扩建。园内陈列和珍藏着朱德、邓小平、李先念、许世友等党和国家领导人的亲笔题词及珍贵烈士遗物4500余件，安葬着近百位著名烈士和红军首长的遗骨，纪念着鄂豫皖苏区13万多名革命烈士。整个陵园为“八一”型现代建筑风格，庄严典雅，轩昂壮丽，由大门、《燎原》浮雕墙、烈士纪念碑、烈士纪念堂、革命斗争史陈列室、吴焕先半身塑像、烈士纪念亭、烈士墓地八部分组成。门上镶嵌着李先念亲笔题写的“鄂豫皖苏区首府烈士陵园”11个耀眼夺目的金色大字。

2019年9月16日，中共中央总书记、国家主席、中央军委主席习近平在河南省考察调研期间，来到新县鄂豫皖苏区首府烈士陵园，向革命烈士纪念碑敬献了花篮，瞻仰了革命烈士纪念堂，并参观了鄂豫皖苏区首府革命博物馆，看望了当地红军后代、烈士家属代表。

箭厂河革命旧址：箭厂河位于鄂豫两省的接合部，与湖北省红安县毗邻，距县城 12 公里。箭厂河清朝以前名叫百步桩，因过河无桥，竖石桩 90 余个，故得名。清初，该乡王大屋有个名叫王学举的明末武进士，联名周围武举 18 人共同抗清，在此练兵，设厂造箭，因此取名箭厂河。箭厂河是鄂豫皖工农革命的发祥地之一，是黄麻起义和鄂豫皖革命根据地的策源地之一，著名的红军将领吴焕先就诞生于此地。为了中国人民的解放事业，箭厂河乡有 5000 余人献出了宝贵的生命，现存 20 多处红色革命旧址。包括列宁小学、红田、红二十五军政委吴焕先故居、红二十五军司令部旧址、红四方面军后方总医院旧址等。

周口市

羲陵巍巍屹宛丘

——太昊陵

太昊陵位于河南省周口市淮阳区北龙湖之畔，是为纪念传说中“三皇之首”的太昊伏羲氏而兴建的大型陵庙，占地 875 亩，为全国重点文物保护单位，国家 4A 级旅游景区。

“太昊”是形容伏羲像日月那样光明。太昊伏羲在我国远古神话传说中，列三皇之一、五帝之首。伏羲氏曾在淮阳创造了中华民族的远古文明，他画八卦、分阴阳，最早奠定了中国古典哲学的基础。他做网罟，教民渔猎，开创了我国原始的畜牧业。他定姓氏，制嫁娶，以龙纪官，号曰龙师。他把“龙”作为本部落的图腾，由此发展，中华民族始称“龙的传人”；他还制作了瑟，创造了《驾辩》的乐曲。上古文明的曙光，自他开始显露出来了，后人因此称他为“始祖”“斯文鼻祖”。

伏羲死后“葬于陈”，即今之淮阳。《淮阳县志》记载，淮阳祀伏羲，春秋时有陵，汉以前有祠。当年孔子、曹植、朱元璋都曾亲临致祭。据不完全统计，3000 年岁月，历代帝王 52 次御祭，太昊陵因此被称为“天下第一皇朝祖圣地”。明清时多次重修、扩建。新中国成立后，政府又多次拨款对太昊陵进行大规模修葺，使这古老人祖祠宇完好地展现在游人面前。

观览太昊陵，你会为雄伟的建筑、巍峨的殿宇所吸引。太昊陵庙以伏羲先天八卦数理兴建，南北长 750 米，分外城、内城、紫禁城三道皇城。城垣高 3 米，上有城垛。整个建筑群从南至北的中轴线上依次为渡善桥、午朝门、道仪门、

淮阳太昊陵

先天门、太极门、统天殿、显仁殿、太始门、八卦坛、太昊伏羲之陵、蓍草园。如果十个建筑物的大门层层敞开，从午门外，可以直望陵墓。此景幽静深远，如诗如画，被人称作“十门相照”。

去太昊陵要先经过近年来当地新修建的总面积64000平方米的羲皇文化广场，由中心广场、午朝门广场、蔡河和观礼台四部分组成，每年举办各类活动500多场次。沿着横跨蔡河的宽11米、长25米的“渡善桥”走过去，可来到太昊陵的第一大门午朝门。门上悬着“太昊陵”、“午朝门”、“开天立极”三个匾额。此门三间三门，按帝王规制建立。在午朝门的门洞内，镶嵌中间的“龙师人皇”匾额为南宋皇帝宋高宗赵构御笔亲题。右边“中华始祖”匾额为全国政协原副主席钱伟长题写，左边“昊德宣猷”匾额为我国著名书法家欧阳中石题写，赞扬伏羲公正廉明办事，全心为民谋福祉。悬挂两侧的“观象于天，观法于地”匾额为南宋著名理学家朱熹题写，是说伏羲探究天地间奥秘，总结其运行的规律，用以指导部族的生产生活。

过午朝门，依次穿过玉带桥、道仪门、先天门、太极门和钟、鼓二楼，即是陵庙中轴线上最主要的建筑——统天殿。总面积390多平方米，高有17米。面阔五间，进深三间。琉璃瓦覆顶，龙凤大脊，加上红墙黄瓦，气势不凡。脊上装饰较为考究，中间为三节彩釉陶楼，上有“天下一统”4字，下书“太昊伏羲殿”，左右的28个小人，象征28星宿，代表天。四挑角上的骑马彩陶是历史上选出来的四绝人，他们是庞涓、子都、韩信、罗成。殿正门上，悬挂匾额众多，其中有“伏羲苍精，初造王业，画卦结绳，以理海内”等匾额。明间檐柱楹联为“华夏文明三始祖，淮阳伏羲第一人”。殿内楹联有“后天地而生，朱圉犹堪寻圣迹；立帝王之极，白云常此护灵墟”等。此外更有“人根之祖”、“万派一系”等匾额。殿内设有“丈八神龛”，前额雕有“都宛丘、结网罟、养牺牲、作甲历、画八卦、定嫁娶、龙纪官、造琴瑟、葬于陈”九幅花纹图案。龛内奉太昊伏羲氏圣像：头上生双角，腰着虎皮，肩披树叶，手托八卦，赤脚袒腹，是一远古时代拯救人类的似人似神的英雄形象。殿前月台可容千人同时跪拜。月台两侧建有东西廊房和钟、鼓二楼，面积有5000多平方米的四合院，是历代举行祭祖大典的中心场所。从统天殿步行30多米便到了显仁殿。所谓显者，显达也；仁，仁爱。殿台东北角的青石上，有传说离奇的“子孙窑”。据说，求子的人们摸摸便会如意得子。从显仁殿走十余步便是太始门。上筑高台，台上建寝殿，寝殿内塑伏羲像。

紫禁城内便是伏羲的陵墓。陵高 20 多米，周长 150 多米，上圆下方，象征天圆地方。陵前立有一块巨型青石墓碑，宽 1 米，高 5 米。《淮阳县志》载碑文为“太昊伏羲氏之陵”。碑上前三字还依稀可辨。登上大墓，举目远眺，淮阳景貌可尽收眼底。陵墓周围有附属景点：独秀园（原剪枝公园）、碑林、西四观、岳忠武祠、同根园、博物馆等。

每年农历二月二至三月三，人们还要在太昊陵举行“人祖庙会”，当地人又称“二月会”。太昊陵“人祖庙会”的原始主题是祭祀人祖伏羲和女娲，以求子孙繁衍。该庙会成为中国规模最大最古老的民间庙会，游客人数日达数十万。在 2008 年以“单日参拜人数最多（约 82.5 万）的庙会”被上海大世界吉尼斯总部载入吉尼斯世界纪录。庙会期间当地人捏造的大大小小的黄的红的布老虎和一些土里土气、稀奇古怪的泥泥狗最引人注目，它们反映了华夏子孙对人祖伏羲和女娲的怀念、敬仰、崇拜，是早期人类生殖崇拜的象征。到淮阳观瞻伏羲太昊陵的游人，走时都要买几个作纪念。

君若问道这里来

——老子故里旅游区

老子故里旅游区位于河南省鹿邑县太清宫镇，是以中国伟大的哲学家、思想家、道家学派创始人老子故里所遗留文物古迹为主体，集历史文化、自然风情、休闲养生为一体的大型综合旅游区，为国家4A级旅游区。

老子姓李，名耳，字聃，又字伯阳，世称“李耳”、“李聃”或“老聃”，是李姓和老姓的先祖，他是东周春秋时期陈国苦县(今河南陈州)人，生卒年不详。曾长期在东周都城洛阳工作，担任周朝守藏史，以博学而闻名，鲁国的孔子也要入周向他问礼。后又为柱下史，通晓上下古今之变，晚年隐居于沛，躬耕授徒，讲德论道，后西入关中，客死于秦。入战国后，他的语录流传渐广，经整理，成《道德经》上、下篇，即今本《老子》。老子为道家学派创始人和主要代表人物，与庄子并称“老庄”。《道德经》是全球文字出版发行量最多的著作之一。其思想核心是朴素的辩证法。在政治上，老子主张无为而治、不言之教。在权术上，老子讲究物极必反之理。在修身方面，讲究虚心实腹、不与人争的修持。老子思想对中国哲学发展具有深刻影响，故老子被奉为世界百位历史名人之一。

老子故里旅游区主要景点有太清宫风景区、老君台、九步井、洞霄宫等。

太清宫风景区位于鹿邑县城东5公里的太清宫镇，是我国古代杰出思想家、道家创始人老子的诞生地。太清，道家谓天道，亦谓天空，传为神仙居住，道教常用“太清”命名其宫观。太清宫又称前宫，建于东汉桓帝延熹八年（165），后改为老子祠。唐朝创始人李渊追认老子为始祖，以老子庙为太庙，起建宫阙殿宇，唐开元三十年（725），玄宋李隆基正式改“紫极宫”为太清宫至今。太清宫前后两宫相距一里，中间有一条东西流向的清静河，取老子“清静无为”之意，河上有会仙桥，将前后两宫连为一体。两宫占地872亩，各种建筑600余间，殿阁棋布，雄伟壮观，极盛一时。太清宫“前宫”以太极殿为中心，东有老子牧牛场遗址，西有隐阳山遗址，中有九步井，至今仍存。大殿内供有老子塑像，殿侧立有高约1.5米、直径约25厘米的铁柱一根，人称“赶山鞭”，实为老子“柱下史”职务的象征。

老子升仙台，即老君台或拜仙台，原为明道宫的一部分，位于老子故里鹿邑县城内东北隅，老君台后街路南。宋真宗大中祥符七年（1014）追封老子为“太上老君混元上德皇帝”，故名老君台。该台为圆柱形且有棱角，高8米，台底面积706平方米。周围系用大砖堆砌，内实以土，上立垛口发墙，类似古城墙。台上有大殿、东西偏殿和山门一座，上覆黄色琉璃瓦。大殿面阔三间，进深三间，有檐柱、斗拱。内部梁柱为彻上明造。殿前壁嵌“犹龙遗迹”、“道德真源”、“孔子问礼处”等古代碑刻三方（通），清代赞助碑二通。殿内原有老子紫铜坐像一尊，大殿后原有老君炼丹房，房内有八卦炼丹炉。台上有古柏13株，山门下有石阶33级，以应老子飞升33层青天之说。该台始建于唐代，至迟也应在天宝之前，距今已有1200多年的历史。以后历经宋元明清各代，皆有增修增建，遂成为一处庞大的古建筑群。现有宋真宗朝拜老子驻跸之处迎禧殿、牌坊、观复亭、崇道亭、腾云阁、八卦台、玄元殿、讲经阁、悟道阁等建筑，气势伟岸，外表素雅。

九步井，也叫龙井或九龙井。老子初生即行九步，一步成一井，一井有一龙，九龙吐水以浴圣体，即此九龙井。每逢农历八月十五日，天高气爽，明月高照，望月井中则有一轮玉盘在水中沉浮。正应了“天上月是水中月”的古诗。这是其他井中所没有的景观，是古人天文与地理知识的巧妙运用。

洞霄宫，位于镇北，与前宫呈南北方向，俗称“后宫”。现有清代建筑三圣母殿五间，娃娃殿三间，宋碑一通。同太清宫中隔一河，河上有桥。河名“金水”，桥称“会仙”。

历代前来祭祀老子或亲撰赞文的不乏帝王将相，如汉桓帝、魏明帝、唐高宗、唐玄宗、唐肃宗、宋真宗、元世祖等，特别是李唐时期，对老子一再加封，

鹿邑县老子故里旅游区

大修其宫殿，宋真宗不仅亲制三御碑，还三次作老子赞文，使唐宋时期祭祀老子的规模达到鼎盛。著名文人杜甫、邵雍、欧阳修、刘向等均作有诗赋赞扬老子。现在，老子故里旅游区还在建设完善之中，已成为人民群众学习历史文化、休闲散心之场所。

驻马店市

水火无情史为鉴

——驻马店市防洪博物馆

驻马店市防洪博物馆位于驻马店市驿城区板桥镇板桥水库大坝东侧，占地10亩，是目前我国第一个以防洪为主题的水情教育基地，为水利部淮河水利委员会水情教育基地、全国中小学生研学实践教育基地、河南省防洪教育基地。

1975年8月，由于超强台风莲娜导致的特大暴雨引发淮河上游大洪水，河南省驻马店地区包括两座大型水库在内的数十座水库漫顶垮坝。石漫滩、田岗水库垮坝，澧河决口，流域内洪峰齐压驻马店全区，老王坡蓄洪区相继决口。

8月8日1时，驻马店地区板桥水库漫溢垮坝，六亿多立方米洪水，五丈多高的洪峰咆哮而下，同期竹沟中型水库垮坝，薄山水库漫溢，58座小型水库在短短数小时间相继垮坝溃决。河南省有29个县市、1100万人受灾，伤亡惨重，1700万亩农田被淹，其中1100万亩农田受到毁灭性的灾害，倒塌房屋596万间，冲走耕畜30.23万头，猪72万头，纵贯中国南北的京广线被冲毁102公里，中断行车18天，影响运输48天，直接经济损失近百亿元，史称“75 · 8”大洪水。

为了借助“75·8”特大洪水这一特殊的历史事件进一步提高人们的水患意识，普及防洪知识，把防洪减灾工作向前大力推进，达到存史、资政、警示、教育之目的，2009年1月正式开工建设驻马店市防洪博物馆，同年12月竣工落成。建筑结构分为上下二层。一层为公共区域和展览区域，二层为多功能厅。展出内容大体分为五部分：一是河南省整体防洪形势。包括河南省整体水利概况、自然地理情况、四大流域防洪形势等反映河南省防洪工作全局的相关介绍。二

驻马店市防洪博物馆

是介绍河南省历史上比较大的洪水灾害。包括洪水的成因、造成的损失等情况。三是专题介绍“75 · 8”特大洪水。包括洪水的成因，板桥水库、石漫滩水库溃坝的过程，洪水演进的过程，造成的巨大损失，国家救灾情况以及对目前的警示意义等内容。四是水库复建。介绍板桥、石漫滩等水库的复建情况。五是河南防洪体系的现状。介绍现阶段防洪工程、水文、信息化、防洪队伍建设等情况。展示形式上以珍贵的历史图片为主线，通过图文展示、实物陈列、模型沙盘、场景复原、动画演示和多媒体互动等展示形式，与声、光、电相结合，全方位立体布展，反映治水工程在流域经济社会发展中的重要作用和地位，近年来的防洪建设成就，让人永远铭记洪灾悲剧，以史为鉴，警示世人。

抗日圣地“小延安”

——确山县竹沟镇

竹沟镇位于确山县城西 35 公里，伏牛山、桐柏山余脉交错的小盆地上。民主革命时期，这里因成为我党的重要根据地之一而闻名于全国。新中国成立后，党中央、国务院十分重视竹沟抗日根据地的建设，先后建立了竹沟革命纪念馆、竹沟革命烈士陵园，按原貌修复了当时在此坚持革命斗争的我党政军主要领导人的旧居，现为全国重点文物保护单位，全国青少年教育基地、国家国防教育基地、全省爱国主义教育基地，国家 4A 级旅游景区。

竹沟镇，因早年长满丰茂的翠竹而得名。这里三面环山，一面靠水，东临京广铁路，西通南阳，历来是兵家必争之地。1926 年大革命时期，共产党员李畔林曾在这里传播马列主义，组织革命斗争。1927 年春，竹沟人民参加了张家铎、张耀昶、马尚德（即杨靖宇）、李鸣岐等同志领导的确山农民起义，建立了我党领导的河南第一个县级人民政权。抗日战争时期，曾是中共中央中原局、河南省委、竹沟地委和新四军竹沟留守处所在地和新四军二、四、五师和三、七师部分骨干的发祥地，党在这里通过举办党的培训班和教导队等形式，培养了大批各级党政军干部和其他骨干力量。老一辈无产阶级革命家刘少奇、李先念、彭雪枫、张震等同志以及 4 位副国级领导、128 位将军、60 多位省部级领导，都先后在此工作和战斗过，被誉为“革命摇篮”、“小延安”。竹沟的重要作用引起了国民党顽固派的极大仇视，1939 年 11 月 11 日，国民党反共势力以重兵突袭竹沟，惨杀我军民 200 余人，制造了震惊中外的“竹沟惨案”，激起了全国抗日军民的极大愤慨。毛泽东、朱德、刘少奇、彭德怀等发表演讲和通电，强烈谴责国民党顽固派的罪恶行径。此后，竹沟军民在党的领导下，继续顽强坚持斗争，直到取得抗日战争、解放战争的伟大胜利。1956 年，在这里建立了驻马店确山竹沟革命纪念馆，由周恩来题写馆名，是全国建立较早的革命纪念馆之一。1998 年和 2009 年两次扩建，现占地 60 亩，有旧址房屋 178 间。竹沟革命纪念馆的革命旧址主要有中共中央中原局办公室、中共河南省委、新四军第四支队第八团留守处、中原局秘书处、中原局组织部、河南省委军事部、刘少奇办公室、徐海东办公室、朱理治办公室、张震办公室、王国华办公室等旧址。另外还包括军事教导大队、北窑军事会议旧址、军事训练场等共 21 处。其中刘少奇同志当年的工作室兼住室陈设简朴：床上是粗布被褥，方木桌上放着一盏油灯和文具，桌前一把木椅，地上放着一个火盆。南面的墙壁上有一个小橱，放满了刘少奇同志当年经常翻阅的马列著作和党的文件。刘少奇同志在这里居住了十个月，他身体不好，但同大家一样过着一日两顿饭、一天五分钱的生活，每餐一碗稀粥，几片馍干，一盘小菜。一盆微火陪他熬过严冬之夜。有时为了思考一些重大问题，他夜不能寐，经常到院子里踱步，为了不打扰警卫人员，他总是用手抓住门环，轻轻地开门。在这样困难的条件下，他在这里起草了《论共产党员的修养》一书的初稿。竹沟革命纪念馆的展览真实、形象、生动地再现了老一辈无产阶级革命家的光辉业绩，再现了抗日军民在我党领导下，奔赴前线以及与国民党反动势力斗争的场面，比较全面、准确地反映了竹沟革命根据地形成过程和抗战时期中共中央中原局领导中原人民坚持抗战的重要历史作用。

纪念馆馆藏文物、文献、图片等近千件，设有 3 个展厅：第一展厅为“竹沟革命斗争历史”，展出了竹沟地区军民从大革命时期成立党组织到抗战时期中共中央中原局、河南省委、新四军第四支队第八团队留守处在竹沟设立，刘少奇坐镇竹沟指挥中原抗战，新四军五师出兵河南，取得抗战胜利的历史镜头。第二展厅为“竹沟与新四军”，展出了从竹沟出发的部队发展壮大为新四军二、四、五师的过程。第三展厅为“竹沟英明”，展出了曾在竹沟工作过的刘少奇、李先念等 10 位党和国家领导人，近百位省级领导、100 多位将军和 200 多位地师级领导的简历。另外布置有“竹沟爱国主义教育基地”和“今日确山”展览。展览利用声、光、电等现代科技与传统布展相结合，共展出图片2000多件，文物（含代用品）60余件。

全国解放以后兴建了竹沟革命烈士陵园。1988年10月10日在竹沟隆重举行了“竹沟革命纪念碑”落成典礼，国家主席李先念题写碑名。竹沟革命纪念碑高22.8米，纪念碑底座是由107级台阶和7个平台组成的“七七台阶”（象征七七事变），纪念碑正面下部，镌刻着碑名和竹沟革命纪念碑碑文。陵园大门是一座仿古牌楼式建筑，门楣上方镶嵌着由张爱萍将军亲笔题写的“竹沟革命烈士陵园”园名。大门两侧是1500余米随山势而起伏的石砌围墙。主要纪念设施有：竹沟革命纪念碑、竹沟革命烈士公墓、竹沟革命纪念亭、竹沟惨案陈列厅、碑林和革命老战士墓园及竹沟惨案浮雕墙等。1998年重新布置了陈列厅。陵园广场东展厅“竹沟惨案陈列厅”有李先念给竹沟革命烈士陵园的题词。展览内容分为：撤离竹沟、风雨欲来、拂晓枪声、胜利突围（油画）、竹沟惨案、著名烈士简历、竹沟革命烈士英名录、毛泽东同志褒扬先烈的语录等部分。陵园广场西展厅“中原烽火陈列厅”序厅主要有毛泽东手书“星星之火，可以燎原”。展览内容包括：前言，简述竹沟革命根据地历史地位；竹沟出兵路线图；中原局辖区图；新四军几个师的发展示意图；在竹沟战斗和工作过的党政军干部等。这些展览，生动再现了老一辈革命家与中原人民在竹沟抗日根据地建树的丰功伟绩，对我们进行爱国主义教育具有非常现实和长远的意义。

山乐湖美游不完

——老乐山、薄山湖景区

被誉为抗日圣地“小延安”的驻马店确山县，自然风光优美，旅游资源丰富，老乐山、薄山湖也非常值得一游。

老乐山旅游景区位于驻马店市区西南9公里，确山县城西8公里处。107国道、新阳高速可直达景区，京珠高速、京港澳高铁纵横其间。景区总面积约68平方公里，主峰海拔813米，森林覆盖率达96%以上，为国家级森林公园，国家4A级旅游景区。

老乐山属伏牛山余脉，古称朗陵山，隋代改为朗山，宋祥符五年（1012）因避宋圣祖赵玄朗之讳改名为乐山，是一座道教圣山。据史料记载，乐山在隋唐时期已建有道观，至北宋达到鼎盛，建有“八宫两观一拜台”（即玄都宫、斗母宫、南海宫、玉虚宫、紫霄宫、灵应宫、万寿宫、玉真宫，两观即群仙观、回龙观），与湖北武当山、泌阳铜山并称中原道教三座圣山。

老乐山主要景区有北泉寺景区、塔儿湾景区、玄都宫景区。景区主要景点有隋果、唐柏、八卦池、九曲池、颜真卿尽节处、古长城、古碑、古塔、龙虎石、九曲飞瀑、蛤蟆泉、神仙洞、十八盘、倒栽古柏以及上述“八宫两观一拜台”。

进入景区，首先是“乐”字门音乐喷泉广场。大门是一个篆书“乐”字，以标山名，刻有108条不同形制的龙。民间有“望金顶（武当山），看木兰（铜山），修行还在老乐山”之说。穿过门就是“花海梯田”，前面是如意湖，东山坡的梯田上种植的分别是杜鹃和月季，从远处望去，湖映花，花衬湖，形成一道湖花相映的自然美景。聚仙亭，又叫观云亭，位于行车路线乐山主峰半山腰，海拔 406 米。深秋和初冬季节可以欣赏到乐山云海。当人们在高山之巅俯视云层时，看到的是漫无边际的云，如临于大海之滨。山下幽谷深处，则是峭壁危崖、峰峦竞秀，九龙瀑汇泉而下，“逍遥池”清溪奔流。到此一游，让你乐不思蜀！

薄山湖景区位于驻马店市南 40 公里处，东靠京珠高速公路和京广铁路，紧邻 107 国道。主景区占地 88 平方公里，森林覆盖率达 92%。湖水蜿蜒曲折近 40 公里，故又称“龙湖”。为首批国家级森林公园、国家级水利风景区、省级风景名胜区。

薄山所处地古时属朗陵县，是桐柏山区和伏牛山区的接合部，“薄山”也有靠近、迫近大别山的意思。据传，明太祖朱元璋曾率军驻扎薄山，夜里卧箔（薄）而眠，做了皇帝后御笔亲书“薄山”。现山上还有保存完好的楚长城，蜿蜒上百公里。新中国成立后，国家于 1952 年 10 月开始在薄山和李岗山两座山之间

驻马店确山县薄山湖景区

修建高程130米、长545米的大坝，1954年竣工，拦住滔滔溱头河（即臻头河），形成了薄山湖，控制流域面积580平方公里，总库容6.2亿立方米，这是一座以防洪、灌溉为主，结合发电、水产养殖、旅游服务等综合利用的大型水利工程。这也是为响应毛主席“一定要把淮河修好”的号召，动工兴建的第一批治淮工程。自建成以来，共拦蓄包括“75 · 8”大水在内的较大洪水8次，“75 · 8”洪水期间水库最高洪水位超过坝顶0.65米，而水库大坝安然无恙。水库电站总装机容量5200千瓦 · 时，已为工农业生产和人民生活提供电能上亿千瓦 · 时，水库可养鱼水面2万亩，渔业总产量每年都在50万公斤以上。

薄山湖风景区由古朗陵景区、大坝景区、湖东景区、九龙沟景区四部分组成。从天空向下俯视，薄山湖像一条腾飞的青龙，酣醉于青山峻岭之间。湖两岸有十万亩森林，覆盖景区山峦、岛屿，环绕湖周。著名景点有：神驼戏水、猛虎啸天、湖心岛、野猪岭、锦鸡峰、将军壁、打狗潭、翠竹溪、猴儿崖等30多处，曾被中央电视台、中国电视剧制作中心选为《西游记》《长征》等影片拍摄外景地。薄山湖水质纯净，环境幽雅，是动植物繁衍生息的天堂。区内植物有1400多种，其中薄山兰花品质优异，种类繁多，是我国北方著名的兰花品种资源库。区内动物近百种，仅鸟类就有白天鹅、鸳鸯、锦鸡等珍稀种类10多种，鱼类有娃娃鱼、桂鱼、鲳鱼、薄山松针鱼等30多种，到了这里，游客还能品尝到区内盛产的板栗、猕猴桃、八月炸、野山菌等名贵特产，真正体验到游山玩水食美味的快乐！

叠翠峰峦拥梵宫

——铜山风景名胜区

铜山风景名胜区位于河南省驻马店市向西 60 公里处的铜山乡，新阳高速、沪陕高速在此交会。景区总面积 167 平方公里，最高峰铜峰海拔 632 米，为国家 4A 级旅游区，国家森林公园。

铜山原名大佛山，山即是佛，佛即是山。因汉代名臣邓通在此铸钱而改名铜山。铜山历史悠久，传说众多。相传王莽赶刘秀曾在铜山激战；南北朝时期，以《水经注》闻名于世的郦道元曾数次登临铜山详考沘水之源；唐代的尉迟敬德曾登山游览立碑纪念；唐末农民起义军领袖黄巢登山后咏诗激励斗志；明朝正德年间，官至吏部尚书、华盖殿大学士焦芳曾“相从贤士大夫数辈而来”登山游历，并亲自撰写《重修铜山清凉禅寺碑记》，并作诗曰：“我来福地访灵踪，叠翠峰峦拥梵宫。祖师成道冲天去，必理明时万事通。”

整个铜山风景名胜区集奇山、秀水、密林为一体，融汇聚集了山峦、湖水、岛、潭瀑、洞穴、寺庙、革命遗址、神话传说、历史故事等风景名胜资源的精粹，素有“中原北戴河、天中大森林”之美誉，主要包括铜山、铜山湖、铜山湖森林公园、云雾峰、万亩林园等五大部分，有铜峰积翠、熊石朝山、石婆峰、天桥石、滴水崖、回心崖、百丈崖、齐陡崖、四天门、一线天、云梯等百十个景点。

铜山由铜山主峰、熊石峰、金龟峰三座山峰组成。景区群山之中象形石众多，形若猴、狮、虎、羊、龟、鹰、蛙、熊等，其鬼斧神工、惟妙惟肖，令人叹为观止！从滴水崖拾级而上经“好汉坡”、“回心崖”、“焦阁老碑”、“百丈崖”、“一线天”、“铜山云梯”、“得道石”、“天桥”过四道天门可到达顶峰，立在铜峰之顶鸟瞰群山，满目葱茏，花枝烂漫，山峦起伏似巨龙飞舞，河流交错如飘带萦回，千里云海，河湖一线，水天一色，气象万千，使人心旷神怡，有回归大自然的感觉。半山处，依山傍水，竹林掩映，有按照唐代寺院风格重新复建的下元寺，布局严谨，比例协调，高低错落，古朴典雅，楼台亭阁，白墙蓝瓦，气势恢宏。整个寺院坐东南向西北。沿中轴线布局有山门、天王殿、钟鼓楼、大雄宝殿、毗卢殿、藏经阁等殿堂。山脚下，有碧波万顷的铜山湖景色。湖中“水怪”的传说，为铜山湖增添了一分美丽和神秘。农历六月十五日的传统庙会，以及近年开始的物资交易大会更是盛况空前，自皖西、鄂北、豫南等各地朝山香客、参加交易大会者日达数十万人之多，使这个风景名胜区闻名天下，成为中原大地一颗璀灿的明珠。

驻马店市泌阳县铜山风景名胜区

中原盆景寄仙踪

——嵖岈山风景区

嵖岈山风景区位于遂平县城西 25 公里处，面积 148 平方公里，可游面积 52 平方公里，是国家级地质公园、国家 5A 级旅游景区。

嵖岈山属伏牛山东缘余脉，因山势嵯峨、怪石林立而得名，又名嵯峨山、玲珑山。总面积 54 平方公里，海拔 786 米，有“华夏第一盆景”、“天下第一奇山”、“中原飞来峰”、“西游记全书”之美称。嵖岈山历史悠久，春秋时期吴楚在此争雄，吴景王死后葬于嵖岈山的天磨山峰下；东汉光武帝刘秀入主洛阳前曾避难于嵖岈山“桃花洞”；唐末农民起义军首领王仙芝部将尚让曾屯兵嵖岈山，后与黄巢合力守山，现有“黄巢洞”；清朝乾隆皇帝曾三上嵖岈山，现有“乾隆探险洞”和供乾隆居住的“天子窗”。嵖岈山还是《西游记》的发源地。据地方志记载：明朝嘉靖年间，淮安才子吴承恩任浙江长兴县丞，结识了当时诗坛上有名的“后七子”之一的徐中行。徐中行曾任河南汝宁府（现驻马店市）知府，由于厌恶俯仰世事，终辞归故里。二人当时已是莫逆之交。后吴承恩被弹劾下狱，徐中行多方奔走才救得吴承恩出狱。经徐中行劝说并引荐，吴承恩远行以避祸，来到了汝宁府的嵖岈山。吴承恩登上嵖岈山，但见危峦耸峙，群峰叠翠，空洞百窍，层林尽染，气象万千。他大发感慨：“真乃花果仙山也！”当吴承恩从南天门入水帘洞，绕黑风洞，钻桃花洞，至大圣院时，一下子惊呆了。这惟妙惟肖、天造地设的巨大石猴形象，一下子撞开了他酝酿创作《西游记》的灵感闸门。之后吴承恩就在嵖岈山的石洞中住了下来，广泛搜集石猴、猪八戒、白龙马及妖魔鬼怪的传说，潜心创作《西游记》。所以后人说：“嵖岈山就是花果山，石猴子就是孙悟空的原形。”这话并不为过。1998 年，《西游记》剧组把嵖岈山作为拍摄《西游记》续集的外景基地，在嵖岈山拍摄了《西游记》后续 16 集。

嵖岈山风景区是一个由花岗岩组成的造型奇特的地貌区，由蜜蜡山、南山、北山三大主峰组成，另与六峰山、天磨山、韭菜山、凤凰山、鸽子山等山峰彼此相连，故也有称八大主峰的。

蜜蜡山主峰绝崖耸峙，高 300 米无一缝隙，国内独一无二。顶峰细泉缓流，似蜜汁涂壁，故名蜜蜡山。当地百姓相传，古代有母子二人住在山下，靠儿子砍樵糊口，母子难以度日。一日母子坐在柴院仰望石峰哀叹，忽见群蜂往来峭壁石洞，蜂蜜在石洞储之过多而溢出，顺石流下，于是母子每日持碗到石下接蜜而食，自此母子得救。后来他们把这一独石巨峰称作蜜蜡山，逢年过节叩头膜拜。

遂平县嵖岈山

南山奇峰突兀，万石排空。万人洞、舞阳洞、包公庙、桃花洞、五龙宫、乾隆探险洞、天子窗、飞来石、吴公洞、一线天等景点密布。“石猴院”大小石猴天造地设，醉八戒憨态逼真，睡唐僧惟妙惟肖。主峰“莲花掌”酷似莲花出水。万人洞为一天然溶洞，因溶洞可容万人而得名，洞口立有碑刻“万人洞”。该洞深十余里，洞随山势地貌时高时低，时宽时窄，深100—200米处，有连续7个大洞，最大的一处，洞底约45平方米，小的洞底约15平方米。最高的洞顶达10米，最低的洞顶高3米，最宽处5米，窄处3米。底部平坦，小溪潺潺。游人到洞内可发现，蝙蝠聚集，似猴子水底捞月，成团成串吊在石壁上。这是万人洞独有的一景。舞阳洞深不可知，据说，过去曾有人放进去一只鸭子，后来从舞阳县境内钻出，故而得名。吴公洞是因为相传吴承恩在这洞中住了半年，睡石床，枕石枕，奋笔疾书《西游记》。后来当地群众为了纪念他，就称这石洞为吴公洞了。吴公洞门为石块砌成，有大门，有窗台，门口有五级台阶，下去便有一小水井，井旁是吴承恩亲手栽种的石榴树，如今仍枝繁叶茂。穿过一线天，可到大圣院。天造地设的石猴正当山顶，约有12米多高，有8米方圆，旁边又有一高一矮两只石猴，做十分亲昵的拥抱状，形神兼备。

北山陡峭险峻，气势雄伟。峰顶有老君花园、石灶火、白云洞、关岳庙、天王殿等名胜。白云洞前的“别是洞天”是唐代大书法家颜真卿的手迹，洞口常云雾升腾。

位于嵖岈山北侧的天磨山景区面积4平方公里，以其风景秀丽、环境优雅而备受“唐僧师徒”青睐，中央电视台将之作为《西游记》续集的外景拍摄地。新建了环湖木板路、跨湖长桥、观景台、景区山门、生态广场等。其中六峰山谷深峰险，林密竹茂，野趣浓郁，剑鱼石、三道石等景点散布其间。

嵖岈山自古就是游览胜地，无数墨客骚人留下了不少脍炙人口的词章。明朝吏部尚书兼文渊阁大学士许瓒作诗云：“嵖岈山秀寄仙踪，隐隐云壑十万峰。遗事尚传人已去，洞门宝锁碧苔村。”当游人踏着片片红叶下得山来，望着山脚下牧童晚归、炊烟四起的景象，你可能会感到：嵖岈山的仙气就在这山间的农舍里，一切英雄豪杰源于平常自然，纵是齐天大圣也不例外。

济源市

太行猕猴惹人爱

——五龙口风景名胜区

五龙口风景名胜区位于河南省济源市东北 15 公里的五龙口镇太行山南麓，北与山西省接壤，总面积 128 平方公里，被人们称为“猕猴乐园”，是国家级太行猕猴自然保护区，国家 4A 级旅游景区。

五龙口原称秦渠枋口，到了明代万历年间，形成“五龙分水”之势，所以又称五龙口。这里，沁河截山而出，两岸断壁如削，幽谷碧波荡漾，景色十分迷人。千百年来，五龙口一直活跃着太行猕猴，国家在此建立了“太行山猕猴自然保护区”。经专家反复考察，境内约有 16 群 3800 余只。太行猕猴又称溜耳猕猴，在进化系统上属灵长目猴科，为国家二级保护动物。太行猕猴是我国最大的猕猴群落，也是世界上纬度最高的猕猴群。猕猴饲养点的西、南、北正面是高山，山上叫金鸡岭，山下叫喜儿沟，这里原始植被完好。小猕猴以轻盈灵活的身躯在攀枝嬉闹，不时发出吱吱尖叫声。它们经过驯化可进行简单的加减乘除法运算，也可模仿人进行打篮球、骑自行车、走钢丝、变脸谱等娱乐表演，其观赏性、趣味性、参与性均是现今最受欢迎的旅游项目。美国曾派专家到这里同我国的猕猴专家一起进行考察，向有关国际组织起草了《中美联合考察太行山猕猴报告》。当地 2014 年新建了“中华猕猴园”，有“猕猴王国”山门、“猴王宫”景观、“水帘洞”水系、《西游记》主题雕塑等景观，集猕猴驯养、繁育、表演、科研于一体，极大地提升了游客的戏猴体验。

除了有猕猴，五龙口山水以它雄伟秀拔的不凡气势，造就了我国山水画一

五龙口风景区内的猴群

代宗师——荆浩。荆浩为济源人氏，生于唐末五代，长期隐居于太行山（五龙口景区愁儿沟内）的崇山峻岭中，致力于山水画的创作与研究，取得了极高的成就。代表作《匡庐图》，是我国现存最早的一幅水墨山水画真迹。相传五龙口景区内以风景秀美著称的“十里画廊”就是荆浩命名的。为了纪念荆浩，五龙口景区在荆浩当年写生的“十里画廊”修建了荆浩文化苑。

另外，五龙口还有状如卧龙的孔山、开创隔山取水之先河的秦渠枋口、留有沁河古栈道的字板山等优美景点。五龙口的最高峰箭过顶，海拔 1058 米，山顶呈“V”字形缺口。这里的诸多山石，无不与后羿射日的故事相联系，如老君顶、箭过顶、金盔顶、桃都山、香炉山、阳落山、狂犬吠日、玉兔盘山、金鸡冠顶等。长有大面积野桃林的桃都山景区，每年三月三百余亩的野生桃花竞相绽放，一片雪的世界、花的海洋，极其壮观。

王屋山上寻愚公

——王屋山风景区

王屋山为太行山一支脉，位于济源市城西 45 公里处，为豫、晋界山。王屋山风景区总面积 265 平方公里，为世界地质公园，国家级风景名胜区，国家猕猴自然保护区，国家 4A 级旅游景区。

王屋山的名字最早见于《禹贡》，因其山有三重，“状若王者车盖”，故名。《列子 · 汤问》中记载的著名的《愚公移山》的寓言故事就发生在这里。景区内峰峦叠嶂、泉瀑争流、树古石奇、气壮势雄，有奇峰秀岭 38 处，神洞名泉 26 处，碧波飞瀑 8 大景。主峰天坛海拔 1715 米，相传为 4000 年前中华民族祖先轩辕帝设坛祭天求雨之所，世称“擎天地柱”。

王屋山是以道教文化为特色的道教圣地，自古被称为“道教天下第一洞天”，宫观建筑及遗址装点其间。先后有司马承祯、玉真公主、孙思邈等高道名士居此采药炼丹。王屋山以其集雄、奇、险、秀、幽于一体的自然景观，吸引了众多的帝王将相，李白、杜甫、白居易等文人墨客曾来此寻幽探胜。王屋山风景区最著名的景点是王屋山、九里沟和愚公移山纪念地。

王屋山。《列子 · 汤问》中，曾记载了一则脍炙人口的寓言故事，说是王屋山前住着一位 90 岁老翁愚公，看到村里人长年被山阻挡，率领子孙要把王屋山搬走。后遇到一位智叟老人劝其停下，而愚公以子子孙孙一代接一代不停地挖下去，总有一天会把大山挖平的锲而不舍的精神回答了智叟，启迪人们要完成大的事业，必须要有刚强的毅力和坚持到底的奋斗精神。毛泽东同志为此专

王屋山风景区内的愚公移山塑像

门写了一篇《愚公移山》的文章，号召中国人民学习愚公的这种精神，将革命进行到底。今天来王屋山游览的人们，首先都要看一看愚公村。这里是一座几十户人家的山村，村边有愚公井，愚公井又名“洗参井”、“燕家泉”，井水甘甜，久旱不涸。沿天坛神路石台阶登山，大小庙宇如金丝串珠，经瘦龙岭，转十八盘，度仙人桥，攀紫金崖，方可到达天坛极顶。登山途中，人们可观赏20余种属国家保护的珍稀濒危植物。华北地区罕见的原始森林、娃娃鱼、金钱豹、银杏树、红豆杉等珍稀动植物在这里应有尽有。因此，王屋山被专家们称作“天然动植物资源库”。如人们津津乐道的王屋山“千年银杏树”，已有2000多年的历史。王屋山索道高差达660米、水平距离1500米，被称为“中原第一索”。坐索道上行，仰观天坛高耸巍峨，深沟陡壁，峰石嶙峋，大有拔地通天之势。王屋山的主峰名叫天坛峰，海拔1715米，左侍峰名叫日精峰，右侍峰名叫月华峰，前有华盖峰，后有灵山、五斗峰。天坛山顶端有坛，传说是黄帝祭天的地方，也是古代道教活动的第一胜地。天坛山景色独特，有“洞壑非尘趣，林峦隔世嚣”之言，夏季它的温度一般保持在18℃—21℃，凉风习习，清爽宜人，特别适宜于避暑。济源九景中的天坛倒影，便属天坛胜景。这是暴雨倾盆之后的气象奇观，天坛山的一山一水、一观一景全被呈现在天空，与真实的山体相互辉映，奇妙无比。李白游至这里曾大发感慨，“愿随夫子天坛上，闲与仙人扫落花”。

九里沟。是王屋山风景名胜区的重要组成部分，位于思礼镇境内，总面积120平方公里，重要景点80余处，入选“中国森林氧吧”。此处以奇异的山水风光为主体，点缀着古老的道教文化。古时候，济源雅称“玉川”。九里沟是唐代诗人、茶仙卢仝的故里。相传，卢仝经常在九里沟烹茶赋诗，至今九里沟仍有玉川泉、花洞田、卢仝墓等遗迹。他的“七碗茶歌”在日本演变成了茶道，在日本久负盛名。现建有品茗延寿台、卢仝茶馆等。九里沟瀑布众多，其中以九龙飞瀑和石槽瀑布尤为壮观。山中石龛气势恢宏，水洪池海拔1460米，形成了独特的山顶小气候。盛夏最高气温不超过28℃，是理想的避暑胜地。水洪池至今保留着石板路面、石楼、石磨、石碾和别具一格的风俗民情，给人以“世外桃源”之感。

愚公移山纪念地。为使后人继承和发扬愚公移山精神，1991年10月开始，当地政府用了一年多的时间在阳台宫东北——传为愚公移山的地方兴建了愚公移山纪念地，建筑总面积6000平方米。“愚公移山”群塑工程由台阶、平台、碑廊和群雕、洞天桥、智叟亭等组成。五组台阶全由机械切割的石灰岩条石砌成。四组平台由机制方砖铺设。一级平台之上，坐东向西为高4米、宽28米的碑廊。碑廊中间镌刻着毛泽东《愚公移山》和《列子 · 汤问》中的《愚公移山》全文。两边分别刻着党和国家领导人及省、市党政领导人的题词。由碑廊两侧沿阶而上为二级平台，西、南、北三面边缘匝以汉白玉栏杆，面西正中栏杆间镶嵌着“河图洛书”栏板。在平台中间长5.8米、宽3米、高1.6米的由过錾青石砌成的基座上，坐北面南矗立着愚公及其全家移山的雕像。群雕高10.5米，由仿花岗岩水泥构件组合而成，老愚公和他的儿孙们，荷镐扛锨，威武刚毅，巍然屹立山头，雄伟壮观。整个雕像群栩栩如生，形象地表现了老愚公率儿孙共同挖山的场景。在群雕的东边，建有洞天桥和智叟亭，西边建有愚公井亭和由方毅书写的“中华愚公村”巨型卧碑。卧碑长32米、高7.5米，仿砖木结构建筑，十分壮观。愚公那种坚韧不拔、战胜困难的精神，成为中华民族宝贵的精神财富。

除了以上的风景外，王屋山还有两样名产值得关注。一是药，二是砚。享誉海外的杜仲、首乌、黄精、灵芝就产于王屋山周边地区。著名的医药学家、被世人誉为“药王”的孙思邈长期在王屋山采药行医，留下许多典故，如种药地“圣草”坪，采药地“药柜山”，晒药地“安坪村”，药王庙遗址“捣药臼”，给百姓治病的村庄李八庄、汤洼，给龙、虎治病之地“龙潭”、“虎岭”等。王屋山产的盘谷砚因产在天坛山下，又定名天坛砚，距今已有1200余年的历史，自古以来为书画家所珍爱。

附录：

河南省行政区划

◆郑州市

中原区、二七区、管城回族区、金水区、上街区、惠济区、中牟县、*巩义市、荥阳市、新密市、新郑市、登封市

◆开封市

龙亭区、顺河回族区、鼓楼区、禹王台区、祥符区、杞县、通许县、尉氏县、*兰考县

◆洛阳市

老城区、西工区、瀍河回族区、涧西区、洛龙区、孟津区、偃师区、新安县、栾川县、嵩县、汝阳县、宜阳县、洛宁县、伊川县

◆平顶山市

新华区、卫东区、石龙区、湛河区、宝丰县、叶县、鲁山县、郏县、舞钢市、*汝州市

◆安阳市

文峰区、北关区、殷都区、龙安区、安阳县、汤阴县、*滑县、内黄县、林州市

◆鹤壁市

鹤山区、山城区、淇滨区、浚县、淇县

◆新乡市

红旗区、卫滨区、凤泉区、牧野区、新乡县、获嘉县、原阳县、延津县、封丘县、*长垣市、卫辉市、辉县市

◆焦作市

解放区、中站区、马村区、山阳区、修武县、博爱县、武陟县、温县、沁阳市、孟州市

◆濮阳市

华龙区、清丰县、南乐县、范县、台前县、濮阳县

◆许昌市

魏都区、建安区、鄢陵县、襄城县、禹州市、长葛市

◆漯河市

源汇区、郾城区、召陵区、舞阳县、临颍县

◆三门峡市

湖滨区、陕州区、渑池县、卢氏县、义马市、灵宝市

◆南阳市

宛城区、卧龙区、南召县、方城县、西峡县、镇平县、内乡县、淅川县、社旗县、唐河县、新野县、桐柏县、*邓州市

◆商丘市

梁园区、睢阳区、民权县、睢县、宁陵县、柘城县、虞城县、夏邑县、*永城市

◆信阳市

浉河区、平桥区、罗山县、光山县、新县、商城县、*固始县、潢川县、淮滨县、息县

◆周口市

川汇区、淮阳区、扶沟县、西华县、商水县、沈丘县、郸城县、太康县、*鹿邑县、项城市

◆驻马店市

驿城区、西平县、上蔡县、平舆县、正阳县、确山县、泌阳县、汝南县、遂平县、*新蔡县

◆济源市

沁园街道、济水街道、北海街道、天坛街道、王泉街道、克井镇、五龙口镇、轵城镇、承留镇、邵原镇、坡头镇、梨林镇、大峪镇、思礼镇、王屋镇、下冶镇。

注：*代表省直管县（市）

出版说明

日月穿梭，星转斗移。2004 年由李宪林编著的《遍游中原——河南省著名风景名胜》一书出版至今，时间转眼已过去近 20 年之久。这期间，中原大地和祖国其他地方一样，发生了翻天覆地的变化。2003 年全省国内生产总值为 7025.93 亿元，2022 年则猛增至 61345.05 亿元，增长了 8 倍之多！粮食年总产量则由 3569.47 万吨增加至 6789.37 万吨，增长了近 1 倍！

伴随社会经济的快速发展，老百姓生活不断富裕，出门旅游遍览祖国大好河山日益成为普通民众的追求与爱好，各级党委政府对发展旅游经济重视程度也在不断提高。在习近平总书记“绿水青山就是金山银山”的重要指示和党中央的英明领导下，河南各地加强了风景区、博物馆和文物古迹的建设、开发和利用。一些老的旅游景点焕发了新貌，一些新的景区不断涌现，河南的天更蓝了，水更绿了，人们可游玩的地方更多了。为了进一步宣传河南，也为了给各地游客提供更完善的旅游指南，在大象出版社的大力支持下，我们把河南各地的名胜古迹重新进行了梳理和补充，对原书作了较大的修改，重新出版了这本《遍游中原——河南省风景名胜集粹》。

祖国处处风光美，得中原者得天下。打卡河南不虚行，开阔眼界助成功！愿此书为到中原大地旅游打卡的人们提供一些方便，为更多的游客了解河南、记住河南，增加历史知识、丰富人生阅历起到应有的作用！

本书编辑过程中得到了彭磊、贾魏等许多朋友的大力支持和帮助。彭磊参与了本书的编写工作。除大部分照片为李宪林拍摄外，唐传俊、刘予平、曾宪平、孔凡哲、杨留栓、张太明、轩洋等同志也提供了部分照片，在此一并致谢！

真心感谢此书的每一位读者！

编者

2024 年于郑州